노벨상을 놓친
작가들

노벨상을 놓친 작가들

초판 1쇄 발행 2025년 8월 29일

지은이 이병욱
펴낸이 장길수
펴낸곳 지식과감성#
출판등록 제2012-000081호

교정 김지원
디자인 강샛별
편집 윤혜성, 강샛별
검수 한장희, 정윤솔
마케팅 김윤길

주소 서울시 금천구 벚꽃로298 대륭포스트타워6차 1212호
전화 070-4651-3730~4
팩스 070-4325-7006
이메일 ksbookup@naver.com
홈페이지 www.knsbookup.com

ISBN 979-11-392-2766-6(03100)
값 17,000원

- 이 책의 판권은 지은이에게 있습니다.
- 이 책 내용의 전부 또는 일부를 재사용하려면 반드시 지은이의 서면 동의를 받아야 합니다.
- 잘못된 책은 구입하신 곳에서 바꾸어 드립니다.

지식과감성#
홈페이지 바로가기

노벨상을 놓친
작가들

정신건강의학과 전문의
이병욱 지음

지식과감정

노벨상의 영광이 전부는 아니다

작가로서 노벨 문학상을 받는다는 일은 개인적으로 생애 최고의 영예인 동시에 그가 속한 국가나 민족에게도 매우 큰 자부심을 안겨 주는 일이기도 하다. 노벨 문학상이 수여되기 시작한 1901년부터 최근 2024년까지 120여 년에 걸쳐 모두 120명의 수상자를 낸 노벨 문학상이지만, 그동안 아쉽게도 우리는 단 한 명의 수상자도 내지 못하고 있다가 2024년에 이르러서야 비로소 우리나라 최초로 한강이 노벨 문학상을 수상함으로써 가까스로 문화 대국으로서의 체면을 세우기에 이르렀다. 다만 문학적 취향에 있어서 우리와 큰 차이가 없어 보이는 인도, 일본, 중국 등 아시아 국가에서도 이미 5명의 수상자를 내고 있는 현실임을 감안해 볼 때, 아쉬움이 더욱 클 수밖에 없다.

하지만 그렇게 아쉬워만 할 것도 아니다. 세계적으로 명성이 자자한 작가들임에도 불구하고 노벨상 근처에도 못 가 본 대가들이 즐비하기 때문이다. 톨스토이, 입센, 마크 트웨인, 토머스 하디, 스트린드베리, 에밀 졸라, 체호프, 막심 고리키, 프루스트, 카프카, 릴케, 제임스 조이스, 버지니아 울프, 앙드레 말로, 생텍쥐페리, 카잔차키스, 레마르크, 알베르토 모라비아, 보르헤스, 밀란 쿤데라, 움베르토 에코 등이 바로 그 주인공들이다. 그러니 우리가 너무 지나치게 과민 반응을 보일 필요는 없을 것 같다.

상은 주는 사람 마음이다. 물론 상이란 받으면 기분 좋고 안 받는 것보다야 훨씬 낫겠지만, 정치적 계산이나 운도 따르는 게 상이지 않겠는가. 그래서 후보에 올랐다가 수상에 실패했다고 해서 이의를 제기한 사람은 단 한 명도 없었던 것이다. 심지어는 사르트르처럼 정치적 이유로 수상을 거부한 인물도 있고 파스테르나크처럼 정치적 강압에 의해 수상을 사퇴한 사람도 있다. 더 나아가 몸젠, 오이켄, 버트런드 러셀, 윈스턴 처칠, 앙리 베르그송 등 직업적인 작가가 아닌 인물들도 노벨 문학상을 탔으니 더이상 말해 무엇 하랴.

또한 스웨덴에서 수여하는 상이니만큼 자신들에게 낯익은 북구 작가들에게 우선적으로 수상의 기회를 준 사실도 무시할 수 없는 현상이긴 하다. 그뿐 아니라 북구와 인접한 독일, 동구권 작가들 수상자 21명을 포함하면 전체 수상자의 1/3 정도가 북구와 독일, 동구 출신임을 알 수 있으며, 지중해 연안에 위치한 라틴 유럽의 작가들도 무려 27명에 달한다.

반면에 아메리카 대륙 전체를 통틀어 노벨 문학상을 수상한 작가는 모두 합쳐 20명에 불과하며, 순수 아시아인과 아프리카인 수상자는 겨우 12명으로 그야말로 가물에 콩 나듯 해서 14명의 수상자를 낸 유대인에도 훨씬 못 미치고 있다. 결국 전체 수상자의 70% 이상을 유럽 작가들이 차지한 셈이니 어찌 보면 그들만의 잔치라 할 수도 있다.

어쨌든 이 책에서 다룬 101인의 작가들은 비록 노벨 문학상을 타진 못했어도 세상이 다 알아주는 문학의 거장들이다. 굳이 101인을 선정한 것은 2024년 현재까지 노벨 문학상 수상자 120인과 대비시키기 위함이다. 물론 작가는 세상을 상대로 작품을 쓰는 것이지 노벨상을 목표로 글을 쓰는 게 아니다. 더군다나 노벨상은 올림픽 금메달과 달라서 한 개인의 노력이나 실력만으로 탈 수 있는 것도 아니다. 특히 문학상은 어느 한 작품에 주어지는 게 아니라 한 작가의 일생 동안 업적을 토대로 주어지는 게 상례이며, 그것도 노벨상의 취지에 따라 보편적 인류애와 이상주의에 바탕을 둔 작가에게 우선권이 주어지기 때문에 정치적으로나 도덕적으로 문제가 있다고 판단되면 수상 대상에서 제외될 수밖에 없다.

여기서 소개한 작가들 가운데는 그런 이유로 수상 후보에서 탈락한 인물들도 적지 않을 것으로 보인다. 하지만 노벨상을 탄 작가들 중에도 도덕성 시비를 불러일으킨 인물이 전혀 없는 것이 아니다. 영국의 키플링은 제국주의를 옹호한 인물로, 그리고 피란델로는 파시스트 작가로 비난의 대상이 되었으며, 인도계 영국 작가 네이폴은 문란한 사생활로 도덕성 시비에 휘말리기도 했으니 말이다. 그러나 동성애자였던 앙드레 지드, 섹스 스캔들을 일으킨 버트런드 러셀, 사르트르 등은 거뜬히 노벨 문학상 수상자로 선정되기도 했다.

더욱이 무솔리니를 지지한 피란델로, 스탈린을 지지한 사르트르와 네루다, 카스트로를 지지한 마르케스, 프랑코 총통을 지지한 요사 등이 노벨상을 탄 반면에, 군사독재정권을 지지한 보르헤스는 수상 대상에서 탈락하는 등 일관성 없는 선정 과정도 문제점으로 지적된다. 하기야 히틀러, 무솔리니, 스탈린도 한때 평화상 후보에 오르기도 했으니 더이상 할 말을 잊는다. 그런 점에서 수상자를 결정하는 스웨덴 아카데미의 기준은 매우 임의적인 잣대에 의존하고 있음을 알 수 있다. 그것은 1968년 일본의 가와바타 야스나리에게 상을 수여할 때 내세운 수상 이유가 일본적인 미를 작품화시킨 공로였다고 한 점을 통해서도 확인할 수 있다. 수상 이유치고는 너무도 궁색하지 않은가. 그것은 인류의 이상에 기여한 인물에게 상을 수여하라는 노벨의 유언에 담긴 취지에도 어긋난다. 따라서 가와바타가 '아름다운 일본의 나'라는 제목으로 수상 연설을 한 데 반해, 그로부터 26년이 지난 1994년 노벨 문학상을 받은 오에 겐자부로가 '애매한 일본의 나'라는 제목으로 수상 연설을 한 것은 그나마 일본의 양심을 대변한 것으로 보인다.

하지만 그토록 아름다운 미적 감각을 지닌 일본인들이 과거에 저지른 온갖 악행에 대해서는 그 어떤 관심도 보이지 않은 가와바타에게 노벨상의 영예를 안겨 준 것은 스웨덴 아카데미 회원들의 무지한 역사관을 반영하는 게 아니면 또 무엇이겠는가. 그런 점에서 천황제의 복귀를 외친 극우파 작가 미시마 유키오가 불과 40대 나이에 세 번씩이나 유력한 노벨상 후보에 오른 것도 참으로 아이러니가 아닐 수 없다. 그렇다면 그가 자위대 본부에서 할복자살하지 않고 천수를 다했다면 노벨상을 탈 수도 있었다는 말이 아닌가.

결국 노벨 문학상은 국력과 지명도에 비례한다고 볼 수 있다. 국력을 키우는 일이야 많은 세월과 변수가 요구되는 일이겠지만, 지명도를 높이는 일은 곧 번역 사업의 활성화에 달려 있다고 할 수 있다. 그런 점에서 우리 문학은 그토록 뛰어난 자질에도 불구하고 해외에 제대로 알려지지 못했기 때문에 그동안 오랜 세월 제대로 빛을 보지 못한 게 아니겠는가.

하지만 한국의 작가들 또한 더욱 분발해야 할 것으로 보인다. 보다 보편적인 인류애와 이상에 걸맞은 거시적인 안목의 대작들이 계속 나와야 한다는 뜻이다. 그러지 않고서는 노벨 문학상은 꿈도 꾸지 말아야 할 것이다. 그렇다고 해서 로비 활동에만 의존할 수도 없는 노릇이고 삼성전자의 인기나 한류 열풍에 힘입어 노벨 문학상을 탈 수도 없는 노릇이 아니겠는가. 그런 점에서 더욱 현실적인 방안으로는 문예창작과 번역 작업에 대한 국가적 차원의 지원 사업이 우선되어야 할 것으로 보인다.

오늘날 우리는 사상 유례없는 국력의 신장과 한류 열풍으로 전 세계인의 주목을 받고 있는 입장이지만, 유독 노벨상과는 인연이 멀다는 점에서 문화 대국으로서의 체면이 다소 구기는 것도 사실이다. 하지만 실망할 것은 없다. 모든 것은 지금부터이며 앞으로 계속해서 심도 있고 진지한 대작들이 이 땅에서 쏟아져 나올 것을 확신하기 때문이다.

목차

프롤로그 노벨상의 영광이 전부는 아니다 4

1장
영국의 작가들

농촌문학의 거장, 토머스 하디 18
SF 문학의 개척자, H. G. 웰스 23
작가로 전향한 의사, 서머싯 몸 25
자살로 생을 마감한, 버지니아 울프 27
난해 소설의 대명사, 제임스 조이스 31
성의 찬미자, D. H. 로렌스 33
판타지 문학의 거장, 톨킨 35
디스토피아 소설의 대가, 올더스 헉슬리 38
베스트셀러 작가, A. J. 크로닌 42
전체주의를 비난한, 조지 오웰 45
쫓기는 자의 불안과 구원을 다룬, 그레이엄 그린 49
병든 사회를 노래한 시인, 오든 51
실험적인 소설로 유명한, 존 파울즈 53
쌍둥이 극작가, 피터 섀퍼 55
낙천적 실존주의 작가, 콜린 윌슨 59
〈악마의 시〉로 사형선고를 받은, 살만 루슈디 63

2장
독일 문학의 대가들

인간의 내면을 탐색한, 슈니츨러 　　　　　　　　　　66
세기말의 탐미주의 작가, 호프만스탈 　　　　　　　　69
기도하는 시인, 릴케 　　　　　　　　　　　　　　　71
괴테를 숭배한 휴머니즘 작가, 한스 카로사 　　　　　75
정신과 의사 출신의 작가, 되블린 　　　　　　　　　77
나치의 박해로 망명한, 무질 　　　　　　　　　　　　80
소외된 운명의 작가, 프란츠 카프카 　　　　　　　　82
나치의 감옥에서 걸작을 쓴, 헤르만 브로흐 　　　　　89
사회주의 작가, 아르놀트 츠바이크 　　　　　　　　　92
실존적 허무주의 시인, 고트프리트 벤 　　　　　　　95
유대인의 비극적 운명을 묘사한, 프란츠 베르펠 　　　99
사회극의 대부, 브레히트 　　　　　　　　　　　　　102
반전 문학의 기수, 레마르크 　　　　　　　　　　　　104
알프스의 건축가, 막스 프리쉬 　　　　　　　　　　106
비틀린 현대인의 모럴을 폭로한, 뒤렌마트 　　　　　108
베일 속에 숨은 작가, 쥐스킨트 　　　　　　　　　　111

3장
라틴 유럽의 작가들

자연주의 문학의 거장, 에밀 졸라 **114**
피우메의 영웅, 단눈치오 **117**
의식의 흐름 기법을 사용한, 프루스트 **119**
스탈린을 숭배한 반전작가, 바르뷔스 **122**
그리스 문학의 대가, 카잔차키스 **124**
반전주의 작가, 조르주 뒤아멜 **126**
전기 소설의 대가, 앙드레 모루아 **128**
기독교 문학을 대표하는, 베르나노스 **130**
재기 넘치는 전위적 작가, 장 콕토 **132**
비행 중에 실종된, 생텍쥐페리 **135**
행동 문학의 기수, 앙드레 말로 **139**
실존 문학의 대가, 모라비아 **141**
반연극의 거장, 이오네스코 **144**
에밀 아자르로 변신한, 로맹 가리 **148**
전쟁의 광기를 고발한, 게오르규 **150**
기호학적 소설의 대가, 움베르토 에코 **152**
기발한 상상력의 베스트셀러 작가, 베르베르 **155**

4장
동구와 북구의 작가들

러시아의 대문호, 톨스토이 ·· 160
현대극의 아버지, 입센 ·· 163
염세주의 극작가, 스트린드베리 ·· 165
단편소설의 대가, 안톤 체호프 ·· 168
프롤레타리아 문학의 창시자, 막심 고리키 ······························ 171
매독으로 고생한, 카렌 블릭센 ·· 173
체코 문학을 대표하는, 카렐 차페크 ··· 175
체제 비판으로 소련 사회에서 고립된, 불가코프 ····················· 178
얼어붙은 동토를 녹인, 에렌부르크 ··· 181
러시아의 망명 작가, 나보코프 ·· 183
프라하의 봄으로 유명한 풍자작가, 밀란 쿤데라 ····················· 187
소련의 반체제 작가, 악쇼노프 ·· 190
소수민족의 아픔을 그린, 다닐로 키스 ······································ 193

5장
아메리카의 작가들

가장 미국적인 작가, 마크 트웨인 198
독신으로 생을 마친, 헨리 제임스 202
감옥에서 필명을 날린, 오 헨리 205
미국 자연주의 문학의 대가, 드라이저 208
고독한 시인, 로버트 프로스트 210
미국 현대시의 거장, 칼 샌드버그 213
자본주의 사회의 부패를 고발한, 업턴 싱클레어 215
파시즘에 동조한, 에즈라 파운드 217
잃어버린 세대의 작가, 스콧 피츠제럴드 221
미국 사실주의 문학의 거장, 도스 패소스 224
남미 문학의 대부, 보르헤스 227
요절한 천재 작가, 토머스 울프 231
남북전쟁의 비극을 다룬, 마가렛 미첼 235
우울증에 시달린, 테네시 윌리엄스 238
블랙리스트에 오른, 어윈 쇼 242
자본주의 병폐를 고발한, 아서 밀러 245
미국 남부 문학의 대모, 카슨 매컬러스 249
기이한 은둔 작가, 샐린저 251
새로운 우주 신화를 창조한, 아시모프 256
미국 문단의 반항아, 노먼 메일러 261
라틴 아메리카의 지성을 대표하는, 푸엔테스 264
소시민의 소외와 고독을 다룬, 존 업다이크 266
자기혐오에 빠진, 필립 로스 268
수수께끼의 작가, 토머스 핀천 270
다작으로 유명한 여성 작가, 조이스 캐럴 오츠 273

6장
아시아의 작가들

일본 문학의 아버지, 나쓰메 소세키 … 278
중국 문학의 아버지, 루쉰 … 281
한국 문학의 아버지, 이광수 … 284
아깝게 노벨상을 놓친, 심종문 … 287
역사소설의 거장, 이노우에 야스시 … 290
일본 가톨릭 문학의 대부, 엔도 슈사쿠 … 292
현대 터키 문학의 기수, 야샤르 케말 … 294
천황제 복귀를 외치며 자결한, 미시마 유키오 … 296
한민족의 수난을 다룬, 김은국 … 299
방대한 연작시집 〈만인보〉를 완성한, 고은 … 301
유대인과 아랍인의 공존을 모색한, 아모스 오즈 … 303
서구적 취향의 신세대 작가, 무라카미 하루키 … 306
중국 현대 문학의 기수, 옌롄커와 위화 … 308

에필로그 그래도 노벨상은 최고의 영예다 … 311
부록 역대 노벨 문학상 수상자 … 314

1장
영국의 작가들

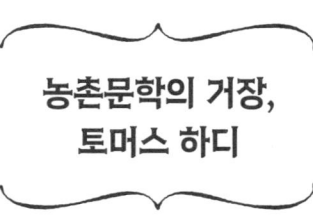

농촌문학의 거장, 토머스 하디

한 여인의 비극적인 운명을 다룬 소설 〈테스〉로 유명한 토머스 하디(Thomas Hardy, 1840-1928)는 영국 남부 도싯주 도체스터 지방의 한 작은 마을에서 가난한 석수의 아들로 태어났다. 그의 아버지는 다소 염세적인 인물로 아들 토머스 역시 자신이 하던 석수 일을 대를 이어 맡아 주기를 바랐지만, 그의 어머니는 몸이 허약한 아들이 석수가 되기를 바라지 않았다. 그녀는 야심이 컸던 여성으로, 8세에 그가 학교에 갈 때까지 그에게 독서를 가르쳤다.

그는 출생 당시부터 우여곡절을 겪었는데 태어난 직후 아기가 울지를 않아 사산인 줄 알고 산실 한구석에 내버려졌으나, 이웃 아낙네가 발견하고 살려 냈다고 한다. 그런 이유 때문인지 그는 어려서부터 몸이 쇠약했으며, 뒤늦게 초등학교에 입학했으나 이듬해 비국교파 학교로 전학하여 그곳에서 학업을 마쳤다. 사춘기 시절에 그는 잠시 부농의 딸 루이지 하딩을 짝사랑하기도 했다.

1856년 16세 때 도체스터의 교회 건축가 존 힉스의 도제로 들어가 5년 동안 건축에 대한 경험을 쌓았는데, 하디는 남들처럼 대학에 진학해 공부를 계속할 마음조차 갖지 않았다. 당시 그는 우연히 마사 브라운의 교수형 집행 장면을 목격하게 되었는데, 그녀는 남편을 살해한 죄로 처형된 것이다. 그 후 수년 뒤에 교수형 집행을 다시 목격하게 되었으며, 이들 두 사건이 테스의 마지막 부분을 구성하는 데 결정적인 영향을 준 것으로 보인다.

　22세가 되어 유명한 건축가인 아서 블룸필드의 조수로 런던에서 일하는 가운데 그 후 10년간 다양한 사조에 접할 기회를 갖게 되었다. 그러나 이 시기에 무리한 독서로 건강이 악화된 그는 건강 회복을 위해 도싯으로 돌아가 스승인 힉스를 도와 교회 복원 작업에 동참하는 한편, 첫 소설을 쓰기 시작했다.

　당시 그는 16세의 사촌 누이동생과 잠시 사랑에 빠지기도 했지만, 그 후 변호사의 딸인 엠마와 사랑을 나누었으며, 그녀의 부친이 반대하는 것을 무릅쓰고 두 사람은 1874년에 결혼을 강행해 서비튼에 정착했다. 그러나 상류계급에 속하는 엠마와의 결혼은 출발부터 불길한 조짐을 내포하고 있었다.

　1878년 〈귀향〉이 출판되자 그의 이름이 문단에 비로소 알려지게 되었다. 1886년 〈캐스터브리지의 시장〉을 발표하고, 1891년 〈테스〉가 출간되자 많은 논란이 이는 가운데 1892년 아버지가 사망했다. 그 후 아내와의 관계가 점차 악화하기 시작했으며, 1895년 발표한 〈박명의 주드〉가 혹평과 비난을 얻자 그 후로는 소설을 포기하고 시작에만 몰두했다.

　그는 특히 평론가들의 혹평에 마음의 상처를 크게 받는 일이 많았지만, 창작을 포기할 정도였음을 미루어 볼 때, 매우 심약한 성격의 소유자임을 알 수 있다. 그런 이유 때문에 하디는 이미 1874년에 익명으로 발표했던 〈성난 군중으로부터 멀리〉를 1895년에 이르러 새롭게 전면 수정해서 발표했는지도 모른다. 실제로 그 후 하디는 소설 창작의 붓을 완전히 꺾고 은둔 생활로 들어갔던 것이다.

　1904년 어머니가 사망했으며, 1907년에는 아내 엠마가 런던의 여성 참정권자들의 행진에 동참하기도 했으나 1912년 갑자기 사망하고 말았다. 아내가 죽은 후 슬픔과 속죄의 심정에 빠진 그는 엠마와 처음 만났던 장소로 참회의 순례 여행을 떠나면서 그녀의 출생지를 방문하기도 했다. 혹자는 엠마의 죽음이 하디로 하여금 시작에 몰두하도록 이끈 결정적인 계기가 된 것으로 보기도 하지만, 그녀와의 결혼으로 입은 그의 심리적 상처는 결코 치유된 적이 없었다.

그 후 1914년에 플로렌스 덕데일과 재혼하고 그녀의 도움으로 자서전을 집필하기도 했다. 1915년 여동생 메리가 사망했으며, 1920년에는 옥스퍼드 대학에서 명예 문학박사 학위를 받았다. 1926년에는 자신의 출생지를 마지막으로 방문했는데, 바로 그 해에 버지니아 울프가 하디의 집을 방문하고 그에 대한 인상을 일기에 적기를 "그는 단지 평범한 인간일 뿐 위대한 인간은 아니었다."라고 평하기도 했다.

1928년 심장마비로 세상을 뜬 하디의 유해는 웨스트민스터 사원에 묻혔지만, 그의 유지에 따라 심장은 따로 분리해 고향에 있는 엠마의 묘지 곁에 매장되었다. 이처럼 매우 특이한 그의 매장을 두고 어떤 평자는 그 자체가 상징적인 의미가 있는 것으로 보고, 하디의 전 작품에 일관되게 흐르는 도시와 농촌, 문명과 자연, 전통과 변화 사이에 가로놓인 갈등을 반영하는 것으로 이해하기도 했다.

많은 문제작을 남긴 토머스 하디였지만, 그는 노벨 문학상 후보에조차 오르지도 못하는 수모를 겪었는데, 그것은 아마도 그의 소설 대부분이 농촌을 배경으로 농민들의 삶을 주로 다루었기 때문에 단순한 농민문학가로 알려진 탓도 있겠지만, 러시아혁명이나 제1차 세계대전, 파시즘 등 당시의 혼란스러운 시대정신 및 사회상에는 아무런 관심도 기울이지 않은 듯한 인상을 주었기 때문이 아닐까 한다.

그는 두 번째 아내 플로렌스의 도움으로 사후 자서전이 출판됐지만, 그 진실성 여부에 대해서는 아직까지 논란이 많다. 왜냐하면 모든 것을 달관한 금욕적인 구도자처럼 자신을 묘사하고 있기 때문이다. 그러나 신비스러운 은둔 작가로만 알려진 것과는 달리 실제의 하디는 매우 냉담하고 가혹한 인물이었을 뿐만 아니라 정서적으로도 매우 혼란된 상태에 있었다는 주장도 있다.

그런 점에서 그의 소설 〈푸른 눈동자〉, 〈푸른 숲나무 아래〉, 〈성난 군중으로부터 멀리〉 등은 분명 자전적인 소설이며, 또한 〈숲의 사람들〉과 〈테스〉, 〈박명의 주드〉 등 또한 하디 자신의 직접적인 삶의 경험에서 비롯된 작품들이라는 일부 평자들의 주장도 결코 과장이라고 할 수 없다. 하지만 그런 온갖 결함에도 불구하고 하디는 역시 당대 최고의 작가이자 탁월한 시인이었음을 부인할 수 없을 것이다.

하디의 대표작 〈테스〉의 원제는 〈더버빌가의 테스〉이며, 처음 발표될 때는 '순결한 여성'이라는 부제가 붙여졌는데, 이유야 어쨌든 살인을 저지르고 사형이 집행된 한 여인에게 순결한 여성이라는 부제를 붙였다는 점에서 이미 작가의 의도를 엿볼 수 있다. 그것은 잘못된 사회적 고정관념에 대한 도전으로 볼 수 있으며, 비록 테스가 자신의 운명을 가로막은 알렉을 살해한 죄로 사형에 처해지지만, 하디는 오히려 잘못된 세상을 단죄하고 그녀의 무죄를 주장하는 것처럼 보인다.

결국 하디 소설의 핵심은 비극적 운명에 놓인 인간의 불행에 있으며, 이상과 현실의 괴리에서 오는 비극, 낭만적 사랑의 비극, 성격적 문제의 비극, 사회적 구조상의 모순에서 비롯된 비극 등을 모두 포함하는 총체적 인간사의 비극을 다루어 나간 것으로 볼 수 있다. 따라서 소설 〈테스〉처럼 그가 다룬 작품들의 소재는 비록 아름다운 자연을 배경으로 하고 있지만, 그 안에 몸담고 부질없는 싸움에 휘말려 살아가는 인간들의 가련한 모습들을 드러내 보여 줌으로써 더욱 큰 비장미를 안겨 준다고 할 수 있다.

SF 문학의 개척자, H. G. 웰스

〈투명인간〉, 〈타임머신〉, 〈우주전쟁〉 등 공상과학소설로 유명한 영국의 작가 H. G. 웰스(H. G. Wells, 1866-1946)는 SF 소설을 비롯한 100여 편에 이르는 방대한 저술을 통해 문명 비평에 새로운 영역을 개척한 인물로, 프랑스의 쥘 베른과 함께 과학소설의 아버지로 불리는 탁월한 상상력의 소유자다. 그의 작품은 조지 오웰과 카렐 차페크, 아시모프 등에게 상당한 영향을 끼친 것으로 평가되기도 한다.

그는 1920년대에서 1940년대에 이르기까지 네 번이나 노벨 문학상 후보에 올랐지만, 끝내 수상하진 못하고 말았는데, 아무래도 SF 소설 분야가 당시 사람들에게 생소했을 뿐만 아니라 단지 흥미 본위의 통속 소설이라는 선입견 때문이었기 쉽다. 1938년 미국의 배우 오슨 웰스가 라디오 방송에서 〈우주전쟁〉의 내레이션을 맡았을 때 너무도 실감나게 방송을 하는 바람에 실제로 화성인이 침입한 것으로 착각한 수많은 청취자가 공황 상태에 빠져 큰 소동을 일으킨 적도 있다.

영국 켄트주 브롬리에서 직업적인 크리켓 선수와 하녀 출신의 어머니 사이에서 태어난 그는 독학으로 런던 제국대학에서 생물학을 공부하며 다윈의 진화론에 큰 영향을 받았다. 잠시 교사로 지내다가 소설 〈타임머신〉을 발표해 명성을 얻기 시작한 그는 계속해서 〈모로 박사의 섬〉, 〈투명인간〉, 〈우주전쟁〉 등의 초기작을 통해 이미 베스트셀러 작가로 자신의 입지를 확고히 다졌는데, 처음에는 사회주의적인 성향을 보이다가 후기로 가면서 세계정부를 지향하는 사해동포주의로 기울기 시작했다.

비록 그는 불평등한 계급사회에 일침을 가하기는 했으나 계급투쟁에는 반대 입장을 표했으며, 좌파적인 입장에도 불구하고 강압적인 스탈린주의에 회의적인 태도를 보이기도 했다. 모든 국가 간의 분쟁이나 전쟁에 반대한 그는 서구사회의 통합을 해친다는 이유로 시오니즘에도 끝까지 반대했으며, 당시 창궐했던 인종주의나 우생학적 견해에도 회의적인 반응을 보였는데, 다만 세계정부에 대한 그의 견해는 사후에도 많은 논란과 비판의 대상이 되기도 했다.

소설뿐 아니라 〈세계 문화사 대계〉, 〈생명의 과학〉 등의 저서를 통해 매우 날카로운 문명 비판적 메시지를 던진 웰스였지만, 개인적으로는 소문난 바람둥이기도 했는데, 사촌인 이자벨 메리 웰스와 결혼한 그는 불과 3년 만에 자신의 제자 에이미 로빈스와 사랑에 빠지면서 아내와 별거에 들어갔으며, 이듬해에 에이미와 결혼해 두 아들까지 낳았다. 그 후에도 바람기는 여전해서 많은 여성과 불륜에 빠져 사생아를 낳기도 했으나 말년에 이르러서는 몹시 외로운 삶을 보내다가 79세 나이로 타계했다. 그의 유해는 화장해서 영불 해협 바다에 뿌려졌다.

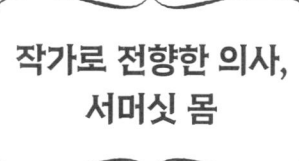

작가로 전향한 의사, 서머싯 몸

자전적 소설 〈인간의 굴레〉로 유명한 서머싯 몸(Somerset Maugham, 1874-1965)은 파리에서 출생한 영국의 작가로 그의 아버지는 파리 주재 영국 대사관에 근무하던 법무 담당 변호사였으며, 어머니는 막내인 몸을 낳던 시기에 결핵을 앓고 있었다. 결국 8세 무렵에 어머니를 잃고, 2년 뒤에는 아버지마저 암으로 세상을 떠남으로써 졸지에 천애고아가 된 몸은 어린 나이에 크게 마음의 상처를 받았는데, 그런 이유 때문에 91세 나이로 죽을 때까지 어머니 사진을 항상 곁에 두고 있었다고 한다.

부모를 모두 잃고 목사로 일하던 냉담하기 그지없는 삼촌 밑에서 제대로 기를 펴지도 못하고 눈치만 보며 자란 그는 키도 작고 말까지 더듬어 친구들과 잘 어울리지 못했으며, 설상가상으로 어려서부터 프랑스어부터 배웠기 때문에 영어마저 서툴러 애를 먹었다. 이처럼 외톨이로 지낸 그는 외로운 심정을 오로지 독서로 달래며 지냈는데, 집안 대대로 법률가를 배출한 가문의 전통에 따라 유명 변호사로 성공한 세 명의 형들과는 달리 의사가 되기로 결심한 몸은 런던에서 5년에 걸쳐 의학 수업을 받고 마침내 의사 자격을 땄다.

하지만 소년 시절부터 작가에 대한 열망에 가득 차 있던 그는 1897년 자신의 경험을 토대로 쓴 소설 〈람베스의 리자〉가 의외로 인기를 얻어 불티나게 팔리게 되자 결국 창작에만 전념하기로 결심하고 의사의 길을 과감히 포기했다. 그러나 그 후 10년간 별다른 주목을 받지 못하다가 제1차 세계대전 기간 중에 프랑스에서 쓴 〈인간의 굴레〉를 통해 작가로서의 명성을 되찾게 되었다. 자전적 성향이 매우 높은 이 소설은 처음에는 문단에서 혹평을 받았으나 얼마 가지 않아 몸의 대표작으로 손꼽히는 걸작으로 평가받았다.

종전 후에는 인도와 동남아시아, 남태평양 등지를 여행하면서 자신의 견문을 넓히기도 했는데, 평소 동양의 신비에 대해 동경심을 품고 있던 그에게는 자신의 작품에 좋은 소재를 제공하는 계기가 되었으며, 폴 고갱의 삶을 모델로 삼은 소설 〈달과 6펜스〉도 그런 여행에서 영감을 얻어 쓰게 된 작품이다. 그는 소설뿐 아니라 극작에도 재능을 발휘해 재치와 유머 감각이 돋보이는 풍자극으로 〈프레드릭 부인〉, 〈잭 스트로〉, 〈주행〉, 〈수에즈의 동쪽〉, 〈정숙한 아내〉, 〈편지〉 등 많은 희곡 작품을 남겼으며, 소설로는 대표작 〈인간의 굴레〉를 비롯해 〈면도날〉, 〈달과 6펜스〉, 〈인생의 베일〉 등을 남겼다.

대중적인 인기에 힘입어 막대한 부와 명성을 얻은 그였지만, 생전에 사생활이 매우 복잡했던 그는 양성애자로도 알려졌으며, 그런 이유 때문에 자신의 딸과 상속 문제 등으로 법정 싸움에 휘말리는 수모를 겪기도 했다. 어쨌든 말년에 이르러 자신의 도덕적 명예에 치명적인 타격을 입지만 않았어도 그는 노벨 문학상 후보에 오르고도 남음이 있었겠지만, 불행히도 그에게는 그런 기회가 주어지지 않았다.

자살로 생을 마감한, 버지니아 울프

　20세기 영국 문단을 대표하는 가장 뛰어난 여성 작가로 손꼽히는 버지니아 울프(Virginia Woolf, 1882-1941)는 충격적인 자살로 생을 마감함으로써 세상을 놀라게 했지만, 그녀의 존재는 60년대 말부터 일기 시작한 페미니즘 운동에 힘입어 새롭게 조명되기 시작했으며, 오늘날에 이르기까지 수많은 추종자로부터 남성 본위의 가부장적 체제에 맞서 싸운 가장 선도적 입장에 서 있던 작가로 폭넓은 추앙을 받고 있다.
　여성들의 정신적, 경제적 독립을 강력히 주장했던 그녀는 뛰어난 문학적 재능을 지닌 작가로 의식의 흐름 기법을 이용한 소설들을 계속 발표하여 세계적인 명성을 얻었으며 평론에도 일가견이 있었다. 그녀의 필력은 당대의 제임스 조이스나 프루스트와 나란히 어깨를 견줄 만한 것으로 평가되기도 하지만, 심각한 조울병을 앓았던 그녀는 수시로 증상이 재발해 망상과 환청에 시달렸으며, 이미 여러 차례 자살을 시도하기도 했다. 다행히 헌신적인 남편 레너드의 지극한 정성과 보살핌의 덕분으로 그나마 그녀의 창작 의욕은 계속 유지될 수 있었지만, 끝내 자살을 막지는 못하고 말았다.
　버지니아 울프는 귀족 가문 출신으로 애들린 버지니아 스티픈이 본명이다. 아버지는 우울한 성향의 역사학자였으며, 병약했던 어머니는 버지니아 울프가 13세 때 세상을 떴는데, 그 이후로 울프는 심각한 우울증에 빠지기 시작했다. 이혼 경력이 있는 어머니는 전남편과의 사이에서 3남매를 두었는데, 그중 두 아들 조지와 제럴드는 어린 버지니아를 상대로 성추행을 벌여 그녀에게 일생 동안 씻을 수 없는 마음의 상처를 남기기도 했다. 두 의붓오빠의 추행은 아버지가 세상을 뜰 때까지 10년 이상 지속되었으며, 가족들도 전혀 눈치채지 못한 상태였다.

그런 이유 때문에 일찍부터 이성과의 접촉에 남다른 혐오감과 두려움을 갖게 된 버지니아 울프였지만, 그래도 친오빠인 토비를 무척 사랑했던 그녀는 오빠의 친구였던 유대인 출신의 레너드 울프를 만나 그의 청혼을 받아들이게 되었는데, 다른 무엇보다도 온화하고 성실한 성격이 마음에 들었기 때문이다. 하지만 그들의 결혼은 어디까지나 성생활을 하지 않는다는 조건하에 이루어진 것으로, 상식적으로는 선뜻 이해하기 어려운 내용이었다. 하지만 레너드는 그런 조건조차 쾌히 받아들였을 뿐만 아니라 그녀의 동성애적 성향까지도 묵인해 줄 정도로 그녀를 지극히 사랑했으며, 평생 반려자로서 묵묵히 아내를 보살핀 호인이었다.

그들이 결혼한 이듬해인 1913년, 그녀는 처녀작 〈출항〉의 원고를 완성한 후 다시 증세가 악화되어 요양소에 들어갔으나 퇴원한 직후 다시 자살을 기도하는 소동을 벌이기도 했는데, 그런 우여곡절 끝에 〈출항〉은 덕워스사의 간행으로 세상에 빛을 보게 되었으며, 그 후로는 상당히 자신감을 되찾고 안정된 상태를 보이기도 했다. 하지만 그녀의 처녀작을 간행한 덕워스사는 어릴 적 그녀를 추행했던 의붓오빠 제럴드 덕워스가 운영하던 출판사로 그런 이유 때문에 울프 부부는 나중에 따로 호가스 출판사를 차려 그녀의 작품을 간행하게 된 것이다. 호가스 출판사는 그 후 프로이트 전집을 출간해 유명해졌다.

어쨌든 자신의 모든 요구 조건을 받아 준 레너드와의 결혼은 버지니아 울프의 삶에서 새로운 전기를 맞게 해 준 획기적인 사건이었다. 실제로 그는 공직에 대한 자신의 포부도 접어 둔 채 오로지 아내의 건강과 집필 활동을 위한 뒷바라지에 전념했으니 말이다. 그 덕분에 1912년 결혼 이후 버지니아는 잇따라 그녀의 대표작들을 쏟아 내기 시작했다. 1915년에 간행된 처녀작 〈출항〉을 필두로 〈밤과 낮〉, 〈제이콥의 방〉, 〈댈러웨이 부인〉, 〈올랜도〉, 〈자기만의 방〉, 〈파도〉, 〈세월〉, 〈3기니〉, 〈막간〉, 〈등대로〉 등이 연달아 발표되었다.

특히 〈3기니〉에서는 그녀의 정치적 입장을 보다 적극적으로 드러내 보이기도 했는데, 여기서 그녀는 여성들에게 애국심 따위가 과연 무슨 의미가 있을 것인가 의문을 표시하고 "사실 여성인 내게 조국이란 없다. 여성으로서 나는 조국을 원하지도 않는다. 여성으로서 내 조국은 전 세계이기 때문이다."라고 외침으로써 당대의 남성들로부터 편협한 여성해방론의 전형으로 지탄받기까지 했다. 하지만 이처럼 수많은 걸작을 남긴 그녀에게 노벨 문학상이 수여되지 않은 점은 실로 납득하기 어려운 일이 아닐 수 없다.

파시즘의 발흥으로 전운이 감돌기 시작한 사회적 분위기에서 그녀의 음성은 매우 단호했지만, 시대적 상황과 어울리지 않은 탓에 당시로서는 크게 호응을 받기 어려운 처지였다. 이 때문에 문단에서 차지하는 그녀의 입지도 매우 흔들리기 시작하면서 버지니아 울프는 더욱 초조해졌으며, 막상 전쟁이 발발하자 그녀는 더이상 발붙일 곳이 없어져 버리고 말았다. 그녀의 목소리는 우렁찬 구호와 포성의 매연에 가려져 제대로 들리지 않게 되고 만 것이다.

이미 나이 60대에 접어든 그녀가 자살할 당시의 상황은 시기적으로도 매우 좋지 않았다. 블룸스버리에 있던 그녀의 옛집은 독일 공군의

폭격으로 이미 잿더미로 화했으며, 게다가 나치 독일의 영국 침공 소문은 유대인이었던 남편 레너드의 입지마저 몹시 불안정하게 만드는 요인이 되었다. 그래서 울프 부부는 히틀러가 영국 본토에 상륙하게 될 경우, 동반 자살하기로 이미 약속한 터이기도 했다.

극도로 신경이 과민해진 버지니아 울프는 마침내 피해망상과 더불어 환청 증세까지 나타날 정도로 상태가 악화되고 말았는데, 결국 그녀는 제2차 세계대전이 한창이던 1941년 3월 28일 이른 아침, 산책을 나갔다가 두 번 다시 돌아오지 않았다. 자신이 그토록 사랑하던 우즈강에 투신자살함으로써 고통스러운 생을 마감하고 만 것이다. 3주 후에나 발견된 그녀의 시신은 곧 화장되어 집 앞의 느릅나무 밑에 뿌려졌다. 그리고 28년 후 남편 레너드가 죽은 후에도 그녀와 똑같이 화장되어 같은 장소에 뿌려졌다.

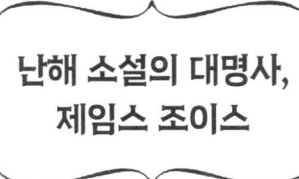
난해 소설의 대명사, 제임스 조이스

아일랜드의 소설가 제임스 조이스(James Joyce, 1882-1941)는 더블린 태생으로 어려서부터 규율이 엄하기로 소문난 예수회 계통의 학교에서 교육을 받았는데, 아버지는 아들이 법관이 될 것을 바랐지만, 조이스는 자기 뜻대로 문과를 지망해서 작가의 길을 걷기로 작심했다. 처음에 조이스는 단편집 〈더블린 사람들〉로 문단의 인정을 받았지만, 그 후에 나온 〈율리시스〉가 외설 시비에 휘말리면서 곤경에 처하게 되었으며, 설상가상으로 고질적인 녹내장의 발병으로 여러 차례 수술을 받는 등 어려움이 겹쳤다. 그런 가운데서도 그는 자전적인 소설 〈젊은 예술가의 초상〉을 비롯해 가장 난해한 소설로 꼽히는 〈피네간의 경야〉 등 걸작을 남겼다.

그의 대표작 〈율리시스〉는 1904년 6월 16일 더블린을 무대로 유대계 광고대행업자 레오폴드 블룸이 겪는 단 하루 동안에 일어난 일을 추적하는 내용이지만, 소위 의식의 흐름 기법을 사용한 이 작품의 진정한 주인공은 더블린이라는 혼돈스러운 도시 그 자체라 하겠다. 블룸은 하루 종일 더블린시를 여기저기 배회하다가 마지막에 사창가에서 작가 지망생인 디댈러스를 만나게 되는데, 여기에 등장하는 교사 디댈러스는 바로 조이스 자신의 분신이기도 하다.

오늘날 더블린 시민들은 그날을 블룸즈데이라고 부르며 조이스를 기념하는 축제일로 삼고 있지만, 작품 속의 블룸은 호메로스의 영웅 오디

세우스와는 달리 초라하고 볼품없는 유대인일 뿐이며 아내 몰리의 불륜에도 속수무책인 무기력한 사내다. 유대인으로 살기를 거부한 그는 몰리와 결혼하기 위해 가톨릭으로 개종까지 하지만 어려서 이미 개신교도로 세례를 받은 상태였다.

그런데 조이스가 소설에서 하필이면 유대인을 주인공으로 내세운 이유는 어쩌면 뚜렷한 정체성 없이 온 세상을 떠도는 유대인의 처지와 아일랜드인의 처지가 비슷하다고 여겼기 때문일지도 모른다. 서구사회에서 아일랜드인은 '하얀 유대인'으로 불릴 정도로 오랜 세월 천대를 받아 온 민족이었으니 말이다. 영국의 지배하에 살면서 그저 하루하루 목숨을 부지하기 위해 먹고 마시며 떠드는 일에만 몰두하는 아일랜드인의 삶에 회의와 환멸을 느낀 조이스는 결국 더블린을 떠나 스위스에서 생을 마쳤다.

하지만 조국을 떠난 타지 생활은 그에게 더욱 큰 어려움을 주었을 뿐이다. 그 자신이 녹내장으로 고통받았을 뿐만 아니라 그의 딸 루시아마저 조현병을 앓고 있었기 때문이다. 당시 그녀를 분석했던 카를 융은 소설 〈율리시스〉를 읽고 아버지인 조이스 역시 조현병 환자임에 틀림없다고 단언했는데, 다른 점이 있다면 아버지는 스스로 강물에 뛰어든 사람이고 그 딸은 강물 속에 떨어진 사람이라는 게 융의 설명이었다.

융뿐만 아니라 프랑스의 정신분석가 라캉 역시 조이스가 소설을 쓰지 않았다면 정신병에 걸렸을지도 모른다고 평하기도 했는데, 물론 조이스가 조현병 환자라는 융의 주장은 전혀 터무니없는 억측일 뿐이다. 어쨌든 20세기 문학사에서 뚜렷한 족적을 남긴 조이스가 노벨 문학상 후보에도 오르지 못한 것은 너무도 아쉬운 일이 아닐 수 없다.

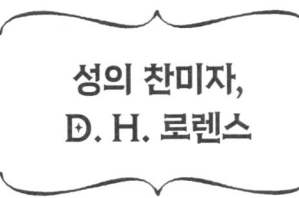

성의 찬미자, D. H. 로렌스

현대 영문학에서 에로티시즘을 대표하는 소설 〈채털레이 부인의 사랑〉으로 유명한 D. H. 로렌스(David Herbert Lawrence, 1885-1930)는 영국 중부에 위치한 탄광촌 이스트우드에서 가난한 광부의 막내아들로 태어나 어머니의 사랑을 독차지하며 자랐다. 문맹에다 술주정뱅이로 매우 거칠고 폭력적인 아버지 때문에 더욱 밀착된 모자 관계를 경험하며 자란 로렌스는 요즘 식으로 말하면 일종의 마마보이였던 셈이다.

노팅엄 대학을 졸업한 후 소설 〈하얀 공작〉으로 문단에 정식 데뷔했으나 그 해에 어머니가 암으로 사망하자 큰 충격을 받고 삶의 의욕을 잃은 그는 한동안 아무 일도 하지 못하다가 가까스로 원기를 되찾은 후 자전적인 소설 〈아들과 연인〉을 발표해 비로소 본격적인 작가 활동에 접어들게 되었다. 하지만 그 후 대학 시절의 은사였던 위클리 교수의 부인 프리다를 만나 걷잡을 수 없는 사랑에 빠진 끝에 마침내 둘이서 애정의 도피 행각에 나섬으로써 보수적인 영국 사회로부터 맹렬한 질타의 대상이 되었다.

세인들의 비난을 피해 프리다와 함께 독일로 달아난 로렌스는 그곳에서 영국 스파이 혐의로 체포되었다가 그녀의 아버지 도움으로 간신히 풀려나기도 했는데, 그 후 알프스를 넘어 이탈리아 여행을 마치고 돌아온 이들은 위클리 교수가 이혼을 받아들임으로써 마침내 1914년 정식 결혼하기에 이르지만, 곧이어 제1차 세계대전이 발발하면서 이번에는 프리다가 적국인 독일인이라는 이유로 스파이 혐의를 받아 군 당국으로부터 거주지를 떠나라는 명령을 받았다.

가뜩이나 소설 〈무지개〉가 외설 시비에 휘말려 경찰에 압수당하는 수모를 겪은 로렌스는 이래저래 위선적이고도 고리타분한 영국 사회에 환멸을 느낀 나머지 결국 영국을 떠나기로 작심하고 프리다와 함께 자발적인 망명길에 올랐다. 로렌스 자신은 스스로 선택한 그 여행을 '야만의 순례길'이라고 불렀는데, 결국 그 종착지를 미국 뉴멕시코의 목장으로 정하고 그곳에 마지막 터를 잡았다.

하지만 폐결핵을 앓고 있던 그의 건강은 이미 걷잡을 수 없이 악화되어 어쩔 수 없이 다시 또 이탈리아로 건너가 한동안 요양 생활을 보냈으나 결국 요양소에서 나오자마자 프랑스 방스에서 45세를 일기로 숨을 거두고 말았다. 그 후 프리다는 다른 남자와 재혼해서 뉴멕시코 목장으로 돌아갔는데, 로렌스의 재는 그의 유언대로 뉴멕시코로 옮겨져 그곳에 안장되었다.

귀족적 인간 및 지식인들의 위선과 기만에 염증을 느끼고 인간의 본성에 충실하고자 했던 로렌스의 모토는 결국 모든 위선을 떨쳐 버리고 원시 자연으로 돌아가자는 것이었지만, 실제로 로렌스 자신은 몹시 병약한 몸으로 그런 성의 희열을 만끽할 처지가 될 수 없었다.

그런 점에서 로렌스의 에로티시즘에 대한 집착은 창작 활동을 통한 일종의 소망 충족인 동시에 승화된 형태로 표출된 욕망과 환상세계를 드러낸 것으로 보이기도 한다. 어쨌든 그의 문학은 오랜 기간 외설로 간주되어 금기의 대상이 되었기 때문에 노벨 문학상 후보에 오를 엄두조차 낼 수 없는 입장에 있었다.

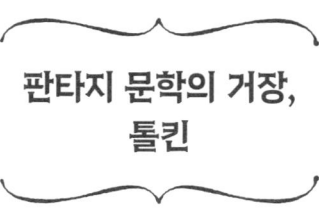

판타지 문학의 거장, 톨킨

20세기 판타지 문학의 걸작 〈반지의 제왕〉을 쓴 영국 작가 존 로널드 로얄 톨킨(John Ronald Reuel Tolkien, 1892-1973)은 자칫하면 대중적 취향의 아동 소설가로 오해할 수 있을지도 모르지만 실은 그 어떤 작가보다 치열한 작가 정신으로 인간의 선악 문제를 집요하게 파고든 인물이라 할 수 있다. 물론 동시대에 활동하며 그와 절친했던 동료 C. S. 루이스도 판타지 소설 〈나니아 연대기〉를 썼으나, 이 작품은 〈반지의 제왕〉과는 달리 아동용 소설 범주에 속한다고 볼 수 있으며, 톨킨 자신도 〈나니아 연대기〉에 대해서는 그다지 좋은 평가를 내리지 않았다.

네 살 때 아버지를 잃고 열두 살 때 어머니를 여의면서 천애 고아가 되어 성장한 톨킨은 일찍부터 고대 신화와 언어, 고대문학 등에 관심을 기울인 끝에 결국에는 옥스퍼드 대학 영어학 교수가 되었는데, 아버지 없이 자란 탓에 아버지의 사랑을 받아 보지 못했던 그는 자신의 자녀들에게만큼은 극진한 부성애를 발휘해 해마다 크리스마스 선물로 자신이 지은 재미있는 이야기를 들려주었으며, 그것을 밑바탕으로 아동소설 〈호빗〉을 발표하기에 이르렀다. 비록 그는 더 이상 소설을 쓸 생각이 없었지만, 〈호빗〉이 성공하자 출판사 측의 요구로 마침내 성인용 판타지 소설 〈반지의 제왕〉을 쓰기 시작했다.

제1차 세계대전에 참가해서 참혹한 죽음의 현장을 목격한 그는 이미 그때부터 악의 세력으로부터 선한 무리를 보호한다는 기독교 정신에 입각해 전체주의적인 체제에 반감을 지니게 되었으며, 그런 신념은 〈반지의 제왕〉을 지탱해 주는 기본 모티프가 되었다. 따라서 그가 설정한 가상의 세계 중간계(middle-earth)는 신들의 세계와 인간 문명 사이에 존재하는 과도기적인 세계로 인간뿐 아니라 온갖 요정과 괴물들, 난쟁이, 마법사와 용, 사악한 군주와 영웅들이 공존하는 혼돈의 세계 그 자체다. 고대 영문학 〈베오울프〉와 핀란드의 민족적 대서사시 〈칼레발라〉를 비롯해 북유럽 신화 등에서 많은 영감을 받은 그는 연약하기 그지없는 주인공 프로도를 중심으로 인류를 파멸로 이끄는 악의 반지를 없애기 위한 반지 원정대의 피나는 혈투를 묘사한다.

히틀러의 나치즘이 유럽을 휩쓸고 있던 1937년에 집필을 시작해 10년 이상의 세월이 걸려 완성한 대작 〈반지의 제왕〉은 반지 원정대, 두 개의 탑, 왕의 귀환 등 삼부작으로 발표되었지만, 원래는 한 편의 소설로 기획된 것이었다. 여기에는 별도의 인명사전이 필요할 정도로 수많은 인물과 괴물이 등장하지만, 그중에서도 특히 절대 반지를 만든 사악한 암흑 군주 사이론과 이에 대항하는 마법사 간달프, 그리고 반지 원정대를 이끄는 고아 출신의 프로도와 그를 돕는 정원사 샘, 프로도의 양부 빌보, 곤도르의 왕 아라곤, 탐욕스러운 괴물 골룸 등이 주축을 이루어 거대한 이야기의 줄기를 이어 간다.

세상을 지배하는 강력한 힘의 원천인 마술 반지를 얻기 위해 벌이는 선과 악의 투쟁에서 실로 치열한 갈등과 음모, 배신, 복수 등이 온 세상을 어지럽히고, 인류의 종말을 결정짓는 최후의 아마겟돈 전쟁처럼 마지막 결전을 통해 마침내 선한 세력이 악의 무리를 물리치고 승리하게 된다. 하지만 그 과정에서 드러난 숱한 인간들의 결함과 모순은 단순히 권선징악적 메시지로 깔끔하게 정리되었다고 보기 어려운 다소 꺼림칙한 뒷맛을 남긴다.

우선 주인공인 프로도 자체가 탐욕적 유혹에 취약한 매우 순응적인 인간으로 묘사되고 있으며, 탐욕의 대명사인 골룸은 악의 유혹에 굴복한 괴물로 자신의 목적을 이루기 위해서는 수단 방법을 가리지 않는 존재라는 점에서 인간의 어두운 측면을 상징한다고 볼 수 있다. 지혜로운 마법사 간달프는 비록 정의의 사도로 인류를 악의 위협에서 구출한 예수와 같은 구세주로 등장하긴 하나 그의 능력에는 한계가 있다. 그나마 이성적인 의지력을 발휘하며 끝까지 동요하지 않은 인물은 역설적이게도 가장 평범한 정원사 샘이라 할 수 있다.

거대한 신화적 역사 드라마를 생생하고도 치밀한 묘사로 재구성한 〈반지의 제왕〉은 전반적으로 매우 어둡고 음습한 분위기를 풍기는 선악의 투쟁사로 보인다. 하지만 이처럼 웅대한 스케일로 선과 악의 대결을 그린 작품은 세계문학사에 그 유례를 찾아 보기 힘들다는 점에서 톨킨의 존재는 그동안 너무도 과소평가된 느낌마저 받는다. 따라서 문학사적 가치로 보더라도 단순히 판타지 문학의 효시라는 측면뿐만 아니라 선악의 문제에 대한 치열한 작가적 정신의 발로라는 측면에서 톨킨을 능가할 인물이 매우 드물다는 점에서 그에게 노벨 문학상이 수여되지 못했다는 사실은 너무도 유감이 아닐 수 없다.

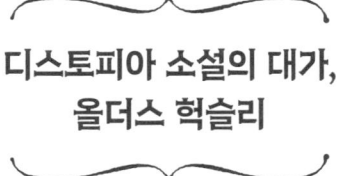
디스토피아 소설의 대가, 올더스 헉슬리

소설 〈멋진 신세계〉를 통해 현대 과학기술문명의 비참한 말로를 예견하고 경고의 목소리를 던진 헉슬리(Aldous Huxley, 1894-1963)는 비록 그 해결책을 동양적 신비주의와 환각제 의존에서 찾았다는 현실도피적 제안을 한 것으로 평가되기도 하지만 서구인들이 그동안 잊고 있던 진정한 인간성의 회복과 자연과의 친화성을 강조했다는 점에서 헉슬리는 문제의 핵심을 정확히 파악하고 있었다고 본다.

헉슬리는 어린 시절 인간의 삶에서 가장 중요한 두 가지를 거의 동시에 잃었는데, 그것은 어머니의 이른 죽음과 시력의 상실이었다. 심리적으로는 어머니라는 존재를, 그리고 육체적으로는 시력을 동시에 모두 잃은 것이다. 보이지 않는 세계, 불투명한 세계, 그리고 자신을 보듬고 달래 주며 보호해 줄 어머니가 없는 세계란 그에게는 몹시 두렵고도 믿을 수 없는 지옥일 뿐이었다. 아버지는 재혼했고 그는 이 세상에 홀로 남겨졌다.

결국 그는 신뢰할 수 없는 이 세계보다 자신의 고통을 보상해 줄 제3의 영적인 이상향을 마음속에 그리게 되었는데, 환각제와 신비적 세계로의 도피야말로 그에게 허용된 유일한 해결책이었으며, 그런 노력의 결과가 〈멋진 신세계〉로 나타난 것이다. 그런 점에서 헉슬리는 60년대 미국 사회를 뒤흔들었던 히피 운동의 원조로 꼽히기도 하지만 오늘날의 파괴적인 문명 세계를 예언한 것으로 인용되기도 한다.

올더스 헉슬리는 영국 고덜밍에서 명문가의 아들로 태어났는데, 그의 가문은 실로 화려하기 그지없다. 그의 아버지는 작가 레너드 헉슬리이고, 그의 형 줄리안 헉슬리와 노벨 의학상을 수상한 이복동생 앤드류 헉슬리는 세계적인 생물학자이며, 조부인 토마스 헨리 헉슬리 역시 19세기를 대표하는 동물학자로 다윈의 강력한 후원자였다. 또한 외조부는 럭비고등학교 교장을 지낸 토마스 아놀드이며 저명한 문학평론가였던 매튜 아놀드는 외삼촌이었으니 실로 쟁쟁한 집안이 아닐 수 없다.

그러나 헉슬리가 14세 때 어머니가 일찍 세상을 뜬 직후 심한 안질에 걸린 그는 수년간 거의 앞을 볼 수 없는 상태에 빠져 자신이 바라던 의대 진학을 포기할 수밖에 없었다. 그 후 다행히 시력을 회복하고 옥스퍼드 대학에서 영문학을 전공했으나 약해진 시력 때문에 학업에 지장을 받았으며, 일생 동안 시력 문제는 그에게 가장 큰 부담으로 작용했다.

1919년 그는 벨기에 출신 여성 마리아와 결혼해 아들 매튜를 낳았는데, 그 아들 역시 후에 자라서 작가, 교육자, 인류학자로 명성을 날렸다. 1920년대에 이탈리아에 거주하던 D. H. 로렌스를 방문하기도 했던 헉슬리는 그 후 1937년에는 가족 모두가 미국으로 이주해 살았는데, 로렌스의 집이 있는 뉴멕시코주의 타오스에 머물던 시기에 제럴드 허드의 소개로 인도 베단타 철학을 처음으로 접하게 되었으며, 이듬해에는 크리슈나무르티를 만나 크게 감화를 받고 그 문하로 들어갔다.

1921년 처녀작 〈크롬 옐로우〉를 발표해 주목을 받은 그는 1928년에 발표한 〈연애 대위법〉에서 지적인 회의론자인 소설가 필립을 소개하고 있는데, 머리로 이해하고 있는 지식의 세계와 그것을 구체적으로 살려야 하는 현실 사이에 커다란 괴리가 가로놓여 있음을 한탄하는 필립의 모습은 바로 헉슬리 자신이기도 하다.

매우 역설적인 제목의 〈멋진 신세계〉는 1932년에 발표되었는데, 소설의 제목은 셰익스피어의 작품 〈템페스트〉 5막 1장에 나오는 미란다의 대사에서 따 온 것으로, 이 작품은 원래 H. G. 웰스의 유토피아 소설 〈인간은 신들을 좋아한다〉에서 영감을 얻어 쓰기 시작했다. 그러나 웰스의 낙관적 전망과는 달리 헉슬리는 부정적 입장의 유토피아, 다시 말해서 디스토피아의 실상을 전달하고자 쓴 것이다.

물론 여기에는 D. H. 로렌스의 영향도 무시할 수 없겠다. 그러나 그 내용이 단순히 문명 비판적인 메시지를 전달한 것이 아니라는 점은 그 후 헉슬리의 행적을 통해 드러난다. 그는 실제로 소설에 나오는 가상적인 소마라는 약 대신에 LSD에 의존하여 살았기 때문이다. 육안적으로 세상을 제대로 볼 수 없다는 그의 약점은 말년으로 갈수록 그를 신비주의에 더욱 기울어지게 했으며, 그런 경향은 1936년에 나온 〈가자에서 눈이 멀어〉를 통해 확인할 수 있다. 1948년에 발표한 〈원숭이와 본질〉, 그리고 1955년의 〈천재와 여신〉도 〈멋진 신세계〉의 연장선상에 놓인 작품이라 할 수 있다.

헉슬리는 1962년 자신의 마지막 유작이 된 미래 공상소설 〈섬〉을 발표했는데, 〈멋진 신세계〉와 다른 점이 있다면, 약물 사용의 목적이 깨달음을 위한 것으로 바뀌었으며, 집단생활의 필요성도 개성의 말살을 위해서가 아니라 아이들이 부모의 신경증에 노출되지 않도록 하기 위한 것으로 수정되었다. 인간의 생식 방법이나 피임법도 강제적인 불임술에서 성의 자유로운 표현을 인정하고 자연 피임법을 내세우는 것으로 변하였다.

2차 대전 이후 헉슬리는 미국 시민권을 신청했으나 거부되고 말았는데, 그 이유는 미국을 위해 무기를 들고 싸우겠느냐는 질문에 선뜻 답

변을 하지 못했기 때문이다. 1955년 부인 마리아가 유방암으로 사망한 후 이듬해에 작가 출신 로라 아체라와 재혼한 그는 영적인 실험을 위해 환각제 LSD를 복용하기 시작했으며, 죽는 마지막 순간까지도 부인에게 환각제를 요구하기도 했다.

 1963년 할리우드 교외 자택에서 암으로 세상을 떠난 그의 죽음은 세상의 이목을 전혀 이끌지 못했는데, 왜냐하면 같은 날 케네디 대통령이 암살되었기 때문이다. 멋진 신세계의 꿈과 이상이 무너지던 그날, 그 멋진 신세계의 작가는 LSD 주사를 맞고 조용히 숨을 거둔 것이다. 헉슬리가 모두 일곱 차례나 노벨 문학상 후보에 오르고도 끝내 수상에 실패한 이유는 오로지 환각제에 의지해 살았던 바로 그런 현실 도피적인 삶 때문이 아니었을까 싶기도 하다.

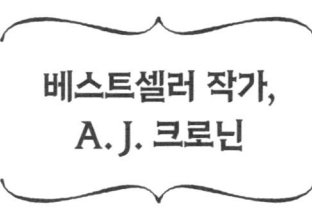

베스트셀러 작가, A. J. 크로닌

의사 출신으로서는 매우 드물게도 영국 최대의 베스트셀러 작가로 성공을 거둔 아치볼드 조셉 크로닌(Archibald Joseph Cronin, 1896-1981)은 스코틀랜드 태생으로 아일랜드계 가톨릭 신자 아버지와 영국계 개신교 신자인 어머니 사이에서 외아들로 태어났다. 크로닌이 일곱 살 때 아버지가 결핵으로 갑자기 세상을 떠나자 어머니는 아들과 함께 친정으로 가서 여성으로서는 글래스고 지역 최초로 보건 담당 감독관이 되었는데, 그녀의 활동은 어린 아들에게 깊은 영향을 주어 그 후 의사가 될 꿈을 지니게 만들었다.

글래스고 의대에 진학한 그는 제1차 세계대전이 발발하자 학업을 중단하고 해군에 지원해 군의관으로 종군했으며 전쟁이 끝나자 의대에 복귀해 우수한 성적으로 졸업했다. 그 후 잠시 선의로 근무하다가 같은 의대 동기인 메리 깁슨과 결혼한 크로닌은 시골 변방의 외진 마을을 전전하며 헌신적으로 환자들을 돌봤는데, 1924년 탄광 지대의 의료감독관에 지명되자 탄진 흡입으로 인한 폐질환에 대한 연구로 인정받았으며, 특히 수많은 광부들이 매몰되어 사망한 이스트패드 탄광 재난사고 현장을 목격한 경험을 살려 그의 대표작으로 꼽히는 〈성채〉를 쓰게 되었다.

런던에 개업해 의사로 성공 가도를 달리던 그는 과로에 지친 나머지 십이지장 궤양 진단을 받고 건강을 회복하기 위해 요양을 하던 중에 처음으로 소설을 쓰기 시작했는데, 그렇게 해서 나온 처녀작 〈모자 장수의 성〉이 폭발적인 인기를 끌게 되자 아예 작가의 길로 들어서기로 작심하고 〈별들이 내려다보다〉, 〈성채〉, 〈천국의 열쇠〉 등 대표작을 연이어 발표해 작가로서 대성공을 이루었다.

특히 1937년에 발표된 〈성채〉는 자전적 경향이 농후한 소설로 자신의 인도주의적 이상을 실현하기 위해 탄광촌의 냉엄한 현실과 투쟁하는 젊은 의사 맨슨은 바로 크로닌 자신이기도 하다. 그렇게 이상과 현실의 불일치 속에서 방황을 거듭하던 맨슨을 곁에서 헌신적으로 돕는 크리스틴의 모습은 크로닌의 아내 메리와도 매우 닮았다. 〈성채〉는 킹 비더 감독에 의해 영화로도 제작되어 큰 반향을 일으켰는데, 휴머니즘 정신에 투철한 용기 있는 의사의 감동적인 모습은 일반 대중뿐만 아니라 당시 의료계에도 상당한 영향을 주어 너도나도 앞다투어 의사가 되겠다며 의대를 지망하는 학생들이 부쩍 늘었다고 한다.

크로닌은 80대 노년에 이르기까지 정력적으로 일하며 창작 활동을 멈추지 않았는데, 그가 발표한 작품마다 대부분 베스트셀러가 되었으며, 수많은 영화감독이 서로 경쟁하듯 그의 소설을 영화로 제작해 흥행에 성공하기도 했다. 제2차 세계대전 기간에 미국 캘리포니아에 머물며 할리우드 영화 제작에 동참한 그는 전쟁이 끝나자 유럽으로 다시 돌아갔으며, 스위스 제네바에서 85세를 일기로 조용히 숨을 거두었다.

다작가로 알려진 크로닌은 당대 최고의 베스트셀러 작가로 명성을 날렸지만, 기묘하게도 노벨 문학상과는 인연이 없었는데, 어쩌면 그것은 당시 대중으로부터 얻게 된 선풍적인 인기로 인해 대중 작가라는 이미지가 너무 강했기 때문이 아닐까 한다. 물론 그는 자신이 몸담았던 시대적 격동기의 비극적 현실을 직접적으로 다루지 않았으며, 비참한 하층민의 삶에 대해서도 다소 감상적인 태도로 접근하는 모습을 보였는데, 그런 한계 때문에 노벨 문학상 후보에조차 오르지 못한 것으로 보인다.

전체주의를 비난한, 조지 오웰

전체주의 사회를 날카롭게 풍자한 소설 〈동물농장〉과 〈1984년〉으로 유명한 영국 작가 조지 오웰(George Orwell, 1903-1950)의 본명은 에릭 아더 블레어로 영국 통치하에 있던 인도 동부 벵갈에서 태어났다. 벵갈 지방은 인도에서도 가장 극빈한 지역에 속한 곳으로 그의 아버지는 현지에서 아편 수출 업무를 감독하는 관리였으며, 증조부는 자메이카 농장에 많은 노예를 거느리며 살았던 인물이다. 어머니 역시 버마에서 부를 축적한 목재상의 딸이었다.

이처럼 오웰의 가족 배경을 보면 전형적인 제국 식민주의자들의 집안임을 알 수 있다. 어머니는 오웰이 한 살 무렵에 영국으로 데리고 왔기 때문에 4세가 될 때까지 아버지를 제대로 볼 수 없었다. 그에게는 두 명의 누이가 있었지만, 어머니는 특히 아들의 교육에 온갖 정성을 쏟았는데, 경제적으로나 신분상으로는 무리인 줄 알면서도 아들 교육을 위해서 명문가의 자제들만 다닌다는 이튼 학교에 입학시켰지만, 대학에 진학시킬 만한 능력은 없었다.

자신의 그런 가족 배경에 대해 열등감을 지녔던 오웰은 영국 상류층에 대한 반감으로 젊은 시절 무정부주의적 사회주의에 기울어지기도 했지만, 역설적으로 그가 가장 혐오했던 계층은 오히려 귀족들의 밑에서 시중드는 집사들과 고급 레스토랑의 웨이터였다. 그는 본능적으로 귀족들을 모방하며 거드름 피우는 그들의 위선적인 태도에 거부감을 지니고 있었던 것이다.

　오웰은 이튼 학교를 졸업한 후 대학에 진학하지 않고 인도와 버마에서 대영제국 경찰로 근무했는데, 당시의 식민지 근무 경험이 그 후 〈동물농장〉과 〈1984년〉의 작품 구상에 영향을 준 것으로 보인다. 하지만 당시만 해도 그는 자신의 조국에 대한 자부심과 애국심으로 철저히 무장되어 있던 인물이었으며, 또한 동물처럼 비참하게 살아가는 현지인들에 대해서도 동정심보다는 오히려 경멸에 찬 시선을 지니고 있었다. 그의 주된 관심은 오히려 자신보다 여유 있고 호화롭게 살아가는 영국 상류층에 있었다. 그런 점에서 오웰은 철저하게 제국주의적 식민주의를 당연한 것으로 여기고 있었던 것으로 보인다. 따라서 그는 인종적 차별에 대해서도 별다른 죄의식이나 거부감을 느끼지 못하고 있었다.

　그랬던 그가 자신의 직업에 회의를 느끼고 작가가 되기로 결심한 것은 신분 상승을 위해서는 직업적 한계가 있음을 절감했기 때문이다. 요즘 말로 비전이 없었던 것이다. 그리고 그의 선택은 옳았다. 그러나 실제 그의 런던 생활은 비참하기 이를 데 없었다. 누구도 그의 문학적 재능을 인정해 주지 않았기 때문이다. 문학 수업을 위해 파리로 간 그는 생계를 잇기 위해 가정교사, 접시닦이, 서점 점원 등을 전전하며 닥치는 대로 일을 했는데, 당시 매우 궁핍했던 그는 끼니를 거르는 일이 다반사였다고 한다. 이때부터 건강을 해친 그는 결핵을 앓기 시작해 오랜 기간 병마에 시달려야 했다.

　1935년 비로소 작가로 인정받기 시작해 생활이 안정되면서 아일린 오쇼네시와 결혼했지만, 결혼 생활은 순탄치가 않았으며, 때마침 스페인 내전이 터지자 만사 제쳐 놓고 프랑코 장군의 파시스트 군대에 맞서는 인민공화파 정부군을 지원하기 위해 스페인으로 향했다. 그가 보기에는 비록 자본주의 문명이 부패한 것은 사실이지만 파시즘은 더욱 치명적인 재앙이라고 보았기 때문이다. 적어도 자유와 민주주의는 예술가의 자유를 위해서라도 함께 지켜져야 한다는 굳은 신념에 의한 결정이었다.

스페인에서 사회주의자 지원병으로 전투에 참여한 그는 처음에 트로츠키 계열의 노동당에 가입했으나 그 후 함께 싸웠던 동지들이 귀국해서 스탈린에 의해 무자비하게 숙청당한 사실을 알고 난 후에는 결국 자본주의를 지지하는 반공주의자로 다시 돌아섰다. 스페인 전투에서 목에 총상을 입고 거의 죽을 뻔했던 그는 부상 회복을 위해 아내와 함께 6개월간 모로코에서 휴식을 취한 후 영국으로 귀국했는데, 제2차 세계대전이 발발하자 BBC 방송에 근무하면서 일본군에 대항하기 위한 인도의 참전을 독려하는 선전 활동에 참여하기도 했다.

그러나 말을 제대로 하지 못할 뿐 아니라 방송 자체를 두려워했던 그는 도중에 그 일을 그만두고 좌파 계열의 잡지사 트리뷴지에 근무하면서 〈동물농장〉을 집필했는데, 1945년에 발표한 이 소설은 스탈린주의에 대한 통렬한 비판이며, 관료독재로 치닫는 공산주의 사회의 비참한 말로를 예고한 작품이기도 하다. 여기서 해박한 이론가이자 웅변가인 스노우볼은 트로츠키를, 그리고 과묵하고 음흉한 모략가인 나폴레옹은 스탈린, 혁명의 유언을 남긴 늙은 소령은 레닌을 의미한다.

농장주인 존스 씨를 쫓아내고 농장을 차지한 동물들은 스노우볼의 제안으로 풍차를 건설하고 농장의 기계화 작업을 추진하려 했으나 그 계획은 독재자 나폴레옹의 등장으로 차질이 빚어진다. 온갖 시련에도 불구하고 동물들은 합심하여 풍차를 재건하고 특히 말 복스의 희생적인 헌신으로 생활이 나아진다. 그러나 한때 "두 개의 발은 적이고, 네 개의 발은 동지다"라는 구호를 외치던 돼지들이 타락하여 인간들과 거래를 시작하고 인간처럼 두 발로 서서 술잔을 나누게 된다.

당시 반스탈린주의로 선회한 오웰은 영국 정보당국에 그가 잘 알고 있던 좌익 계열 인사들의 명단을 넘겨주었는데 그중에는 채플린의 이름도 들어 있었다고 한다. 또한 그는 시오니즘 운동에도 반대 입장을 보여 이스라엘 건국에 찬성하지 않았으며, 미국 정보당국과도 관련을 맺고 있던 것으로 알려졌다. 이처럼 오웰의 일관성 없는 정치적 입장 때문에 그는 좌익과 우익 모두에서 공격을 받기도 했다.

이처럼 〈동물농장〉이 혁명의 발단과 본래의 이상에서 벗어나 독재로 이행되어 나간 과정을 그렸다면, 4년 후에 발표한 〈1984년〉에서는 독재자가 민중을 통제하기 위해 동원한 악랄한 세뇌 수법에 대한 폭로요, 전체주의 사회에 대한 심각한 경고의 메시지를 보낸 것이다. 그러나 자유와 평등 모두를 추구했던 오웰의 이상주의는 현실적으로 성취하기 어려운 화두이기도 했다. 왜냐하면 그가 몸담고 살았던 영국 사회는 자유가 주어진 반면에 엄연한 신분 차이와 계급이 존재한 사회였으며, 그의 이상을 실현시켜 줄 것으로 기대되었던 러시아는 비록 평등을 실현하기는 했으나 자유를 무참하게 억압한 사회였기 때문이다.

결국 오웰은 자신의 이상이 실현되는 모습을 어디서도 찾지 못하고 좌익과 우익 사이를 오가며 방황만 거듭하다가 46세라는 이른 나이로 세상을 떠나고 말았는데, 임종이 다가온 순간에 소냐 브라우넬과 결혼식을 올린 것은 매우 이례적인 일이기도 했다. 어쨌든 전체주의 사회를 마음껏 조롱했던 그는 노벨 문학상 수상자로 선정되기에 전혀 손색이 없는 작가였음에도 불구하고 그런 영광의 순간을 누리지 못하고 말았는데, 다른 무엇보다도 600만의 희생자를 낸 유대인의 이스라엘 건국에 대한 열망을 반대한 사실이 가장 큰 도덕적 결함으로 작용했기 쉽다.

쫓기는 자의 불안과 구원을 다룬, 그레이엄 그린

영국의 소설가이자 극작가인 그레이엄 그린(Graham Greene, 1904-1991)은 대표작 〈권력과 영광〉, 〈제3의 사나이〉에서 보듯이 항상 누군가에게 쫓기는 자의 불안을 통해 악의 실체를 탐구함으로써 역설적으로 신의 사랑을 입증해 보이고자 애쓴 작가라 할 수 있다. 따라서 쫓고 쫓기는 자들 사이에 감도는 긴장감으로 인해 스릴러 소설의 대가로 꼽히기도 하지만, 단순히 극적 재미만을 추구한 것은 아니며 가톨릭 신앙을 밑바탕에 깔면서 신과 인간의 대결과 갈등에 초점을 맞추어 인간의 구원 문제를 부각한 점이 특징이라 할 수 있다. 그럼에도 불구하고 그에게 노벨 문학상의 영예가 주어지지 않은 점은 참으로 납득하기 어려운 일이라 하겠다.

영국의 유서 깊은 버크햄스테드 학교 기숙사에서 사감의 아들로 태어난 그는 어려서부터 매우 감수성이 예민한 성격으로 학교 친구들로부터 괴롭힘을 당한 끝에 우울증에 빠진 나머지 여러 차례 자살을 기도하기도 했는데, 위험한 러시안룰렛 게임이나 약을 먹고 수영을 하는 방법 등을 동원하기까지 했다. 결국 16세 때 6개월간 정신분석을 받고 다소 안정을 되찾기도 했지만, 그의 불안정한 상태는 일생을 두고 그를 괴롭힌 주범이 되었다.

그는 옥스퍼드 대학 시절에도 주기적인 우울증에 시달렸으며, 한때는 공산당에 가입해 소련을 이상향으로 여기기도 했다. 하지만 대학을 졸업한 후에는 180도 태도를 바꾸어 가톨릭으로 전향하고 세례까지 받았으며, 신문기자로 일하면서 몇 편의 소설을 발표했지만, 처음에는 별다른 주목을 받지 못하다가 타락한 신부의 도피와 고뇌를 통해 정치와 신앙의 대결 구도를 묘사한 소설 〈권력과 영광〉이 크게 성공하면서 영국 문단의 총아로 떠올랐다.

물론 그린이 가톨릭으로 개종한 것은 비비안과 결혼하기 위한 편법에서 비롯된 결과이긴 했으나 그의 신앙심은 자신의 불안정한 기분 상태를 극복하기에는 역부족이었던 것으로 보인다. 그의 결혼 생활은 결코 행복하지 못했으며, 수시로 솟구치는 충동에 굴복해 여러 차례 불륜을 저질렀으며, 사창가를 드나들기도 했다. 결국 그는 40대에 이르러 처자식의 곁을 떠나 해외를 전전했으며, 이본느와 함께 스위스에 정착해 동거 생활을 유지하다가 그곳에서 백혈병으로 세상을 떴다.

비록 그는 자신의 작품들을 통해 구도자적인 모습을 보여 주긴 했으나 정작 그 자신은 진정한 구원의 길을 찾지는 못한 듯이 보이는데, 평생을 조울증에 쫓기며 살았던 그로서는 어쩔 수 없는 운명이었는지도 모른다. 어쨌든 호손상과 셰익스피어상, 예루살렘상 등을 수상한 그는 1960년대 한때 노벨 문학상 후보에 거론되기도 했으나 그 후로는 일체 후보 명단에 오르지도 못했는데, 그가 작품 속에서 추구한 가톨릭 정신과 실제 그 자신의 부도덕한 사생활 사이에 가로놓인 불일치 때문에 그랬던 것이 아닐까 추정해 본다.

병든 사회를 노래한 시인, 오든

 영국의 시인 오든(Wystan Hugh Auden, 1907-1973)은 좌파적 성향의 시인으로 보수 우익을 대변하는 T. S. 엘리엇에 반기를 들고 마르크스주의와 프로이트의 정신분석에 입각한 비판적인 시각에서 병든 사회를 예리하게 파헤쳐 필명을 날렸다. 그는 1930년대 영국 시단에 혁신을 불러일으킨 소위 '오든 그룹'의 지도자로 매우 급진적이고도 실험적인 시로 명성이 자자했는데, 당시 발표한 대표작으로는 〈시집〉, 〈연설자들〉, 〈보라 여행자여〉, 〈아이슬란드 기행시〉, 〈중일전쟁 기행시〉 등 외에도 극작가 이셔우드와 합작으로 여러 편의 시극을 남겼다.

 영국 요크에서 의사의 아들로 태어난 오든은 소년 시절 기숙학교에서 만난 이셔우드(Christopher Isherwood, 1904-1986)와 한동안 긴밀한 관계를 유지했는데, 옥스퍼드 시절 동성애 관계에 빠진 두 사람은 1938년 중국을 방문해 중일전쟁 현장을 취재한 후 제2차 세계대전의 전운이 감돌기 시작하자 전쟁이 발발하기 직전 함께 나란히 미국으로 도피함으로써 조국을 배신한 비겁한 인물로 영국 사회에서 빈축을 사게 되었으며, 결국 미국에 귀화해 시민권을 딴 후에는 따로 헤어져 각자의 길을 걸었다.

 미국에서 유대계 시인 체스터 칼만과 2년간 함께 동거 생활을 하기도 했던 오든은 종전 후 미국 시민권을 얻은 뒤로는 점차 종교적인 색채가 농후해진 경향을 보이며 〈새해의 편지〉, 〈한동안〉, 〈불안의 시대〉, 〈아킬레스의 방패〉, 〈클리오의 찬가〉 등을 발표했는데, 미국과 영국을 오가며 대학에서 시학을 강의하다가 오스트리아 빈에서 66세를 일기로 생을 마감했다. 비록 그는 평생을 독신으로 지냈으나 공식적으로는 1935년 독일 작가 토마스 만의 딸 에리카와 결혼한 것으로 되어 있는데, 물론 그것은 나치의 위협에서 그녀를 구하기 위한 위장 결혼이었을 뿐이다.

영시 부문에서 일대 혁신을 일으킨 오든은 노벨 문학상 수상자로 손색이 없을 정도로 20세기 시단에서 확고한 위치를 점했음에도 불구하고 후보 명단에조차 오르지도 못하고 말았는데, 일설에 의하면 그가 북유럽 순회 강연에서 스웨덴의 노벨 평화상 수상자인 UN 사무총장 함마르셸드 역시 자신처럼 동성애자였다고 언급한 사실 때문에 수상 후보에서 제외되었다는 주장도 있다.

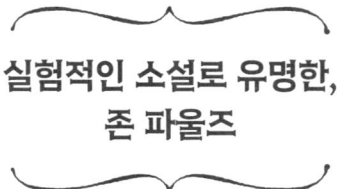

실험적인 소설로 유명한, 존 파울즈

　소설 〈콜렉터〉, 〈마법사〉, 〈프랑스 중위의 여자〉 등으로 유명한 영국 소설가 존 파울즈(John Fowles, 1926-2005)는 뛰어난 상상력과 매우 혁신적인 기법으로 전후 젊은 신세대를 대표하는 포스트모더니즘 작가로 명성을 날렸으며, 특이한 주제 선정은 물론 실험적인 기법을 통해 평론가뿐만 아니라 일반 독자들로부터도 많은 인기를 끌었다.

　제2차 세계대전 말에 징집되어 훈련 중에 종전을 맞이한 그는 옥스퍼드 대학에서 프랑스어를 공부한 후 1950년대에 프랑스에서 영어 교사로 일하다가 귀국한 후로는 대학에서 학생들을 가르치며 소설을 쓰기 시작했는데, 1963년에 발표한 처녀작 〈콜렉터〉가 크게 성공하면서 국제적인 명성을 얻기 시작했다. 그 후 〈마법사〉, 〈프랑스 중위의 여자〉, 〈에보니 타워〉, 〈난파선〉, 〈섬〉, 〈나무〉, 〈만티사〉, 〈구더기〉, 〈벌레 구멍〉, 〈나의 마지막 장편소설〉 등에 이르기까지 발표하는 작품마다 영국 문단에 돌풍을 일으키며 평론가들의 극찬을 받았다.

　특히 그의 대표작 〈콜렉터〉는 세상에서 소외된 아웃사이더의 병적인 이상심리를 다룬 작품으로, 소통의 단절과 외로움에 시달리던 젊은이 클렉이 마치 나비를 채집하듯이 젊고 아름다운 처녀 미란다를 납치해 지하실에 가두고 사랑을 구걸하지만 두 남녀 사이에 가로놓인 의식의 간격은 그 무엇으로도 메워질 수 없을 정도로 전혀 다른 길을 걷는다. 이 작품은 윌리엄 와일러 감독에 의해 영화로 만들어져 칸 영화제에서 최우수 남녀 주연상을 받기도 했다.

　빅토리아 시대의 위선적인 금욕주의와 왜곡된 집단적 편견에 희생당한 두 남녀의 비극을 다룬 〈프랑스 중위의 여자〉 역시 카렐 라이츠 감독의 영화로 제작되어 더욱 유명해졌는데, 다윈주의자인 찰스와 시대를 앞서간 페미니스트 사라가 편협한 시대정신과 충돌하며 희생양이 될 수밖에 없는 어두운 삶의 과정이 생생하게 묘사된 걸작이다.

　이처럼 세계적인 명성을 지녔던 존 파울즈는 여러 차례 노벨 문학상 후보로 거론되었음에도 불구하고 결국 수상하지 못한 채 79세를 일기로 세상을 하직하고 말았는데, 세상 전체를 부조리한 구조로 바라본 그의 어두운 관점이 걸림돌이 되었을지 모르지만, 단지 그런 이유만도 아닐 것이다. 그와 비슷한 관점을 지녔던 사르트르나 카뮈도 노벨 문학상을 수상했으니 말이다.

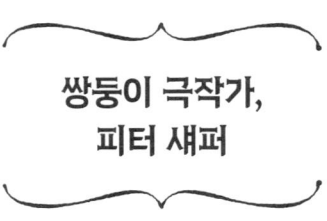

쌍둥이 극작가, 피터 섀퍼

영국의 극작가 피터 섀퍼(Peter Shaffer, 1926-2016)는 리버풀 태생으로 유대인 부동산 중개업자의 아들로 태어났는데, 쌍둥이 형제인 앤소니 섀퍼(Anthony Shaffer, 1926-2001) 역시 극작가로 활동했으나 피터 섀퍼만큼 명성을 날리지는 못했다. 제2차 세계대전 기간에 광부로 징용되어 탄광에서 일하기도 했던 피터 섀퍼는 대학에서 역사학을 공부하고 졸업한 후에는 서점 점원, 도서관 사서일 등을 전전하다 극작가의 길로 들어섰는데, 해럴드 핀터만큼 도발적이진 않지만 〈에쿠우스〉, 〈아마데우스〉, 〈타인의 눈〉, 〈태양 제국의 멸망〉, 〈블랙 코미디〉, 〈고곤의 선물〉 등으로 일약 유명해졌다.

그는 미스터리적인 사건 전개를 통해 궁지에 몰린 불완전한 인간의 근원적인 불안 심리를 절묘하게 묘사하는 데 탁월한 재능을 보였는데, 프로이트적인 심리 분석에 일가견을 지닌 작가라 하겠다. 어쨌든 피터 섀퍼는 불가피한 현실적 모순 속에 갇힌 인간의 절망적인 상황을 통해 소외된 현대인의 비극을 드러내고자 했으며, 그런 곤경에 처한 인간 조건에서 남는 것은 결국 성과 폭력밖에 없다는 것이 그의 지론이기도 하다.

그의 대표작 〈에쿠우스〉는 쇠꼬챙이로 말 여섯 마리의 눈을 쇠꼬챙이로 찔러 멀게 만든 한 소년의 엽기적인 행동에 대해 법원의 판사로부터 정신과적 치료를 의뢰받은 의사가 그 치료과정에서 겪게 되는 정신적 갈등과 혼란을 다룬 내용으로 성과 공격성뿐 아니라 종교와 신의 문제로까지 비화한다. 실화에 바탕을 둔 이 작품은 1973년에 발표되어 그 충격적인 내용으로 크게 센세이션을 일으켰으며, 1977년 시드니 루멧 감독에 의해 영화로 만들어지기도 했지만, 이 영화는 동물애호협회로부터 거센 비난을 들어야 했다.

헤스터 살로몬 판사로부터 한 문제아의 이상행동에 대한 치료를 의뢰받은 소아정신과 의사 마틴 다이사트는 17세 소년 앨런을 처음 보는 순간 그의 심상치 않은 눈빛을 통해 뭔가 불길한 예감을 받는다. 그리고 점차 앨런의 심리 상태에 접근해 가는 과정에서 그는 소년이 처한 상황과 자신의 상황이 별반 다르지 않음을 느끼고 모순에 가득 찬 이 세상의 실상에 점차 눈을 떠 간다. 그뿐 아니라 오히려 앨런의 뜨거운 열정에 질투심을 느끼면서 자신이 맡은 임무에 회의를 느낀다. 다이사트가 겪는 갈등은 결국 태양의 신 아폴로와 술의 신 디오니소스 사이에 선택을 강요당하는 상황으로, 다시 말해서 문명이냐 아니면 야만이냐의 갈림길에 선 한 지식인의 고뇌를 반영하는 것이기도 했다.

주인공 앨런은 성장 과정 중에 있는 소년으로 물론 인간은 누구나 성장통을 겪으며 사춘기적 방황과 혼란을 겪기 마련이지만, 피터 섀퍼가 여기서 다루고자 하는 문제는 그런 심리적 성장 과정에서 마주치는 갈등의 해결에 있는 것이 아니라, 보다 근원적인 인간 본질의 문제를 직면시키고자 하는 것으로 보인다. 그것은 곧 신과 원초적 본능에 관한 문제인 것이다. 따라서 인간은 누구나 자신만의 신화를 지니고자 하지만, 그 신화는 언제부턴가 사회적 압력에 의해 거세당하고 단지 무의미한 일상 속에 갇혀 버린다.

그는 이처럼 신의 문제를 또 다른 걸작 〈아마데우스〉에서도 다루고 있는데, 살리에르가 노력하는 인간에 속한다면, 모차르트는 그야말로 신의 은총을 받은 천재적인 음악가다. 타고난 천재와 노력하는 범인의 차이를 인정한다는 일은 누구에게나 힘겨운 노릇이다. 따라서 모차르트에 대한 살리에르의 질투는 신의 편애에 대한 질투일 수도 있다. 마치 아벨에 대한 신의 편애를 질투하여 동생을 살해한 카인처럼 살리에르는 신을 숭배하면서도 질투하는 매우 양가적인 태도를 지닌 인물이다.

 그는 모차르트를 증오한 것이 아니라 오히려 그의 재능을 누구보다 잘 이해하고 인정하지만, 자신이 원하는 재능을 스스로가 지니고 있지 못하다는 현실에 몹시 괴로워한다. 따라서 그가 진정으로 미워한 것은 모차르트가 아니라 바로 그 자신이었다. 인간은 누구나 자신이 원하는 것을 가질 수 없다는 사실을 깨달을 때 고통에 사로잡힌다. 더구나 자신이 그토록 갖기를 열망하는 것을 타인이 지니고 있음을 목격할 때 그 괴로움은 배가된다. 그래서 질투와 증오는 항상 맞물려 돌아간다. 사촌이 논을 사면 배가 아프다는 옛 속담은 인간의 본심을 정곡으로 찌른 말이다.

 불행에 빠진 타인을 동정하고 위로하는 일은 오히려 쉽다. 그러나 행운을 얻은 타인을 자기 일처럼 함께 기뻐해 주기란 말처럼 그렇게 손쉬운 일이 아니다. 자신에 대한 살리에르의 분노와 증오는 곧 모차르트와 신에 대한 질투로 이어진다. 그것은 결국 자신의 무덤을 파는 일이었지만, 그의 결함은 곧 우리 자신들 내면에 숨겨진 모습을 솔직히 드러낸 것이기도 하다.

 평범하기 그지없는 우리 자신보다 뛰어난 인물에 대한 열등감, 질투심, 증오심 등은 결국 엉뚱한 사람에게 불똥이 튀는 수가 많은 것도 사실이다. 모든 질투는 자기 파괴적이다. 그런 점에서 살리에르의 신에 대한 저주와 원망은 차라리 솔직한 태도라 할 수 있다. 이처럼 초인과 범인의 대결 구도는 피터 섀퍼의 단골 메뉴이기도 하다. 그것은 앨런과 다이사트의 대결을 통해서도 충분히 입증되는 주제라 하겠다. 다만 그것이 인간에게 주어진 냉혹한 현실이라는 점을 우리가 어떻게 받아들이고 소화해 낼 수 있을까 하는 문제는 여전히 미해결의 과제로 남을 뿐이다.

피터 섀퍼보다 4년 연하로 같은 유대계 극작가였던 해럴드 핀터는 이미 2005년에 노벨 문학상을 수상하고 78세를 일기로 타계했지만, 결코 핀터에 못지않은 재능의 극작가 피터 섀퍼는 90세를 일기로 세상을 하직할 때까지 노벨상을 수상하지 못하고 말았다. 물론 거의 비슷한 연배로 동시대에 활동한 유대계 영국인 극작가라는 점에서 그에게는 매우 불리한 조건으로 작용했겠지만, 뛰어난 작품성에도 불구하고 노벨 문학상 수상의 기회를 놓친 것은 매우 아쉬운 일이 아닐 수 없다.

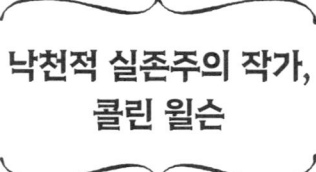

낙천적 실존주의 작가, 콜린 윌슨

영국의 소설가이며 비평가인 콜린 윌슨(Colin Wilson, 1931-2013)은 새로운 낙천적 실존주의를 추구한 천재적인 작가로 소설과 문학비평, 다양한 영역의 문화비평을 포함해 무려 150권 이상의 저서를 남긴 매우 정력적인 다작가로 알려진 인물이다. 오로지 독학으로 방대한 지식을 쌓은 그는 대학 문턱에도 가 보지 못했음에도 불구하고 실로 놀라운 창작력을 발휘하며 엄청난 분량의 저술 활동을 보였는데, 그런 사실 자체가 현대의 미스터리요, 인간이 지닌 무한대의 잠재력을 일깨워 준 일대 사건이라 할 수 있겠다.

영국 중부도시 레스터에서 가난한 공장 노동자의 아들로 태어난 그는 어려서부터 지적 호기심에 충만한 독서광으로 다양한 분야에 걸쳐 오로지 혼자 힘으로 교양을 쌓았는데, 14세 때 이미 과학 지식을 얻기 위한 목적으로 〈과학편람〉이라는 제목으로 편집한 기록을 작성할 정도였다. 생계를 위해 중학교를 중퇴하고 공장에서 일하는 가운데서도 문학에 심취한 그는 특히 버나드 쇼의 〈인간과 초인〉에 큰 감명을 받은 후로는 작가의 길을 걷기로 작심했다.

단조로운 일상에서 탈피하기 위해 한때 공군에 자원입대했으나 권위주의적인 분위기에 적응하지 못하고 동성애자를 가장해 곧바로 제대한 그는 한동안 막노동으로 생계를 유지하다가 본격적인 작가로 데뷔하기 위해 문학평론을 쓰기 시작했는데, 낮에는 대영박물관 도서실에서 자료를 찾으며 〈어둠 속의 제식〉을 쓰고, 밤에는 돈을 아끼기 위해 공원에서 노숙 생활을 하며 잠을 청하기도 했다.

이처럼 극한적인 상황에서 집필 활동에 몰두하던 그는 불과 24세라는 약관의 나이에 심오한 철학적 예술비평 〈아웃사이더〉를 발표해 세상을 놀라게 하면서 일약 베스트셀러 작가로 등극했지만, 갑자기 자신에게 쏟아진 세상의 이목에 대해 오히려 강한 거부감과 부담을 느낀 그는 곧바로 은둔 생활로 들어간 후 계속해서 〈어둠 속의 제식〉, 〈그림자 없는 사나이〉, 〈유리로 된 우리〉, 〈정신기생체〉, 〈현자의 돌〉, 〈로이고르의 귀환〉, 〈미로의 신〉, 〈킬러〉, 〈검은 방〉, 〈우주 뱀파이어〉, 4부작 〈거미의 세계〉 등의 소설을 썼다.

소설뿐 아니라 그는 철학과 심리학, 서양사와 범죄사, 종교와 신비주의, 성과 오컬트 등의 분야를 넘나드는 방대한 규모의 저술 활동에도 전념했는데, 〈종교와 반항인〉, 〈패배의 시대〉, 〈문학과 상상력〉, 〈성욕의 기원〉, 〈시와 신비주의〉, 〈오컬트〉, 〈심리학의 새로운 길〉, 〈마음의 신비〉, 〈우주의 역사〉, 〈현대 살인백과〉, 〈사후 세계〉, 〈좌익의 몰락〉, 〈아틀란티스에서 스핑크스까지〉, 〈성소의 지도〉, 〈악마의 파티〉, 〈성난 시대〉, 〈초의식〉, 〈실존적 비평〉 등 일일이 열거하기 어려울 정도로 많은 저서를 남겼다.

1956년에 발표한 그의 출세작 〈아웃사이더〉는 카프카, 카뮈, 사르트르, 헤밍웨이, 헤세, 버나드 쇼, 니체, 도스토옙스키, 고흐, 니진스키, 블레이크 등 세상에서 소외된 예술가들의 삶에 대해 실존적 철학 차원에서 재평가한 저서로 당시 보수적 매너리즘에 빠져 있던 비평계에 상당한 충격을 던진 야심작이다. 이 책에서 콜린 윌슨은 현실과 타협함으로써 안정적인 삶을 추구하는 인사이더와 달리 현실에 동화하지 못하고 정신적 방황과 갈등으로 고통받은 아웃사이더의 삶을 통해 진정으로 가치 있는 인간의 삶이 무엇인지 진지한 태도로 탐색하고 있는데, 이를 통해서 그는 당시 '성난 젊은이들' 세대의 분노를 대변하는 논단의 기수로 떠오르며 비평가들의 격찬을 받았다.

그 후 1967년에 발표한 SF 소설 〈정신기생체〉에서 그는 개인적 잠재력을 발휘하지 못한 채 기계적인 삶을 살아가는 절대다수의 인간이 마음의 암에 시달리며 자살과 우울증에 고통받는 현실을 날카롭게 비판하고 그런 정신적 괴물을 물리치기 위해서는 지적인 나태함에서 벗어나 숨은 잠재력의 확대가 절실하다고 역설했는데, 이는 곧 병든 사회에 잘 적응하며 길들여진 사람을 건강하다고 보는 적응만능주의에 대한 강한 일침이기도 하다.

그 외에도 그는 〈현대 살인백과〉를 통해 범죄 심리에 대한 해박한 지식을 과시하거나 〈우주의 역사〉에서 보듯이 전문가 뺨치는 놀라운 천문학 지식을 과시하기도 했지만, 말년으로 갈수록 점차 오컬트적 신비주의와 초심리학에 기울어짐으로써 유령 클럽에도 가입해 사후 세계에 관심을 갖는 등 과거에 냉철한 이성을 과시했던 자신의 명성에 흠집을 남기기도 했다. 말년에 이르러 뇌졸중으로 인해 말을 할 수 없게 된 그는 폐렴에 걸려 82세를 일기로 생을 마감했다.

일생을 통해 인간에 대한 탐구 정신을 끊임없이 발휘한 천재 작가 콜린 윌슨은 사실 노벨 문학상 수상자로 손색이 없는 인물이었지만, 유감스럽게도 그에게는 그런 영예가 주어지지 않았다. 물론 그의 작품들은 공상과학소설의 형태를 띠고 있기는 하나 진지한 문명 비판적 메시지를 담고 있다는 점에서 결코 흥미본위의 대중소설과는 거리가 있음에도 불구하고 노벨상 위원회의 관심을 이끌지 못한 것으로 보이는데,

말년에 이르러 오컬트적인 사술에 빠져든 점이 오히려 반감을 일으켰는지도 모른다.

\<악마의 시\>로 사형선고를 받은, 살만 루슈디

인도 출신의 영국 소설가 살만 루슈디(Salman Rushdie, 1947-)는 봄베이 태생의 인도인으로 소년 시절에 일찌감치 영국 유학을 떠나 케임브리지 대학에서 역사학을 공부한 후 한동안 광고업에 종사하다가 1981년 발표한 소설 〈한밤의 아이들〉이 부커상을 수상하며 크게 성공을 거두자 본격적인 작가의 길로 들어서 연이어 〈수치〉를 발표했는데, 이 작품 역시 프랑스에서 최우수 외국어 도서상을 받는 기염을 토했다.

그의 출세작 〈한밤의 아이들〉은 인도가 독립한 날에 태어난 한 공장 노동자의 삶을 통해 식민지에서 벗어난 인도의 혼란스러운 상황을 우화적인 수법으로 묘사하고 있는데, 가난한 힌두교도의 부모에게서 태어난 살림 시나이의 초능력을 통해 인도의 신화와 역사를 재구성하는 특이한 방식을 취하고 있으며, 〈수치〉는 파키스탄의 한 마을을 무대로 세 어머니를 둔 오마르가 하라파와 하이더 두 일가를 상대로 접촉하면서 겪는 기묘한 사건들을 통해 파키스탄의 정치적 혼란상을 풍자하고 있다.

그 후 1988년에 발표한 〈악마의 시〉는 이슬람교의 창시자 무함마드에 대한 신성모독적인 내용으로 무슬림 단체의 격렬한 시위 사태까지 불러일으켰으며, 이란의 지도자 호메이니가 루슈디에 대한 처형을 지시하고 거액의 현상금까지 내거는 바람에 그는 영국 경찰의 보호 아래 10년 세월 가까이 은신할 수밖에 없는 상황에 몰리기도 했다. 그럼에도 불구하고 루슈디는 그 후에도 계속해서 〈무어의 마지막 한숨〉, 〈그녀의 발아래 땅〉, 〈분노〉, 〈광대 샬리마르〉, 〈플로렌스의 여인〉 등의 소설을 발표했다.

루슈디는 부커상, 제임스 조이스상, 안데르센 문학상, 영국작가상 등 수십 개의 상을 휩쓸었으며, 여러 차례 노벨 문학상 후보로 거론되기도 했으나 아직까지 수상하지 못하고 있는데, 아무래도 이슬람 세계에 극심한 반발을 불러일으킨 〈악마의 시〉로 인한 여파이기 쉽다. 그에게 사형을 선고하고 암살 지령까지 내린 이슬람 세계를 굳이 자극할 필요가 없기 때문일 것이다. 어쨌든 루슈디는 2007년 영국 왕실로부터 기사 작위까지 받는 등 부와 명예를 모두 거머쥔 듯이 보이지만, 자신의 조국인 인도에는 감히 발을 들여놓을 엄두조차 내지 못하는 상태에 있다. 더군다나 그는 2022년 미국의 한 강연장에서 괴한이 휘두른 흉기에 찔려 간 손상 및 한쪽 눈을 잃는 중상을 입고 가까스로 살아남았으니 그에게는 노벨 문학상 수상보다 자신의 목숨을 보전하는 문제가 더욱 시급해 보인다.

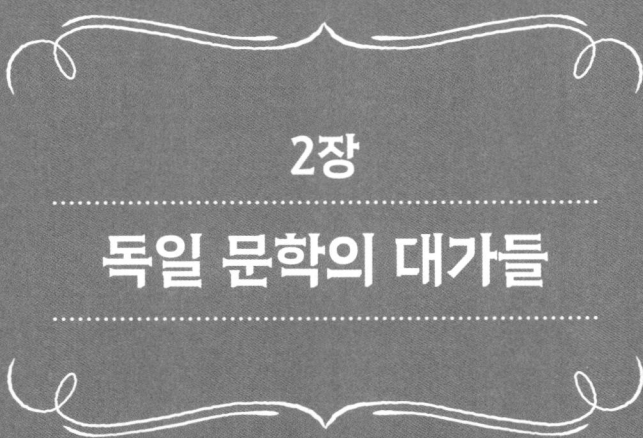

2장
독일 문학의 대가들

인간의 내면을 탐색한, 슈니츨러

오스트리아의 작가 아르투르 슈니츨러(Arthur Schnitzler, 1862-1931)는 빈 태생으로 유대인 이비인후과 의사의 아들로 태어나 자신의 아버지처럼 의사가 되고자 빈 의대를 졸업하고 빈 종합병원에 잠시 근무하기도 했으나 결국에는 의업을 포기하고 작가의 길로 들어섰다. 그는 정신분석에도 관심이 많아 생전에 프로이트와 활발한 교류를 맺으며 인간 심리의 문제를 탐구했는데, 그런 이유 때문에 그의 작품에는 당시로서는 충격적이라고도 할 수 있을 정도로 인간의 성 문제가 노골적으로 다루어져 숱한 논란을 불러일으키기도 했다.

그는 한 우울증 환자의 여성 편력을 다룬 희곡 〈아나톨〉을 비롯해서 불륜의 비극을 그린 〈리벨라이〉, 다양한 남녀들의 에로스 극 〈윤무〉 등을 발표했으며, 그 외에도 〈파라켈수스〉, 〈고독한 길〉, 〈생명의 절규〉, 〈넓은 나라〉, 〈베른하르디 교수〉 등 많은 희곡을 남겼다. 특히 1912년에 발표한 〈베른하르디 교수〉는 유대인 의사에 대한 사회적 편견과 배척을 다루고 있어 슈니츨러 자신을 포함해 그와 비슷한 불이익을 당하고 살았던 프로이트를 연상시키기에 족하다. 당시 프로이트는 슈니츨러에게 보낸 서한에서 자신이 환자들 분석을 통해 힘겹게 알아낸 사실들을 슈니츨러는 단지 뛰어난 직관력만으로 알아낸다는 점에 깊은 인상을 받는다면서 그에게 찬사를 보내기도 했다.

슈니츨러는 희곡 외에도 〈열린 곳으로 가는 길〉, 〈테레제〉 등의 장편소설과 프로이트적 내면 탐색을 시도한 독백체 단편소설 〈구스틀 소위〉, 〈프로일라인 엘제〉, 그리고 〈죽음〉, 〈꿈의 노벨레〉, 〈암흑에의 질주〉 등을 썼다. 이처럼 성에 대한 관심과 염세적 경향이 농후했던 그는 나치가 집권하기 직전에 작고함으로써 다행히 화를 면했지만, 그의 작품들은 그 후 나치 독일에서 도덕적으로 불결한 유대인의 쓰레기 같은 작품의 전형으로 매도당하기도 했다.

유대계 영화감독 스탠리 큐브릭이 1999년에 남긴 마지막 유작 〈아이즈 와이드 셧〉은 1926년에 발표된 슈니츨러의 소설 〈꿈의 노벨레〉를 토대로 한 것으로 성적인 환상과 죽음이 주된 테마로서 프로이트의 영향을 엿볼 수 있는 작품이다. 성과 사랑, 불륜 등을 주로 다룬 그의 작품들은 당시에는 매우 부도덕하고 비윤리적인 것으로 위험시되었으나, 그 후 그의 많은 작품이 영화로 만들어지기도 했는데, 그중에는 유대계 감독 막스 오퓔스의 〈리벨라이〉, 〈윤무〉 등이 가장 유명하다.

〈리벨라이〉는 유부녀와 열애에 빠진 청년 필리츠가 친구 테오도르가 소개해 준 순정파 처녀 크리스티네에게 점차 마음이 이끌리지만, 자신과 불륜 관계를 맺고 있던 여성의 남편이 요구한 결투에 응한 나머지 숨지고 만다는 매우 통속적인 내용으로 당시 빈의 어지러운 성 모럴의 이면을 보여 주는 희곡이다. 그 후에 발표한 〈윤무〉는 성도덕의 타락에 덧붙여 계급적 이데올로기 문제까지 결부시킴으로써 나중에 나치 독일로부터 불결한 유대인이 만든 포르노 연극으로 매도당하며 불태워지는 수모를 겪기도 했다.

그러나 인간의 내면에 간직된 온갖 환상과 욕구의 세계는 신분이나 인종의 차이를 떠나 모든 인간을 집요하게 따라다니며 괴롭히는 주체이기도 하다는 점에서 슈니츨러는 프로이트의 이론에 공감을 표시한 것이다. 그런 점에서 슈니츨러는 독일 문학에서 처음으로 의식의 흐름 기법을 자신의 작품에 반영시킨 작가로 평가될 수 있는데, 그것은 물론 프로이트가 시행했던 자유연상 기법에서 영향을 받았음이 분명하다.

물론 의식의 흐름 기법은 프랑스의 유대계 작가 프루스트에 의해 세상에 알려졌지만, 슈니츨러처럼 인간의 깊은 내면을 다룬 것은 아니었다. 그러나 외부적인 사건 전개를 떠나 오로지 내면적인 심리 세계의 흐름에 초점을 맞추기 시작한 작가들이 모두 유대인이었다는 사실은 그만큼 우리에게 많은 점을 생각하게 만든다. 그것은 그토록 오랜 세월을 지나오면서도 어째서 인간은 자신들의 무의식 세계를 인식하지 못하고 프로이트라는 한 유대인 개업 의사의 출현을 기다려야만 했는지 그 이유를 알아보는 일과도 관련이 없지 않을 것이다.

프로이트의 분신임을 자처한 아르투르 슈니츨러는 성적으로 매우 금욕적인 가치관에 얽매여 있던 서구인들의 위선적인 내면세계를 솔직하게 드러냄으로써 독일 사회에서 프로이트와 함께 타락한 유대인으로 매도당했지만, 인간의 자연스러운 욕구와 감정을 인위적으로 억압하는 부당한 사회적 편견에 대한 슈니츨러의 도전은 기만적인 자아의 태도에서 벗어나 성의 실체를 과감하게 인정하되 보다 건전한 자아의 확립에 주안점을 두었던 프로이트의 입장을 충실하게 따른 것으로 볼 수 있다. 그런 점에서 스위스의 정신의학자 카를 융의 입장을 충실히 따른 신비주의적 성향의 헤르만 헤세가 노벨 문학상을 받은 반면에 프로이트처럼 성의 문제를 과감하게 다룬 슈니츨러가 수상 대상에서 제외된 것은 매우 불공평한 처사가 아닐까 한다.

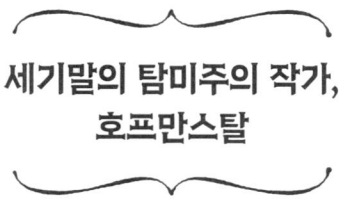

세기말의 탐미주의 작가, 호프만스탈

빈 태생의 호프만스탈(Hugo von Hofmannsthal, 1874-1929)은 오스트리아의 시인, 극작가로 귀족주의적 취향의 독일 세기말을 대표하는 탐미주의 작가로 손꼽힌다. 그는 황제로부터 귀족 작위를 받은 유대계 사업가의 후손으로 어려서부터 매우 조숙하고 총명한 데다 독서광이었던 그는 어린 나이에 이미 니체를 흠모하면서 시를 쓰기 시작했다. 아버지의 강압에 의해 마지못해 빈 대학에서 법학을 공부한 그는 사법국가고시에 합격하고도 결국에는 도중에 법학 전공을 포기하고 문학으로 전향했다.

시인으로 출발한 호프만스탈에게 가장 큰 영향을 끼친 인물은 17세 때 만난 슈테판 게오르게로 그의 탐미주의에 물든 호프만스탈은 초기 서정시로 출발해 18세 때 쓴 〈바보와 죽음〉처럼 인기를 끈 작품도 남겼지만, 점차 언어적 표현의 능력에 한계를 느낀 나머지 신비주의적 연극으로 관심이 옮겨 가면서 〈엘렉트라〉, 〈오이디푸스와 스핑크스〉, 〈모든 사람〉, 〈탑〉 등의 희곡을 썼다. 그는 연극의 임무가 세상의 질서를 표현할 뿐만 아니라 새로운 질서를 만들어 내는 것이기도 하다고 주장했다.

성장한 후 스스로 유대계 혈통임을 부정한 호프만스탈은 항상 가톨릭을 신봉하는 귀족으로 처신했으며, 유대인을 폄하하는 발언도 서슴지 않았는데, 1898년 문학박사 학위를 받은 그는 2년간 유럽 각지를 여행하며 로댕, 마테를링크, 릴케 등 여러 예술가와 친교를 나눴으며,

당시 베를린 오페라 악장을 지내던 작곡가 리하르트 슈트라우스와도 알게 되어 나중에 그가 작곡한 오페라 〈엘렉트라〉, 〈장미의 기사〉, 〈아라벨라〉 등의 대본을 쓰기도 했다.

1901년 그는 친구의 여동생인 게르트루트 슐레징거와 결혼했는데, 유대인이었던 그녀는 결혼을 위해 기독교로 개종까지 했다. 그 무렵 유대계 연극 연출가인 막스 라인하르트와 작가 아르투르 슈니츨러 등과 교류한 호프만스탈은 특히 라인하르트와 함께 손을 잡고 연극 작품을 무대에 올리기도 했다.

제1차 세계대전이 발발하자 40세 나이로 군대에 징집된 그는 전쟁 후생국에 근무하며 주로 선전 업무에 종사했다. 전쟁 도중에 순회강연을 통해 오스트리아를 찬양하는 애국적인 연설로 전쟁 승리를 지원했지만, 오스트리아 제국의 패전으로 호프만스탈 역시 개인적 타격을 받아야 했는데, 그런 이유 때문에 호프만스탈은 여러 차례 노벨 문학상 후보에 올랐으나 수상에는 실패하고 말았다. 1920년대 유럽 각지를 여행한 그는 특히 이탈리아에 매력을 느꼈을 뿐만 아니라 무솔리니의 파시즘에도 공감을 표시함으로써 귀족주의적 취향에서 벗어나지 못한 모습을 보이기도 했다.

1929년 그의 아들 프란츠가 26세 나이로 권총 자살을 하는 사건이 벌어진 후 아들 장례식에 참석하기 위해 집을 나서던 호프만스탈은 갑자기 뇌출혈로 쓰러져 숨을 거두고 말았는데, 그의 마지막 소원에 따라 프란체스코 수도사 복장 차림으로 매장되었으니 죽을 때까지도 유대인의 정체성을 거부한 셈이다. 하지만 호프만스탈이 죽은 지 10년 뒤에 오스트리아가 나치 독일에 합병되면서 그의 재산은 모두 나치 당국에 몰수되었으며, 가족들 역시 망명길에 올라 뿔뿔이 흩어져야 했다.

기도하는 시인, 릴케

〈기도시집〉, 〈두이노의 비가〉를 비롯해 소설 〈말테의 수기〉와 서한집 〈젊은 시인에게 보내는 편지〉 등으로 많은 독자의 사랑을 받아 온 오스트리아의 시인 라이너 마리아 릴케(Rainer Maria Rilke, 1875-1926)가 노벨 문학상을 받지 못한 사실은 가장 납득하기 어려운 일 가운데 하나다. 제1차 세계대전 등 인간성 상실의 시대를 맞이해 순수한 영혼의 회복을 추구한 구도자적 자세로 수많은 주옥같은 시들을 남김으로써 20세기가 낳은 독일어권 최고의 시인으로 꼽히는 릴케야말로 노벨 문학상 수상자로서 결코 손색이 없는 인물이기 때문이다.

오스트리아-헝가리 제국에 속했던 프라하에서 태어난 릴케는 어려서부터 매우 불행한 시절을 보내야 했다. 왜냐하면 그의 부모는 사이가 원만치 못했으며, 게다가 어머니는 어린 릴케를 마치 딸처럼 키웠기 때문이다. 어린 아들에게 여자 옷을 입히고 딸처럼 대한 어머니의 이상한 행동은 그 후 릴케의 지극히 내성적이고 여성적인 성격 형성에 결정적인 영향을 끼친 것으로 보인다. 어머니가 그런 행동을 보인 이유는 태어나자마자 죽은 딸의 모습을 잊지 못해 그랬던 것인데, 그녀는 마치 어린 릴케가 이미 죽고 없는 딸인 것처럼 행동하고 대했던 것이다.

릴케가 9세 때 결국 부모는 헤어지고 말았는데, 그 후 릴케는 군인 출신인 아버지의 뜻에 따라 군사학교에 보내져 교육을 받았지만 허약한 체질로 버티지 못하고 도중에 학업을 포기하고 말았다. 짐작건대 너무나 숫기가 없고 계집애 같아서 남성다움을 키워 주기 위해 그랬던 것 같다. 결국 릴케는 문학과 철학을 공부하며 작가가 되기로 결심했다. 그런 그에게 갑자기 눈앞에 나타난 루 살로메의 존재는 마치 이상적인 어머니의 모습으로 다가왔는데, 마치 무엇에 홀린 듯 릴케는 그녀에게 빨려들고 말았다.

1897년 릴케의 나이 22세 때 뮌헨에서 루 살로메를 만난 이후 정신없이 사랑에 빠진 그는 마침내 그녀와 함께 두 차례에 걸쳐 러시아 여행을 떠나게 되었다. 이미 그녀는 결혼한 몸인데도 말이다. 러시아 출신의 루 살로메는 지성과 미모를 자랑하며 서구 지식인 사회에서 숱한 스캔들을 일으킨 장본인이었지만, 이미 그녀에게 깊이 빠져든 릴케에게는 구원의 여인상이자 사랑하는 연인이요, 동시에 상징적인 어머니이기도 했다.

실제로 릴케보다 14년이나 연상이었던 루 살로메는 마치 어머니처럼 행동했으며, 라이너라는 이름도 그녀가 붙여 준 것이었다. 원래 어려서부터 어머니가 부르던 그의 이름은 르네였지만, 루 살로메는 그 이름이 너무 여성적이고 연약해 보인다면서 보다 남성적이고도 독일식으로 들리는 라이너로 바꿀 것을 요구한 것인데, 릴케는 새로운 엄마의 요구를 순순히 받아들였다.

하지만 단둘이 떠난 마지막 러시아 여행은 릴케에게 쓰라린 아픔과 좌절만을 남기고 끝이 나 버렸다. 어린애처럼 매달리는 릴케에게 루 살로메가 지겨움을 느낀 것이다. 결국 릴케는 변덕이 죽 끓듯 하는 루 살로메에게 버림을 받은 셈이다. 그럼에도 불구하고 두 사람은 계속해서 서신 교류를 나누었으며, 루 살로메는 프로이트를 통해 얻은 정신분석적 지식을 릴케와 공유하기도 했다.

루 살로메와 헤어진 후 릴케는 독일 보르스프베데에 있는 예술인촌에 머물며 여류조각가 클라라 베스토프를 만나 결혼해서 딸까지 낳았지만, 그 결혼은 그다지 행복하지 못했다. 릴케는 곧바로 가족을 떠나 파리로 가서 조각가 로댕의 조수로 일하면서 사물을 관찰하는 법을 배웠으며, 이 시기에 〈기도시집〉, 〈형상시집〉 등을 출간했다. 오랜 기간 따로 떨어져 살면서 제각기 독립된 예술 활동을 벌이던 이들 부부는 서로 이혼에 합의하고도 공식적으로 이혼까지 하지는 않았는데, 그것은 가톨릭 교리에 위배된다는 릴케 자신의 소신 때문이었다.

그 후 릴케는 아드리아 해안의 두이노성에 머물며 〈두이노의 비가〉에 착수했는데, 제1차 세계대전의 발발과 더불어 한동안 독일에 발이 묶여 우울증에 빠진 나머지 완전히 펜을 놓고 말았다. 당시 그는 군 입대 통지를 받고 극심한 두려움에 빠졌는데, 어릴 적 군사학교에서 겪은 끔찍스러운 기억이 되살아났기 때문일 것이다. 다행히 그의 친구들이 당국에 탄원서를 제출해 소집 명단에서 제외되긴 했지만, 그 후유증은 상당 기간 지속되었다.

전쟁이 끝나자 릴케는 기다렸다는 듯 스위스로 이주해 〈두이노의 비가〉 완성에 힘을 쏟았는데, 아무래도 전쟁의 상처와 전후의 혼란에서 벗어나기 위한 고육책이었던 것으로 보인다. 그만큼 그는 살벌한 세상 분위기에 적응하기 힘겨웠던 모양이다. 40대 후반에 접어들면서 급격히 건강이 악화된 릴케는 결국 오랜 요양소 생활 끝에 그곳에서 담당 주치의 품에 안겨 51세를 일기로 세상을 떴다. 두 눈을 뜬 채 숨을 거둔 릴케는 아무런 유언도 남기지 않았는데, 항간에 떠도는 소문 중에 릴케의 죽음은 장미 가시에 찔린 상처 때문인 것으로 알려져 있기도 하지만, 실제로 그는 백혈병으로 인한 극심한 통증에 시달리다 죽었다.

그토록 상처받기 쉬운 심약한 릴케였지만 그가 마주친 세상이 아무리 증오심과 폭력이 난무하는 그런 세계였다 하더라도 그는 끝까지 인간의 순수한 영혼에 대한 믿음을 포기하지 않았다. 가장 깊은 어둠 속에서 삶의 본질을 찾고자 하는 릴케의 마음은 절망과 우울의 심연에 빠진 자만이 지닐 수 있는 마지막 구원의 몸부림이라 할 수 있다. 어둠의 밑바닥을 친 뒤라야 느낄 수 있는 한 줄기 희망의 빛을 통해 비로소 얻을 수 있는 그런 깨달음 같은 것 말이다. 릴케는 아마도 그런 깨달음을 얻은 것인지도 모른다. 그것은 단순히 살려 달라고 신에게 매달리는 그런 기복적 차원이 아니라 끝까지 절망하지 않고 오로지 자신의 생명에 충실함으로써 스스로 얻어지는 구원의 경지이기 쉽다. 그런 점에서 릴케를 단순히 기독교적 신앙에 기초한 종교시를 쓴 시인으로 보는 건 다소 무리인 듯싶다.

릴케는 실로 고독한 삶을 산 시인이다. 집도 없이 가족과 떨어져 살았던 릴케는 생의 대부분을 홀로 떠돌다 불치의 암에 걸려 가족의 보살핌도 받지 못한 상태로 쓸쓸히 죽어 간 셈인데, 그럼에도 불구하고 자기 초극의 길을 걸으며 실로 주옥같은 시들을 남긴 것을 보면 창작 활동이야말로 그에게는 일종의 구원이었던 것으로 보인다.

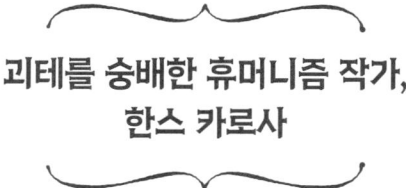

괴테를 숭배한 휴머니즘 작가, 한스 카로사

독일의 소설가 한스 카로사(Hans Carossa, 1878-1956)는 결핵 전문의인 아버지의 뒤를 이어 의사가 되었으나 작가로 변신해 주로 자신의 경험에 바탕을 둔 자전적인 소설을 썼으며, 독일 문단에서 가장 괴테 정신에 가까운 고전적 휴머니즘을 대표하는 작가로 인정받게 되었다. 〈의사 뷔르거의 운명〉, 〈루마니아 일기〉, 〈의사 기온〉 등의 소설을 남긴 그는 비록 과작에 머무른 작가지만 헤르만 헤세, 토마스 만과 더불어 현대 독일 문학의 3대 거두로 꼽힌다. 그럼에도 불구하고 나치 독일의 중심부에 철저히 고립된 상태로 지내던 그는 비록 고트프리트 켈러상과 괴테상을 수상하긴 했으나 헤세나 토마스 만과는 달리 노벨 문학상을 수상하지는 못했다.

남부 독일 바바리아 지방의 휴양도시 바트 퇼츠에서 이탈리아계 조상을 둔 의사의 아들로 태어난 그는 어려서부터 자주 이사를 다니는 바람에 교육도 여러 곳을 전전하며 받았다. 예민한 감수성과 내성적인 성격의 소유자로 괴테를 숭배했던 카로사는 자신이 늘 열망했던 작가의 꿈을 잠시 접고 아버지의 가업을 잇기 위해 대학에서 의학을 공부한 후 1903년 의사 자격을 따게 되자 파사우에 있는 부모 곁으로 돌아가 의업에 종사하기 시작했다. 환자를 치료하는 가운데 틈틈이 시간을 내어 창작을 한다는 게 결코 손쉬운 일이 아니었음에도 불구하고 그는 소설뿐 아니라 시작에도 힘써서 맑고 순수한 영혼의 자유에 대해 노래했으며, 그런 점에서 서로 공감대를 이룬 시인 릴케와도 친밀한 관계를 유지했다.

그의 모든 작품은 자전적인 내용으로 이루어져 있는 게 특징인데, 〈유년 시절〉을 비롯해서 고등학교 시절의 꿈과 고뇌를 묘사한 〈젊은이의 변모〉, 뮌헨 의대 시절 겪었던 사랑과 좌절의 아픔을 그린 〈아름다운 미혹의 해〉 등이 특히 그렇다. 제1차 세계대전 당시 군의관으로 종군하며 겪었던 전쟁의 참상을 그린 〈루마니아 일기〉에서는 암담한 현실 속에서도 내면적인 구원을 얻고자 애쓰는 모습을 보여 준다. 환자의 생명을 구하지 못해 양심의 가책을 느끼고 자살하는 의사의 비극적인 최후를 그린 그의 대표작 〈의사 뷔르거의 운명〉은 1930년에 발표한 것으로 20세기 현대판 〈젊은 베르테르의 슬픔〉이라 할 수 있을 정도로 그 모습이 너무도 닮았다. 그 외에도 개인적인 갈등을 다룬 〈의사 기온〉, 〈성년의 비밀〉 등이 있다.

전쟁과 폭력에 반대한 카로사는 특히 나치 독일 치하에서 그 위치가 매우 위태로웠지만, 그럼에도 불구하고 그는 죽을 때까지 독일에 머물며 창작에만 몰두했다. 광기의 폭력에 휘말린 나치 독일의 중심부에 있으면서도 전혀 흔들림이 없이 줄기차게 내면적인 사랑과 질서의 확립을 외친 카로사의 모습은 실로 경이롭기까지 하다. 의사라는 직업 때문에 항상 죽음과 마주해야 했던 카로사는 경건한 구도자의 자세로 매우 진지하고 수준 높은 소설을 남겼는데, 결코 신비주의에 기울어지지 않으면서도 지극히 평범한 일상사를 통해 비범한 진실에 도달하려는 노력이 매우 큰 감동을 준다. 놀라운 인내심과 평온함으로 격동의 세월을 참고 견뎌 낸 그는 파사우 부근의 리트슈타이크에서 78세를 일기로 조용히 눈을 감았다.

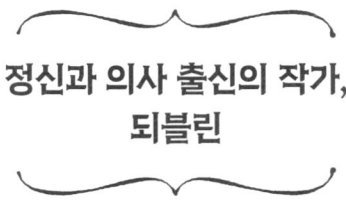

정신과 의사 출신의 작가, 되블린

　독일 슈테틴 지방 태생의 작가로 정신과 의사 출신인 되블린(Alfred Döblin, 1878-1957)은 폴란드계 유대인 상인의 집안에서 태어나 의학을 공부했으며 베를린에서 개업하기도 했다. 그의 아버지는 양복점을 운영하는 사람으로 다재다능한 인물이었지만, 되블린의 나이 10세 때 젊은 여성과 눈이 맞아 미국으로 도주하고 말았다. 어머니는 다섯 아이를 데리고 베를린 빈민가에 정착했으며, 그는 고교 시절까지 엄격한 어머니에 얽매여 살아야 했다.

　가난에 찌든 비참한 생활에 염증을 느끼고 일찍부터 사회주의 사상에 매료된 되블린은 프라이부르크대학에서 의학을 공부하면서도 계속 작품을 썼다. 당시에 그가 쓴 작품들은 주로 프로이트의 정신분석에서 영향을 받은 것들로 〈검정 커튼〉이 그 대표적인 예다. 의대 졸업 후 정신병리와 내분비학 연구에 몰두하다가 결혼하게 되면서 빈민가에 정신과 개업을 하게 되었으며, 장편소설 〈왕룬의 세 도약〉과 〈바트체크의 증기 터빈과의 투쟁〉, 그리고 일종의 유토피아 소설인 〈산과 바다, 거인〉 등을 발표했다.

　1929년에 발표한 그의 대표작 〈베를린 알렉산더 광장〉은 사회주의적 경향의 소설로 하층민 출신의 범죄자가 겪는 운명을 냉정한 시각으로 추적한 작품이지만, 실제로는 주인공이 따로 없는 작품이라고 할 수 있다. 땅은 인정하되 주인을 따로 인정할 수 없다는 그 자신의 입장을 보여 주는 대목이다.

  1933년 나치에 의해 시민권을 박탈당해 스위스, 프랑스 등지로 망명했으며, 한때 프랑스 정보국에서 일하다가 프랑스가 패배하자 1940년 가족을 데리고 미국으로 이주한 이후 가톨릭으로 개종했다. 그런 와중에도 자전적 소설 〈용서는 없다〉와 대작 〈1918년 11월〉 등을 쓴 그는 전후에 다시 유럽으로 돌아갔지만 얼마 가지 않아 남부 독일 요양소에서 사망했다. 이처럼 그는 종교적으로나 삶의 터전을 마련한다는 점에서나 안정을 얻지 못하고 여기저기를 전전하는 가운데 자신의 정체성 혼란과 정신적 방황을 거듭하며 살아야만 했던 불운의 작가였다.

  되블린은 자신이 속한 집단으로부터 혹독한 경험을 직접 겪은 유대인의 입장에서 사회적 구조악의 문제에 남다른 민감성을 지닐 수밖에 없었는데, 그가 일찌감치 사회주의 사상에 기울어진 배경도 그런 점에서 이해할 수 있겠다. 마르크스주의야말로 자신이 처한 세상의 구조적 모순과 악을 일거에 해결해 줄 수 있는 유일한 해법이라고 여겼기 때문이다. 그러나 세상일은 그렇게 간단치 않기에 더욱 골치 아픈 것이다.

  그는 비록 정신과 의사가 되어 프로이트의 정신분석에도 많은 관심을 지니고 있었지만, 그렇다고 해서 에리히 프롬처럼 프로이트와 마르크스를 접목하고자 하는 노력 따위에도 별다른 관심을 보이지 않았다. 그는 단지 악의 집단에 희생되는 한 개인의 무기력한 모습에만 초점을 맞췄을 뿐이다. 물론 작가의 임무는 세상을 구원하는 일도 아니요, 보다 현실적인 해결책을 제시하는 것도 아니다. 그는 단지 주위에서 벌어지는 비극적인 현실을 생생하게 묘사하고 그 모습을 독자들에게 전달했을 뿐이다.

  그런데 실제로 그가 보고 느낀 세상은 모순투성이요, 온갖 탐욕으로 가득 찬 악의 세계였으며, 그런 악의 구현은 나치 독일의 등장으로 더욱 가시화되었다. 당시 나치가 내세운 독일 사회 최대의 공적은 유대인과 공산주의자들이었다. 따라서 되블린은 두 가지 모두에 해당되는 최대 공적 가운데 한 사람이었던 셈이다. 그가 몸담을 곳은 결국 자유민주사회밖에 없었다. 하지만 그는 그곳에서마저도 결코 행복하지 못했다. 어디를 가나 그는 이방인일 수밖에 없었기 때문이다.

그는 프랑스 사회에 적응하기 위해 가톨릭으로 개종까지 했지만 그렇다고 해서 자신의 뿌리까지 지워질 수 없다는 사실은 그 누구보다도 되블린 자신이 너무도 잘 알고 있었을 것이다. 그것은 소설 〈베를린 알렉산더 광장〉의 주인공 프란츠가 아무리 새사람이 되고자 굳게 다짐을 해도 그가 처한 환경이 그를 가만 놔두지 않는 상황과 기막힌 일치를 보인다.

이처럼 어느 한 곳에 안주하지 못하고 여기저기를 떠돌아야만 했던 그는 참으로 불행한 운명을 타고난 작가라 할 수 있는데, 그가 생존했을 당시에는 전혀 세상의 인정을 받지 못했으며, 죽은 후에는 완전히 사람들의 기억에서 사라진 존재가 되고 말았다. 하기야 마르크스주의적인 그의 작품 성향이 나치 독일에서나 미국 등지에서 환영받을 리 없었으며, 전후 민주화된 서독 사회에서도 역시 그 사정은 마찬가지였을 것이다. 따라서 그런 사회적 분위기에서 되블린에게 노벨 문학상을 기대한다는 일 자체가 무리였음에 틀림없다.

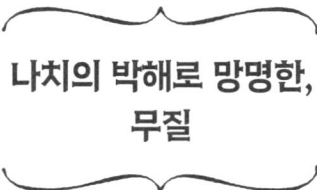

나치의 박해로 망명한, 무질

비운의 작가 로베르트 무질(Robert Musil, 1880-1942)은 오스트리아 남부 클라겐푸르트에서 귀족 출신 공학 교수의 아들로 태어나 처음에는 군인이 되기 위해 육군학교에 입학했다가 도중에 공대로 전학해 기계공학을 전공했으며, 그 후 베를린대학에서 철학과 심리학을 공부했는데, 이처럼 철학과 심리학을 공부한 배경이 매우 날카롭고도 분석적인 그의 문체에 영향을 준 것으로 보인다.

대학에 재학 중이던 26세 때 발표한 처녀작 〈사관생도 퇴를레스의 혼란〉은 사춘기의 고민을 매우 치밀하게 다룬 소설로 당시 문단에서 크게 호평을 받았으며, 이에 자신감을 얻고 본격적인 작가로 데뷔한 그는 이어서 단편집 〈합일〉과 〈세 여인〉, 클라이스트상을 받은 희곡 〈열광자들〉을 발표하고 대작 〈특성 없는 사나이〉의 완성에 몰두했는데, 이미 그때부터 노벨 문학상 후보에 오를 정도로 명성이 자자했던 무질이었지만, 정작 자신은 그런 영예를 받을 자격이 없다고 여겼으며, 동료 작가인 토마스 만이나 헤르만 브로흐처럼 작가로 성공해 세상의 주목을 받는 일 자체를 번거롭게 느꼈다.

단편집 〈합일〉을 발표한 1911년 두 자녀를 거느린 7년 연상의 유대계 미망인 마르타 마르코발리와 결혼한 무질은 소설 제목처럼 진정한 합일을 위해 부부가 함께 개신교로 개종까지 했지만, 그 후 나치 독일이 오스트리아를 합병하고 그의 작품들을 불태우자 유대인 아내 마르타와 함께 스위스로 망명했다. 몹시 궁핍한 생활과 뇌졸중에 시달리며 고생하다가 4년 뒤에 죽었는데, 화장한 그의 재는 알프스의 숲속에 뿌려졌다. 그가 죽을 때까지 끝내 완성을 보지 못한 〈특성 없는 사나이〉의 3부 원고는 이듬해 아내 마르타에 의해 출판되었으며, 그 후 그녀는 1949년 로마에서 생을 마쳤다.

두 차례의 세계대전을 통해 몰락한 서구사회의 도덕적 붕괴를 직접 목격한 무질은 그런 불합리한 시대정신에 저항하며 매우 정교하고 풍자적인 수법으로 비판했는데, 그것은 결국 〈특성 없는 사나이〉의 주인공 울리히가 밤길에서 자신을 에워싼 건장한 세 남자와 싸움을 벌이듯이 인간이 마주친 사회적 위기를 극복하기 위한 마지막 몸부림처럼 보이기도 한다. 어쨌든 어느 정도의 불신과 적대감을 통해 세상과 관계를 맺어 나갈 수밖에 없는 서구문화의 본질을 끝없는 사유로 탐색해 나가는 무질의 소설은 대중적 인기를 얻기에는 다소 무리가 있어 보인다.

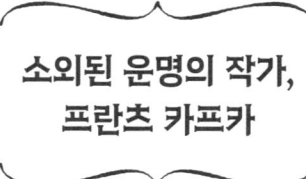

소외된 운명의 작가, 프란츠 카프카

오스트리아-헝가리 제국에 속하는 보헤미아에서 부유한 유대인 상인의 아들로 태어난 프란츠 카프카(Franz Kafka, 1883-1924)는 결핵 요양소에서 마흔한 살이라는 짧은 생을 마칠 때까지 세상에 전혀 알려지지 않은 무명작가였다. 대표작 〈성(城)〉, 〈심판〉, 〈아메리카〉 등의 장편과 〈변신〉, 〈판결〉, 〈시골 의사〉, 〈유형지에서〉, 〈학술원에 보내는 보고〉 등의 단편으로 유명한 카프카는 비록 오늘날에 와서 20세기 독일문학을 대표하는 가장 위대한 작가로 추앙받고 있지만, 〈변신〉을 제외한 대부분의 작품이 생전에 출간되지 못한 상태였기 때문에 당연히 노벨 문학상은 꿈도 꿀 수 없는 입장이었다.

매우 내성적인 성격의 소유자로 말수도 지극히 적었던 은둔형 인물이었던 카프카는 매우 강압적인 아버지의 뜻을 거역하지 못하고 프라하대학에서 마지못해 법률을 공부한 후 재해보험국 직원으로 일하면서 틈틈이 작품을 썼지만, 정작 그 자신은 스스로를 작가라고 생각하지도 않았으며, 따라서 문단에 정식으로 데뷔할 생각조차 지니고 있지 않았다. 제1차 세계대전 중에 폐결핵을 앓기 시작한 그는 결국 보험국을 그만두고 스위스, 발틱 해안 등을 전전하며 요양 생활을 보냈지만, 병세는 진전이 없었다. 그는 애인 도라 디만트와 동거하면서 창작에 몰두했으나 병세가 더욱 악화되어 결국 빈의 키어링 요양소에 들어가 투병 생활을 계속하던 도중에 사망했다.

작가로서의 자신감이나 자부심도 적었던 카프카는 유일한 친구였던 막스 브로트에게 자신이 죽으면 그의 모든 작품 원고를 불태워 달라고 유언했으나 카프카의 예술적 가치를 아깝게 여긴 브로트는 고심 끝에 친구의 뜻을 어기고 카프카 사후에 그 원고들을 정리하여 세상에 내놓게 된 것인데, 브로트가 아니었으면 카프카의 존재는 지상에서 영원히 사라지고 없었을 것이다. 그 후 브로트는 나치 독일의 눈을 피해 카프카의 원고들을 국외로 안전하게 빼돌리는 데 성공하기도 했다. 또한 카프카가 죽을 때까지 곁에서 헌신적으로 돌보며 간호했던 도라 디만트 역시 그가 죽고 난 후 나치의 박해를 피해 천신만고 끝에 런던으로 도피할 수 있었는데, 제2차 세계대전이 끝난 후 곧바로 세상을 떠났지만, 그녀가 목숨을 다해 지키고 간직했던 카프카의 중요한 기록들 덕분에 우리는 다행히 카프카라는 존재의 일부를 접할 수 있게 된 것이다.

1915년에 완성된 〈심판〉은 성실한 은행원 요제프 K가 어느 날 갑자기 영문도 모른 채 신분을 알 수 없는 관리들에 의해 체포된 후 그런 곤경에서 빠져나가 보려고 무던히도 애를 쓰지만, 결국에는 아무런 저항도 못 한 채 두 사람에게 끌려 나가 무참하게 처형당함으로써 소문도 없이 이 세상에서 사라져 버린다는 내용이다. 이 소설은 비록 나치 독일이 출현하기 전에 나온 작품이지만, 카프카는 이미 자신의 동족들 앞에 어떤 운명이 기다리고 있는지 미리 예감이라도 한 것처럼 절망적인 상황을 묘사하고 있다. 실제로 카프카가 죽고 난 후 그의 세 누이동생 모두 나치수용소의 가스실에서 아무런 저항도 하지 못하고 비극적인 최후를 맞이하고 말았으며, 그의 약혼녀였던 밀레나 역시 죽음의 수용소에서 목숨을 잃었다.

소설 〈심판〉의 작중 인물 K는 사실 카프카 자신이라 할 수 있다.

Kafka의 첫 문자를 따서 붙인 이름 K의 독일어 발음은 '카'다. 소설에 등장하는 주요 인물에는 판사와 변호사, 신부 그리고 피고가 있는데, 판사는 K에게 사형을 언도하고, 변호사는 전혀 도움이 되지 않는다. 신부는 계속 K의 죄에 대해 말하지만, K는 끝내 자신의 죄명도 알아내지 못하고 변호도 제대로 받지 못한 채 개처럼 들판으로 끌려 나가 처형당하고 만다.

그러나 과연 누가 누구를 심판하고 또한 그런 자격은 누구로부터 부여된 것이며, 더군다나 정당한 자격이 적절한 인물에게 주어진 것인지 여부에 대해서는 그 누구도 알 수 없다. 그렇게 주인공은 정확한 이유도 모른 채, 또한 상대의 신원도 제대로 알 기회조차 주어지지 않은 상태에서 영문도 모르고 죽어 간다. 그런데 보이지 않는 가해자들의 실체와 아무런 이유도 모른 채 죽어야만 하는 주인공의 운명은 마치 오랜 세월 동안 유대인들이 서구사회에서 겪었던 부당한 핍박과 고난에 대해 항변하는 목소리처럼 들린다. 의도적으로 설정된 모호한 상황은 마치 부조리한 운명의 조건을 감수하며 살아가는 고통받는 현대인들 또는 유대인을 상징하는 듯이 보이는 동시에 그것은 카프카 자신의 모습일 수도 있다.

또 다른 대표작 〈성(城)〉은 카프카의 마지막 장편으로 죽음이 임박했을 때 쓴 소설이다. 여기서도 주인공 K가 등장하는데, 그는 아무도 접근할 수 없는 성안으로 들어가기 위해 무던히 애를 쓰지만, K의 노력과 시도는 결국 실패하고 만다. 누구도 그를 초대한 사실이 없음에도 불구하고 K는 집요할 정도로 성안에 관심을 지니고 그 안으로 들어가려고 필사적인 노력을 기울이는데, 소외된 인간의 좌절과 고독이 작품 속에 짙게 배어 있다. 비록 막스 브로트는 소설 제목이 가리키는 성이란 결국 신을 상징한다는 뜻으로 해석하기도 했지만, 과연 카프카의 의도가 진정 그랬던 것인지는 아무도 알 수 없다.

다만 카프카가 처한 상황을 고려해 본다면 항상 세상의 중심에 서지 못하고 오랜 세월 변방을 서성이며 숱한 박해와 학살, 추방 생활을 감수해야만 했던 유대인의 비참한 처지를 우회적으로 드러낸 것일 수도 있다. 실제로 그는 서구사회의 모든 기성세대, 기득권자, 권위주의적인 제도 등에 반발하고 적대감을 보였으며, 일찍부터 사회주의자, 무신론자, 무정부주의자를 자처했는데, 성인이 된 이후에도 그는 무정부주의자 회합에 참석하거나 사회주의적인 시오니즘 운동에 동조하기도 했다.

여기에 카프카 자신의 혼란스러운 정체성 문제가 드러나는데, 독일어를 사용하지만, 독일인도 아니고 체코인들에게는 독일인 행세를 해야 되고 같은 독일어를 사용해도 결국 유대인일 수밖에 없는 혼란된 정체성의 문제는 카프카의 삶에 항상 따라다니는 꼬리표가 되었기 때문이다. 그의 작품에 일관된 모습으로 나타나는 불확실성, 통렬한 자기 분석, 심판에 대한 강박적인 집착, 외부 현실로부터의 단절과 소외, 자유에 대한 희구 등은 카프카 개인의 특성뿐 아니라 항상 좌절과 수모, 그리고 정체성의 갈등을 겪으며 살 수밖에 없는 유대민족의 특징이기도 하지 않은가.

알 수 없는 그 어떤 음모가 진행되는 핵심 권력의 상징으로서 성은 무력한 K가 감히 넘볼 수 없는 불가항력적인 억압 체제를 의미한다고 볼 수 있는데, 소용없는 짓인 줄 알면서도 K는 포기하지 않고 보이지 않는 그 실체에 접근하고자 무진 애를 쓴다. K는 카프카 자신의 이름 첫 문자와도 일치하지만, 생존을 위해서는 자신이 속한 생활권에 맞춰 수시로 이름도 바꾸어야만 했던 유대인들에게 정확한 이름은 어차피 중요한 문제가 아니다. 따라서 정확한 이름은 끝내 밝혀지지 않는다. 신분도 명확하지 않다. 신원이 철저히 은폐된 주인공은 무조건 성안으로 들어가려고만 든다. 그 모습은 거의 필사적이기까지 하다.

그런 필사적인 모습은 일종의 우화소설이라 할 수 있는 〈변신〉을 통해서도 엿볼 수 있다. 어느 날 갑자기 흉측한 벌레로 변신한 자신의 모습에 놀란 외판원 그레고르는 다시 사람으로 돌아가기 위해 필사적인 노력을 기울이지만 결국에는 어디에도 속하지 못하고, 아버지가 무심코 내던진 사과에 몸을 맞고 중상을 입은 후 시름시름 앓다가, 어이없는 죽음을 맞게 된다. 물론 여기서 주인공은 항상 따돌림당하고 외롭게 살았던 카프카 자신을 상징한다.

세상과 가족으로부터 버림받은 주인공이 다시 인간이 되고자 몸부림치며 필사적인 노력을 기울이지만, 그런 노력도 헛되이 그는 죽음을 맞이한다. 집안을 온통 뒤집어 놓은 벌레가 죽자 그의 가족들은 마침내 기쁨과 안도감에 휩싸여 교외로 산책을 나간다. 이처럼 가정과 사회에서 모두 배척당한 나약한 한 유대인 남자에게 주어진 비극적인 운명을 카프카는 동화적인 수법으로 잘 묘사했다.

하지만 무엇보다 중요한 점은 유대인이야말로 서구 기독교사회에서 항상 벌레와 같은 취급을 받아왔다는 사실이다. 벌레 같은 유대인은 당연히 박멸의 대상이었기에 나치 독일은 아무런 양심의 가책도 받지 않고 수백만의 유대인을 상대로 잔악한 인종 청소를 자행할 수 있었던 게 아닌가. 유대인이었던 카프카 역시 그런 벌레 같은 인간에서 예외가 될 수 없었다. 결국은 독일인도 아니고 체코인도 아니면서 한낱 벌레 같은 취급을 당하는 유대인일 수밖에 없다는 냉엄한 현실을 깨닫게 된 카프카의 심리가 〈변신〉의 배경을 이루고 있는 것이다.

그런 이율배반적인 상황은 〈학술원에 보내는 보고〉에도 나타나는데, 〈변신〉에서는 인간이 벌레로 바뀌는 데 반해서, 이 작품에서는 거꾸로 동물의 인간화가 주제로 다루어지고 있다는 점이 다르다. 피터라는 이름의 원숭이를 통해 낮에는 인간처럼 그리고 밤에는 동물적 본능으로 살아가는 이중적인 삶의 실체를 폭로하고 있는 이 소설은 마치 당시 서구사회에서 인간도 아니고 짐승도 아닌 어중간한 잡종에 불과한 존재로 취급당해 온 유대인의 처지를 암시하는 듯이 보이기도 한다.

그런 점에서 이 작품은 개종을 통해서라도 환경에 적응해 보려는 유대인의 동화 노력에 대한 조롱일 수도 있으며, 동시에 다른 인간과는 별개의 종에 속한 것으로 보는 카프카 자신의 자학적인 몸부림과 그 한계를 극복하려는 노력으로 볼 수도 있는데, 사실은 이점이 카프카에게는 일생 동안 가장 뼈저린 아픔이었으며 정신적 방황의 근원이 되기도 했던 것이다.

소설 〈아메리카〉의 원래 제목은 〈실종자〉로 되어 있었지만, 친구 막스 브로트가 임의대로 〈아메리카〉라는 제목을 붙여 출판했는데, 그런 제목만으로는 카프카의 의도를 제대로 이해할 수가 없다. 마치 구원의 땅을 찾아 떠난 주인공이 여기저기를 전전하며 새로운 낙원을 지향하는 희망찬 메시지로 비치기 때문이다. 그러나 카프카는 자신의 일기에서 결국 죄 없는 주인공이 살해된다는 점을 암시하고 있다. 하녀와 스캔들을 일으켜 임신까지 시킨 주인공 칼 로스만은 부모에 의해 강제로 추방되어 뉴욕으로 보내지지만, 가는 곳마다 그는 쫓겨나고 결국 오클라호마로 향하는 장면으로 소설은 끝난다.

그런 점에서 실종자란 결국 오갈 데 없이 지도상에서 갑자기 사라져 버린 유대인을 상징하는 것인지도 모른다. 카프카가 죽은 지 불과 20

년 후에 수백만의 유대인이 쥐도 새도 모르게 갑자기 죽음의 수용소에서 자취를 감춰 버린 사실은 무엇을 뜻하는가. 그가 일찍 요절하지 않고 살아남았다면 아마도 60을 바라보는 나이에 수용소로 끌려가 소각되었을지도 모른다. 그런 점에서 그는 시의적절하게 일찍 종적을 감춰 버린 실종자에 속한다. 다만 그는 자신의 유언에도 불구하고 작품들이 살아남았기 때문에 이름이 알려진 실종자가 된 것일 뿐이다.

이처럼 〈심판〉, 〈성〉, 〈실종자〉, 〈변신〉 등 그가 남긴 작품들은 일관되게 자신이 처한 이율배반적 상황과 정체성 문제를 여실히 드러내 보여 준다. 그 주제는 과연 누가 누구를 임의로 심판하고 처형하는가에 대한 의문과 더불어 변방에 머무르지 않고 중심부로 접근해 가려는 필사적인 약자의 모습을 보여 주기도 한다. 물론 그런 모습은 딜레마적 극한 상황에서 벗어나기 위한 처절한 몸부림이기도 하며, 이유 없이 강요되는 죽음을 통해 흔적조차 남기지 않고 사라질 수밖에 없는 실종자의 비애를 나타낸 것이기도 하다.

불행했던 천재, 그러나 결코 좌절하거나 절망하지 않고 끝없이 물음을 제기했던 카프카의 도전과 몸부림은 불가항력적인 자신의 운명과 대적했던 나약한 한 인간의 처절한 자기 극복의 과정으로 보인다. 그의 모든 작품은 결국 치열한 자기 분석의 결과이며 자신의 처지를 글로 형상화한 것이라고 볼 때, 카프카야말로 꿈과 환상 그리고 현실의 절묘한 배합을 통해 인간 내면의 심리를 극명하게 드러낸 불세출의 천재적 작가였다고 생각된다. 그런 점에서 영국의 시인 오든은 카프카를 현대의 단테라 불렀으며, 나보코프는 카프카야말로 20세기가 낳은 가장 위대한 소설가 중의 한 사람이라고 극찬했지만, 그토록 위대한 작가에게 노벨 문학상이 돌아가지 않은 것은 참으로 애석한 일이 아닐 수 없다.

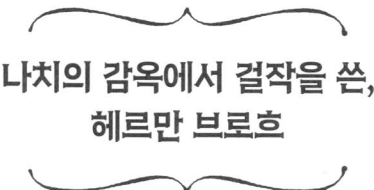

나치의 감옥에서 걸작을 쓴, 헤르만 브로흐

오스트리아 빈 출생으로 부유한 유대인 사업가의 아들로 태어난 헤르만 브로흐(Hermann Broch, 1886-1951)는 아버지의 섬유산업을 이어받아 사업가로 활동하다 40대가 되어서야 사업에 회의를 느끼고 문학으로 전향한 특이한 경력의 소유자였다. 30년대 초에 발표한 〈몽유병자들〉은 전통적 가치관의 붕괴에 휘말린 시대 상황을 잘 묘사한 작품으로 이 소설에서 그는 혼란스러운 시대적 상황 속에서 평범한 생활을 거부당한 채 반항 아니면 복종 사이에서 마치 몽유병 환자들처럼 살아가는 인간 군상들을 묘사했다.

그러나 나치 독일이 오스트리아를 합병하면서 그는 게슈타포에 체포되어 투옥 중임에도 불구하고 〈베르길리우스의 죽음〉을 썼다. 다행히 제임스 조이스 등 지인들의 노력으로 수개월 후에 석방되지만, 신변의 위협을 느낀 그는 영국을 거쳐 미국으로 망명했는데, 그 과정에서 토마스 만의 도움을 받기도 했다. 망명 후에 친구들의 도움으로 근근이 생계를 유지해 나가면서도 창작 활동은 멈추지 않았던 브로흐는 1950년 노벨 문학상 후보에 추천되었지만, 아쉽게도 수상하지는 못하고 이듬해 사망했다. 이 외에도 그는 〈죄 없는 사람들〉, 〈유혹자〉 등의 소설을 남겼다.

삼부작으로 이루어진 〈몽유병자들〉은 브로흐의 처녀작으로 그의 나이 45세에 발표한 소설이다. 19세기 말에서 제1차 세계대전 직후에 이르는 기간에 세 주인공이 겪게 되는 무의미한 삶의 행적을 그리고 있는데, 몽유병자들이란 제목이 암시하는 것처럼 자신의 의지가 아니라 타의에 의해 자동인형처럼 살아가는 인간들의 무기력한 모습을 빗댄 표현이라 하겠다.

브로흐가 여기서 강조하고 있는 핵심적인 메시지는 가치관의 붕괴라 할 수 있다. 그것은 곧 자신의 이익과 성공을 위해서는 수단 방법을 가리지 않는다는 도덕 부재의 철학을 조롱한 것이라 할 수 있는데, 가치관을 잃고 아무런 생각 없이 자발적인 의지의 노력도 보이지 않고 피동적으로 휩쓸려 살아가는 자동인형과도 같은 존재들, 그들이야말로 몽유병 환자들과 하나도 다를 게 없다는 의미일 것이다.

한때 군중심리학의 연구로 예일대학에서 학생들을 가르치기도 했던 브로흐는 엘리아스 카네티와 마찬가지로 인간이 마주치는 불합리한 현상을 헤쳐 나가기 위해서는 집단적 광기에 대한 심리적 배경의 이해가 선행되어야 함을 누구보다 실제 삶의 체험을 통해 깨달았을 것이다. 가치관이 무너진 상황에서 길을 잃고 방황하는 집단으로서는 사악한 인간의 선동에 더욱 휘말리기 쉽다는 취약점이 가장 큰 위협으로 다가오기 마련인데, 히틀러의 등장과 그에 휘둘린 독일 민중이 가장 전형적인 사례라 하겠다. 따라서 브로흐가 던지는 경고의 목소리는 아직 끝나지 않은 인간의 심각한 질병, 도덕적 가치관의 부재 상태를 향한 것이었다는 점에서 귀담아들어야 할 대목이 아닐 수 없다.

브로흐의 대표작 가운데 하나인 〈베르길리우스의 죽음〉은 기원전 로마 시대를 배경으로 로마 최대의 시인 베르길리우스가 죽음을 맞이하기까지 하루 동안 겪는 내적인 체험 과정을 브로흐는 독백의 형태로 서술해 나간다. 브로흐가 이 작품을 쓴 것은 그가 독일 게슈타포에 체포되어 옥중에 있을 때로 매일 죽음을 생각하며 지내던 시기였다. 여기서 그는 인간이 마주치는 세상의 부조화는 저주일 뿐 아니라 신의 은총도 함께 깃들어 있는 것으로 간주한다. 따라서 인간의 무력함이나 미숙한 영혼조차도 오히려 신의 왕국에 접근하는 지름길이 될 수 있음을 주장하고 있는데, 이런 주장의 배경에는 삶의 밑바닥까지 내려가 죽음을 마주해 본 작가 자신의 깊은 절망과 좌절이 아니었으면 손쉽게 나올 수 없는 입장일 것이다.

죽음의 문턱까지 갔다가 기사회생한 브로흐는 빈사 상태에 빠진 베르길리우스와 자신을 동일시하면서 예술의 존재 가치에 대한 근원적인 질문을 던지고 있는데, 불행하게도 그에게는 베르길리우스처럼 예술의 가치를 인정하고 보호해 줄 수 있는 황제가 없었다. 그는 세속적인 부귀영화를 포기하면서까지 예술을 추구했지만, 그에게 돌아온 것은 아무것도 없었다. 그럼에도 불구하고 브로흐는 절망의 늪에 빠져 있지만 않고 끊임없는 예술적 창작을 통해 자신을 구원하고자 몸부림친 것이다. 그 길이야말로 그가 기댈 수 있는 유일한 의지처요, 안식처였기 때문이다.

모든 것을 잃은 자만이 알 수 있는 심오한 구원의 길, 그것은 브로흐처럼 삶의 터전에서 부당하게 강제 추방된 수많은 유대인 망명자들의 무리에게도 똑같이 해당하는 화두였겠지만, 살아남기 위해 수단 방법을 가리지 않는 그런 무질서한 삶이 아니라 도덕적 가치의 회복이라는 숭고한 토대 위에 이루어지는 삶이어야만 한다는 브로흐의 개인적 각성에 따른 화두라는 점에서 그가 남긴 메시지는 아직도 우리에게 많은 반성을 촉구하고 있는 것이다.

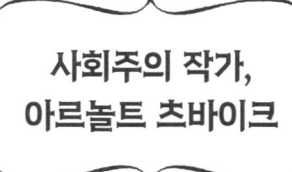

사회주의 작가, 아르놀트 츠바이크

독일 실레지아 지방의 글로가우에서 유대인 마구 제조업자의 아들로 태어난 아르놀트 츠바이크(Arnold Zweig, 1887-1968)는 독일의 작가이자 반전운동가로 젊은 시절에는 독일의 여러 대학을 전전하며 철학, 역사, 문학 등을 두루 배우며 특히 니체 철학에 심취했다.

그는 1913년에 발표한 처녀작 〈클라우디아〉로 이미 문단의 주목을 받았지만, 제1차 세계대전이 발발하자 처음에는 애국심에 불타 독일군에 지원하여 서부전선에 투입되었다가 점차 전쟁의 참상을 직접 목격한 이후로는 평화주의자로 변모했으며, 종전 이후에는 사회주의적 시온주의자로 활동했다.

1920년대 초 그는 프로이트의 정신분석에 매력을 느껴 그 자신이 직접 분석을 받았으며, 프로이트와 오랜 기간 서신을 통해 교류를 나누기도 했다. 그는 1927년 반전소설 〈그리샤 상사〉를 발표하여 국제적인 명성을 얻기 시작했으나 나치가 득세하자 신변에 위협을 느낄 수밖에 없었다. 더욱이 그는 반나치 성향의 신문사에 일하고 있었기 때문에 그 후 나치 독일은 그의 작품들을 모두 불태워 버렸다. 타오르는 책들을 바라보며 희열에 가득 찬 눈빛으로 환호하는 군중들의 모습에서 그는 실로 착잡하기 그지없는 심경에 빠졌다.

당시 히틀러의 연설을 듣고 나서 그는 히틀러를 찰리 채플린에 비유하고, 다만 다른 점이 있다면 채플린은 재능 있는 광대임에 반해 히틀러는 재능조차 없는 광대일 뿐이라고 내뱉듯이 말했다고 한다. 그러나 그 광대는 얼마 가지 않아 책을 불태우는 일에 그치지 않고 수백만의 사람들을 불태워 없애기 시작한 것이다.

독일을 떠나 국외로 도피한 그는 여기저기를 전전하다 결국 팔레스타인에 정착했다. 그러나 그곳에서도 시오니즘에 환멸을 느끼고 마침내 사회주의로 전향했다. 그렇게 해서 나온 작품이 1947년에 출간된 〈반트스벡의 도끼〉였다. 함부르크에 인접한 도시 알토나에서 1932년 나치 돌격대에 의해 자행된 야만적인 학살을 다룬 이 작품은 머리가 잘리는 끔찍한 처형을 당한 네 명의 공산주의자들의 비극적인 최후를 다루고 있다. 1948년 동독 정부의 초청으로 독일로 건너간 그는 정치에도 관여하면서 여생을 그곳에서 마쳤다.

그의 대표적 반전소설 가운데 하나인 〈그리샤 상사〉는 1927년에 출간된 작품으로 제1차 세계대전에서 러시아군으로 참전했던 그리샤가 독일군에 포로로 잡혔다가 가까스로 수용소를 탈출하여 집으로 돌아가고자 하지만 결국 다시 붙들려 총살당하고 만다는 이야기이다. 여기서 작가가 전하고자 하는 핵심적인 메시지는 단순한 비극적 사건의 고발에만 있는 것이 아니라 한 생명을 다루는 조직의 냉혹한 생리에 있다고 보는 것이 타당할 것이다.

그리샤는 길에서 우연히 만난 여성 바브카로부터 그녀의 과거 애인이 지녔던 인식표를 건네받았다가 독일군에게 다시 체포되는데 그는 자신이 탈영병으로 처리되면 포로수용소에는 가지 않을 것이라고 믿었다가 탈영병도 총살형에 처해진다는 사실을 알고 뒤늦게 자신이 포로 신분임을 밝히지만, 군 당국은 일단 내려진 명령은 번복될 수 없다며 그의 말을 묵살하고 정해진 규정대로 형을 집행한다. 결국 러시아군 포로 그리샤는 졸지에 독일군 탈영병이 되어 억울하게 총살당한 것이다.

그러나 여기서도 우리는 자신의 신분에 대해 갈팡질팡하는 그리샤의 모습을 통해 작가 자신의 정체성 혼란 문제를 엿볼 수 있다. 그 역시 처음에는 애국심에 불탄 나머지 독일군에 자원입대하여 참전했지만, 곧 군대 내에서도 유대인 차별 의식이 있음을 깨닫고 반전운동가로 변신했으며, 유대인으로서의 정체성을 되찾고자 팔레스타인으로 갔으나 그곳에서마저도 시오니즘에 입각한 배타적인 민족주의에 환멸을 느껴 다시 사회주의국가인 동독에 정착하는 등 이념적인 방황을 거듭했던 것이다.

그는 결국 전후 유대인 차별이 사라진 동독으로 다시 돌아가 극진한 대우를 받으며 여생을 보냈지만, 그렇다고 해서 소비에트 사회에서 반유대 감정이 완전히 사라진 것은 결코 아니었다. 그 후에 벌어진 스탈린의 대대적인 유대인 숙청이 그런 사실을 입증하고도 남음이 있기 때문이다. 피의 대숙청으로 불리는 광란의 소용돌이에 휘말려 쥐도 새도 모르게 사라진 유대인들이 한둘이 아니었다. 러시아혁명의 일등 공신 트로츠키조차 멕시코 망명 중에 스탈린이 보낸 자객의 손에 무참히 암살당할 정도였다.

아르놀트 츠바이크가 동독이 아니라 소련에 정착했다면 그 역시 스탈린의 무자비한 숙청에서 온전치 못했을 것이 뻔하다. 그런 점에서 볼 때 그는 오히려 운이 좋았던 축에 들어간다. 그는 제2차 세계대전 이후 동독 예술 아카데미 회장직을 역임했으며, 1958년에는 소련 정부가 수여하는 레닌 평화상도 받는 등 온갖 영예를 안고 살다 81세를 일기로 동베를린에서 세상을 떠났다. 하지만 그에게 노벨상 영예의 기회는 끝내 주어지지 않았다.

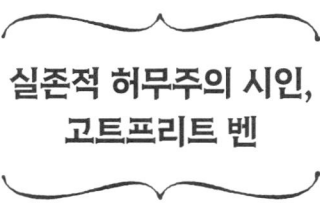

실존적 허무주의 시인, 고트프리트 벤

20세기 독일 표현주의를 대표하는 시인 고트프리트 벤(Gottfried Benn, 1886-1956)은 피부과 의사이기도 하다. 그가 초기 데뷔 시절에 발표한 시들은 피와 오물, 질병과 죽음 등 의학용어들로 뒤범벅을 이룬 매우 허무주의적인 내용으로 당시 비평가들과 대중으로부터 매우 역겹고 혐오스럽다는 반응을 얻었으나 점차 표현주의적 양식으로 기울어져 형식미를 강조한 상징적 기법으로 현대인의 소외와 그 긴장을 다루면서 독일 현대시의 대가 반열에 오르게 되었다.

그는 동부 독일 브란덴부르크 지방 만스펠트에서 목사의 아들로 태어났다. 처음에는 아버지의 강요로 마지못해 대학에서 신학을 공부했으나 적성에 맞지 않자 도중에 전공을 의학으로 바꿔 베를린의 카이저 빌헬름 아카데미에서 군의 교육을 받고 졸업해 군의관으로 복무했으며, 건강 문제로 제대한 후에는 피부과 의사로 개업해 환자들을 치료했다.

베를린 대학에서 의학박사 학위를 받은 1912년에 어머니가 유방암으로 세상을 떴는데, 당시 그는 고통스럽게 죽어 가는 어머니의 모습을 보고 모르핀 주사를 놓아 주려 했지만, 신의 뜻에 모든 것을 맡겨야 한다는 아버지의 완강한 반대에 부딪혀 젊은 아들은 고통스러운 그 모습을 그저 지켜보는 수밖에 없었다. 그 이후로 고집 센 목사 아버지에 대한 증오심은 죽을 때까지 변함이 없었다.

바로 그런 시점에 발표한 처녀시집 〈시체공시장〉은 세상에 큰 충격을 주었으며, 이어진 비평가들의 혹독한 악평으로 고전을 면치 못했으나, 이를 계기로 젊은 표현주의 시인들과 교류하는 계기가 되었다. 육신의 부패, 암과 죽음 등을 통해 인간의 존재를 병든 짐승으로 묘사한 그의 초기 시는 그래서 실존적 허무주의를 드러낸 것으로 평가된다.

제1차 세계대전이 발발하던 날 에디트와 결혼식을 치른 그는 곧바로 군대에 징집되어 벨기에 전선에 배치되었는데, 후방으로 전속된 후에는 매춘부들을 관리하는 사창가에서 근무했으며, 종전 후에는 베를린에서 피부과 의사로 개업해 성병 전문의로 일하는 가운데 계속해서 시를 써 발표했다.

하지만 1922년 아내가 병으로 사망한 이후 실의에 빠진 그는 당시 집권했던 바이마르 공화국에 적대적인 태도를 취하고 공산주의와 미국에 대해서도 거부감을 지니게 되었는데, 그런 입장 때문에 당시 급부상하던 나치를 지지해 히틀러에게 충성 서약을 하는 한편, 라디오 방송을 통해서도 독일 노동자들은 나치 정부를 통해 보다 나은 삶을 누릴 수 있다고 호소했다. 그런데 이 라디오 방송은 나중에 그에게 돌이킬 수 없는 족쇄가 되고 말았다.

그는 처음에 나치를 통한 표현주의 예술 발전을 기대했지만, 자신의 기대와는 달리 나치의 문화정책이 오히려 반대 방향으로 치닫게 되자 크게 실망하고 점차 입을 다물기 시작했다. 파시즘 사회의 거대한 중심 한가운데 고립된 그는 마침내 나치에 의해서도 타락하고 퇴폐적인 시인으로 공격을 받기에 이르렀지만, 다행히 친위대장 히믈러가 그를 변호해 줌으로써 위기를 넘기기도 했다. 히믈러의 비호를 받은 이 사건 역시 벤에게는 나중에 몹시 불리하게 작용했다.

더군다나 1938년 나치 작가 연맹은 벤의 모든 창작 활동을 금지하는 조치를 내리고 말았는데, 당시 그는 헤르타 베데마이어와 재혼한 상태였지만, 곧이어 터진 제2차 세계대전으로 다시 또 군의관으로 징집되었으며, 동부 전선에서 계속 복무하다가 종전 후에 가서야 비로소 베를린으로 돌아와 개업의로 일하게 되었다.

그러나 당시 양분된 점령군 때문에 엘베강을 사이에 두고 서로 만날 수 없었던 이들 부부는 결국 상면도 하지 못한 채 영원한 이별을 맞이해야 했다. 그의 두 번째 아내 헤르타는 심한 관절염으로 제대로 걷지도 못하는 처지였지만, 남편인 벤을 만나러 강을 넘으려다 실패하고 다시 돌아간 뒤 모든 걸 체념한 상태에서 홀로 쓸쓸히 죽어 갔다. 소식이 두절된 상태에서 아내가 죽은 사실조차 까맣게 모르고 있던 벤은 나중에야 비로소 그 소식을 인편을 통해 전해 듣고 그야말로 비통한 심정에 빠졌는데, 그녀가 남긴 마지막 편지를 받아 든 시인의 마음이 오죽했을까 싶다.

설상가상으로 이번에는 연합군 측이 과거 나치 동조 혐의를 문제 삼아 그의 활동을 금지시켰으니 벤은 그야말로 사면초가 상태에 몰리고 말았다. 하지만 의사가 태부족이었던 당시 사정 때문에 처벌만큼은 면할 수 있었다. 그 후 치과 여의사 일제와 결혼한 그는 그나마 행복한 말년을 보낼 수 있었으며, 65세 때는 뷔흐너상을 받는 등 뒤늦게나마 문학적 인정을 받은 그는 70세를 일기로 베를린에서 조용히 눈을 감았다.

젊은 혈기에 의한 한때의 오판으로 나치를 지지했다가 다시 철회한 그였지만, 이미 나치는 그의 시를 불결하고 타락한 유대인과 다름없는 반국가적 작품으로 낙인찍었으며, 그런 수모를 겪고 나자 이번에는 연합군 측으로부터 제재를 당했으니 그로서는 이러지도 저러지도 못하는 처지가 되고 말았다. 더욱이 두 번의 결혼 모두 부인들의 때 이른 사망으로 행복을 제대로 누리지도 못한 벤은 그야말로 불운의 작가라 하겠다. 결국 그가 노벨 문학상 후보에조차 오르지 못한 것도 그에게 주어진 나치 동조 혐의가 가장 큰 걸림돌로 작용했기 쉽다.

유대인의 비극적 운명을 묘사한, 프란츠 베르펠

프라하 태생의 오스트리아 작가 프란츠 베르펠(Franz Werfel, 1890-1945)은 부유한 가죽제품 제조업자의 외아들로 태어났다. 그는 표현주의를 대표하는 작가로 카프카와 함께 20세기 초반을 장식한 가장 탁월한 유대인 작가 중의 한 사람이었다. 제1차 세계대전에 참전한 이후 빈에 살면서 활동하던 그는 작곡가 구스타프 말러의 미망인이었던 알마 쉰들러를 만나 아들 마르틴까지 낳았으나 그 아들은 미숙아로 태어나자마자 곧 숨지고 말았다. 그 후 이들은 불륜 관계를 청산하고 1929년에 정식으로 결혼했는데, 당시 51세로 베르펠보다 11년이나 연상의 여인이었던 알마로서는 세 번째 결혼이었다. 이미 성적인 매력을 잃은 상태였지만 그래도 그녀는 작달막한 뚱보 베르펠에게 의지해 살았다.

1928년 발표한 소설 〈반창회〉는 비록 우회적인 방식이기는 하나 독일 사회에 팽배했던 반유대 감정 및 가해자의 죄의식 문제를 다룬 작품이라 할 수 있으며, 1933년에 발표한 소설 〈무사 다그의 40일〉은 1915년에 아르메니아인을 상대로 벌인 터키 오스만 제국의 대규모 인종 학살을 다룬 것이지만, 공교롭게도 그 후 나치 독일에 의해 자행된 홀로코스트를 미리 예견한 것처럼 보이기도 한다.

이 작품을 발표한 지 불과 5년 후에 히틀러가 오스트리아를 합병하자 유대인이었던 그는 신변의 위협을 느끼고 부인 알마와 함께 빈을 떠나 프랑스로 피신했으나, 그 후 독일군이 파리를 점령하고 유대인들을 색출하여 강제수용소에 보내기 시작하자 다시 도피 행각에 올랐다. 프랑스 남부의 루르드에 잠시 머물기도 했는데, 이때 받은 종교적 영감을 토대로 나중에 소설 〈베르나데트의 노래〉를 쓰기도 했다. 이들 부부는 결국 목숨을 건 도보 여행을 강행하며 피레네산맥을 넘어 스페인으로 건너간 후 포르투갈을 거쳐 미국으로 도피할 수 있었다. 하지만 그토록 힘겹게 미국으로 도피한 베르펠은 종전 직후 비벌리 힐스에서 사망하고 말았다.

베르펠의 희곡 〈영원의 길〉은 작곡가 쿠르트 바일에 의해 오페라로 만들어졌으며, 그의 소설 〈베르나데트의 노래〉와 희곡 〈후아레스와 막시밀리안〉, 〈야코보프스키와 대령〉 등은 할리우드에서 영화로 만들어지기도 했다. 〈야코보프스키와 대령〉은 나치 점령하의 파리를 무대로 소심하고 수줍음이 많은 유대인 지식인 야코보프스키와 그의 탈출을 돕는 고집 세고 용감한 폴란드 귀족 출신의 반유대주의자 대령 사이에 벌어지는 미묘한 갈등을 다루고 있다.

소설 〈베르나데트의 노래〉는 눈앞에 우뚝 솟은 피레네산맥에 가로막혀 더 이상 물러설 곳이 없는 막다른 골목에 처했던 베르펠 자신의 절박한 심정을 우회적으로 묘사해 낸 작품이라 할 수 있지만, 그와 거의 같은 시기에 피레네산맥을 넘어 스페인으로 도피하려던 탁월한 유대계 문학비평가 발터 벤야민은 프랑코 정부의 입국 거부로 끝내 미국 망명길이 좌절되자 현지에서 자살하고 말았다.

그처럼 절망적인 상황에서 착안한 소설 〈베르나데트의 노래〉는 구원을 바라는 그의 간절한 소망이 담긴 소설이라 할 수 있으며, 비록 어리석어 보이지만 순박한 시골 처녀 베르나데트가 일으킨 기적은 그 어떤 지식으로 무장한 문명인이라 할지라도 그녀의 순수한 영혼을 논박할 수 없게 만든 산 증거로 그에게 다가왔던 것이다. 그래서 베르펠은 만약 자신이 살아남을 수 있다면 반드시 루르드의 기적을 소재로 소설을 쓸 것이라고 다짐했으며, 실제로 그 약속을 지킨 셈이다.

물론 여기에 등장하는 다수의 인물은 가공의 인물들이지만 중요한 사실은 실존 인물이냐 아니냐에 있는 것이 아니라 소설에 담고 있는 메시지가 더욱 중요하다고 할 수 있다. 베르펠은 자신을 포함한 유대인의 비극적인 운명과 고난에 대해 깊은 성찰을 통하여 신이 전하고자 하는 진정한 메시지의 뜻이 무엇인지 알아내고자 했다. 그것은 또한 그런 시련을 통해 유대인에게 주어진 사명에 대한 성찰이기도 했다.

따라서 그는 동포애와 신에 대한 믿음을 끝까지 잃지 않았던 작가로 그런 자신의 신념을 시집 〈심판의 날〉, 〈우리는 존재한다〉, 희곡 〈낙원으로부터의 방문〉, 〈유대인 속의 바울〉, 〈보헤미아의 하느님 나라〉, 〈약속의 길〉, 그리고 소설 〈예레미아. 주님의 목소리를 들으라〉 등의 작품을 통해 인류 앞에 증언하고자 했다.

그는 자신의 마지막 소설 〈탄생하지 않은 별〉을 완성하고 1945년 제2차 세계대전이 종식된 직후 세상을 떠났다. 망명자의 신세로 전락한 그는 비록 노벨 문학상을 수상하지는 못했으나 끝없는 시련과 고난 속에서도 신에 대한 믿음을 잃지 않은 구도적 자세는 많은 독자들에게 깊은 감명을 주고도 남음이 있다고 할 수 있다.

사회극의 대부, 브레히트

 독일의 마르크스주의 극작가 브레히트(Bertolt Brecht, 1898-1956)는 사회주의적인 관점에서 부르주아의 탐욕과 부패한 삶을 폭로하는 한편 '낯설게 하기'라는 기법을 통해 폭압적인 현실에 대해 예리한 비판과 풍자를 가한 작가로 유명하다. 그가 이룩한 변증법적 연극의 기법은 그 후 뒤렌마트, 막스 프리쉬, 다리오 포 등 많은 극작가들에게 영향을 주었으며, 특히 장 뤽 고다르, 파스빈더, 조셉 로지, 라르스 폰 트리에르 등의 영화감독들은 브레히트에게서 많은 영향을 받았다.
 뮌헨 대학에서 의학을 공부한 후 제1차 세계대전 기간에 육군병원에서 위생병으로 근무하기도 했던 브레히트는 전쟁이 끝나자 의업을 포기하고 극작가로 전향해 당시 유명한 연출가 막스 라인하르트와 함께 손잡고 처녀작 〈바알 신〉을 비롯해서 〈결인〉, 클라이스트상을 받은 출세작 〈밤의 북소리〉, '낯설게 하기' 기법을 동원한 〈도시의 정글〉, 작곡가 쿠르트 바일과 함께 음악과 연극의 새로운 종합을 시도한 〈서푼짜리 오페라〉, 고리키의 소설을 각색한 〈어머니〉 등을 연이어 발표해 현대 독일을 대표하는 극작가로서의 위치를 확고히 다졌다.
 특히 〈서푼짜리 오페라〉는 폭발적인 인기를 끌었는데, 부르주아의 탐욕을 고발한 이 작품의 성공에 힘입어 소설 〈서푼짜리 소설〉도 집필했으며, 이때부터 노골적인 좌파 작가로 명성을 떨치기 시작했다. 하지만 그 후 히틀러가 집권하면서 좌파를 탄압하기 시작하자 미국으로 망명해 〈제3제국의 공포와 비참〉, 〈갈릴레이의 생애〉, 〈억척어멈과 그 자식들〉, 〈루쿨루스의 심문〉, 〈주인 푼틸라와 하인 마티〉, 〈코카서스의 백묵원〉 등을 발표했다.

그러나 마르크스주의자였던 그는 전후 미국에서 일기 시작한 매카시즘의 빨갱이 사냥으로 인해 더이상 미국에 안주하기 어렵게 되자 다시 독일로 돌아갔는데, 다수의 동료 좌파 작가들이 서독행을 선택한 것과는 달리 그는 동독에 정착해 극작 활동을 계속했다. 하지만 당시 스탈린식 관료주의 독재에 물든 동독 역시 그에게는 만족을 가져다주지 못해 공산당 간부들을 비판하는 풍자시를 쓰는가 하면 노동자 봉기에 대한 동독 정부의 무자비한 탄압을 비판하기도 하다가 심장병으로 쓰러져 58세를 일기로 생을 마쳤다.

이처럼 현대 독일 연극의 거장으로 군림한 반파시즘 작가이자 평화주의자인 브레히트에게 노벨 문학상이 수여되지 않은 것은 참으로 의외의 일이지만, 그가 자본주의 사회를 노골적으로 조롱하고 비판한 마르크스주의자였다는 점이 가장 큰 걸림돌로 작용했기 쉽다. 너무도 분명한 정치적 입장 때문에 오히려 불이익을 당한 셈이다. 실제로 공산주의 사회에서 공연된 수많은 연극은 이념적 목적이 너무도 뚜렷해서 순수예술로 간주하기 어려운 부분이 많은 게 사실이기도 하다.

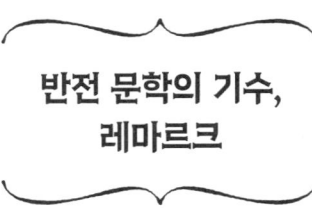

반전 문학의 기수, 레마르크

 독일 태생의 망명 작가 레마르크(Erich Maria Remarque, 1898-1970)는 〈서부 전선 이상 없다〉, 〈귀로〉, 〈사랑할 때와 죽을 때〉 등의 반전소설을 통해 세계적인 작가가 되었으며, 한 망명객의 불안과 절망을 그린 대표작 〈개선문〉 외에도 〈너의 이웃을 사랑하라〉, 〈생명의 불꽃〉, 〈검은 오벨리스크〉, 〈하늘은 은총을 베풀지 않는다〉, 〈리스본의 밤〉, 〈약속의 땅〉, 〈그늘진 낙원〉 등 많은 걸작을 남겼다. 그럼에도 불구하고 레마르크는 노벨 문학상을 수상하지 못했는데, 부조리한 세상의 힘에 압도되어 절망과 자포자기에 빠진 인간의 나약하고 어두운 모습을 지나치게 부각시켰기 때문일지도 모른다.

 독일 북서부 베스트팔렌 지방의 오스나브뤼크에서 태어난 그는 비록 가난한 노동자 계급이지만 독실한 가톨릭 신자인 부모의 영향으로 어려서부터 이웃에 대한 사랑과 희생정신을 몸에 익히며 자랐는데, 가톨릭계 사범학교 재학 중이던 18세 때 제1차 세계대전에 징집되어 수차례 죽을 고비를 넘기며 전쟁의 참상을 직접 겪었다. 서부 전선에서 포탄 파편으로 전신에 부상을 입고 본국으로 후송되어 육군병원에서 종전을 맞이한 그는 학업을 마친 후 잠시 교사 생활을 했으나 그 후로는 세일즈맨, 사서, 광고 카피라이터, 스포츠 잡지 편집자 등 여러 직업을 전전하다가 작가로 전향했다.

 자신의 참전 경험을 토대로 1929년에 발표한 〈서부 전선 이상 없다〉로 일약 세계적인 작가로 떠오른 그는 이어서 역시 반전 메시지를 담은 〈귀로〉를 통해 반전문학의 기수가 되었다. 특히 〈서부 전선 이상 없다〉는 당시 250만 부가 팔리는 베스트셀러가 되어 폭발적인 인기를 끌었으며, 1930년에 루이스 마일스톤 감독에 의해 영화로 제작되어 더욱 유명해졌다. 그러나 그의 반전소설은 나치 독일의 선전상 괴벨스의 지시로 압수되어 모두 불태워졌으며, 레마르크는 스위스를 거쳐 미국으로 망명했다. 당시 나치는 레마르크를 유대인이라고 거짓 선전하기도 했다.

미국 할리우드에서 영화 각본을 쓰는 가운데서도 〈너의 이웃을 사랑하라〉와 자전적 소설 〈개선문〉을 발표한 그는 1947년에 미국 시민권을 얻었으나 미국 생활에 적응하지 못하고 결국 자신의 고국과 인접한 스위스에 정착해 말년을 보내다가 로카르노에서 72세를 일기로 세상을 떠났다. 비록 그는 부와 명예를 얻고 미모의 여배우 폴레트 고다드와 결혼해 스위스에서 행복한 여생을 보냈으나 그의 누이동생 엘프리데는 1943년 나치 당국에 체포되어 끔찍스러운 참수형을 당했는데, 한동안 그런 사실에 대해 입을 굳게 다물고 있던 레마르크는 홀로코스트 소설 〈생명의 불꽃〉을 써서 자신을 대신해 비참하게 희생당한 누이에게 헌정하기도 했다.

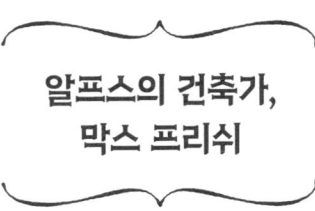

알프스의 건축가, 막스 프리쉬

　스위스의 극작가이자 소설가 막스 프리쉬(Max Rudolf Frisch, 1911-1991)는 브레히트, 뒤렌마트와 더불어 현대 독일어권을 대표하는 세계적인 극작가로 〈이제 그들은 또다시 노래를 부른다〉, 〈만리장성〉, 〈전쟁이 끝났을 때〉, 〈외덜란트 백작〉, 〈비더만과 방화범들〉, 〈돈 후안 또는 기하학 사랑〉, 〈안도라〉, 〈자서전〉 등의 걸작 희곡 외에도 〈슈틸러〉, 〈호모 파버〉, 〈나를 간텐바인이라고 하자〉, 〈몬타우크〉, 〈푸른 수염〉 등의 소설도 썼다.

　스위스 취리히 태생으로 건축가의 아들로 태어난 그는 취리히 대학에서 독문학과 언어학을 공부했으나 아버지의 죽음으로 가세가 기울어지자 도중에 학업을 포기하고 신문사에 취직해 일하는 가운데 자전적 소설 〈위르그 라인하르트〉를 썼다. 당시 그는 독일에서 온 유대인 여성 케테 루벤존과 사랑에 빠졌는데, 그녀를 통해 나치 독일의 반유대주의 실상을 알게 되었으며, 그 이후로 히틀러와 무솔리니의 파시즘에 동조하는 분위기에 사로잡힌 취리히의 지식인 사회에 혐오감을 지니게 되었지만, 케테는 그의 청혼을 끝내 거절하고 말았다.

　그 후 연방 공대에서 건축학을 공부한 그는 건축가로 활동하면서 1942년 동료 건축가인 게르트루드 폰 마이엔부르크와 결혼해 3남매를 낳았으나 1959년에 이혼했다. 그 시기에 그는 소설 〈슈틸러〉, 〈호모 파버〉를 비롯해 그의 대표적인 희곡 〈이제 그들은 또다시 노래를 부른다〉, 〈만리장성〉, 〈전쟁이 끝났을 때〉, 〈외덜란트 백작〉, 〈비더만과 방화범들〉, 〈돈 후안 또는 기하학에 대한 사랑〉 등을 발표함으로써 현대 기술 문명과의 대결뿐 아니라 인간 내면의 의식까지 파고들어 불확실한 인간의 본질에 대해 날카롭게 비판했다.

이처럼 인간의 허위의식과 혼란의 경계선상에서 방황을 거듭하는 현대인의 심리 상태를 부조리의 아이러니 방식으로 부각시킨 막스 프리쉬는 1962년에 발표한 희곡 〈안도라〉에서 유대인이 아닌 사람을 유대인으로 취급해 배척하는 마을 사람들 이야기를 통해 집단적 망상의 병폐를 신랄하게 폭로하기도 했는데, 이는 파시즘이나 공산주의 사회의 집단적 광란뿐 아니라 매카시즘의 빨갱이 사냥, KKK단의 인종차별, 종교적 근본주의에 의한 성전 등 오늘날에 이르기까지 수많은 인간을 괴롭히는 모든 집단적 병폐를 고발하는 엄중한 경고의 목소리이기도 하다. 그런 점에서 막스 프리쉬가 노벨 문학상을 타지 못한 사실은 아무리 생각해도 납득이 되지 않는다.

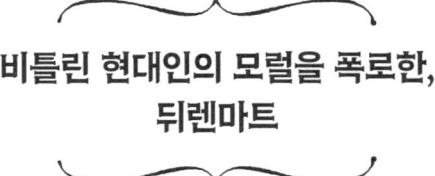

비틀린 현대인의 모럴을 폭로한, 뒤렌마트

막스 프리쉬와 함께 현대 스위스를 대표하는 극작가 뒤렌마트(Friedrich Dürrenmatt, 1921-1990)는 브레히트나 막스 프리쉬보다 더욱 기괴하고도 충격적인 방식으로 현대인의 모럴 문제에 접근하고 있는데, 비록 그 형식은 희극적인 구성을 띠고 있지만, 그가 던지는 메시지 내용은 매우 통렬하고도 무자비하기까지 하다.

스위스 중앙에 위치한 작은 마을 코놀핑겐에서 보수적인 목사의 아들로 태어난 뒤렌마트는 취리히 대학과 베른 대학에서 철학과 독문학을 공부했으나 작가가 되기로 결심하고 학업을 도중에 중단했다. 제2차 세계대전이 끝난 직후 26세 때 처음으로 문단에 데뷔하자마자 격렬한 논쟁을 불러일으킨 그는 아방가르드적인 부조리극으로 출발해 점차 희극적인 형태의 그로테스크한 풍자극으로 기울어지면서 매우 역설적인 추리 방식을 통해 비뚤어진 시대상을 과감하게 폭로하고 비판했다.

그는 〈로물루스 대제〉, 〈미시시피씨의 결혼〉, 〈천사 바빌론에 오다〉, 〈노부인의 방문〉, 〈물리학자들〉 등의 문제작을 통해 세계적인 극작가로 명성을 떨쳤는데, 폭력의 악순환에 빠진 현대인의 비극적 상황을 부각시키면서도 기독교에 바탕을 둔 도덕적 양심과 희망의 메시지를 남기는 일 또한 잊지 않는다.

특히 그의 가장 뛰어난 걸작으로 꼽히는 〈노부인의 방문〉에서는 몰락해 가는 소도시 귈렌을 무대로 세계적인 대부호요 자선가로 소문난 노부인 클레어 자하나시안이 오랜만에 고향을 방문하면서 벌어지는 기상천외한 사건을 통해 물질적 욕망 앞에 무력하기 짝이 없는 현대인의 모습과 현대 자본주의의 맹점을 매우 위악적인 풍자로 예리하게 폭로하고 있다. 그런 맹점은 주민들에게 막대한 기부금을 약속하는 대신 자신을 배신한 남성 알프레트에 대해 살인 청부를 요구하는 노부인의 모습에서 여지없이 드러난다.

〈물리학자들〉은 현대 과학기술의 발전에서 비롯되는 사회적 재앙과 윤리적 문제를 다소 과장된 희극적 언어로 폭로하고 있는데, 과학자의 윤리적 책임에 대한 진지한 성찰이기도 하다. 핵물리학자 뫼비우스는 자신이 발견한 파괴적인 이론을 세상에 알리지 않기 위해 스스로 정신병원에 들어가지만, 그의 핵 방정식을 알아내기 위해 암호명 뉴턴과 아인슈타인으로 불리는 두 정보요원이 정신병자를 가장해 병원에 잠입한다.

그들은 자신들의 정체를 의심하기 시작한 간호사들을 살해하는데, 연쇄살인 사건을 조사하기 위해 경찰이 투입되고, 그 사이에 정보요원들은 뫼비우스를 설득해 그를 빼돌리려 하지만, 오히려 그에게 설득당한 끝에 세 사람 모두 정신병원에 남기로 결심한다. 그러나 이들의 대화를 몰래 엿들은 여의사 마틸데가 뫼비우스의 정보를 빼돌리고 그것을 이용해 세상을 지배하려 들자 세 사람은 자신들이 함정에 빠진 것을 알고 크게 절망한다.

세계적인 학자 뫼비우스, 뉴턴, 아인슈타인의 이름을 빌려 정신병자를 가장한 세 남자와 솔로몬왕의 계시를 믿는 과대망상적인 정신과 의사의 모습을 통해 뒤렌마트는 모든 것이 미쳐 돌아가는 우스꽝스러운 이 세상에 대해 매우 냉소적인 시선을 던지며 관객들의 마음을 복잡하게 만들지만, 그런 가운데서도 우리가 인정하기 싫어하는 문제의 본질을 사정없이 들춰냄으로써 올바른 세상의 지표를 제시하고자 노력했다고 볼 수 있다.

　이처럼 세상에 충격을 안겨 준 희곡뿐 아니라 〈판사와 사형집행인〉, 〈위험한 게임〉, 〈약속〉, 〈정의〉 등의 소설도 남긴 뒤렌마트는 현대 자본주의 사회의 병폐를 날카롭게 폭로하기도 했지만, 마르크스주의조차도 기독교나 이슬람교와 다를 바 없는 종교의 한 형태로 보았는데, 그처럼 예리한 비판의식을 보인 뒤렌마트임에도 불구하고 매번 노벨 문학상 후보에 오르기만 하다가 결국 수상하지 못하고 69세를 일기로 스위스 뇌샤텔에서 생을 마감했다.

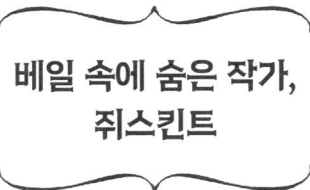

베일 속에 숨은 작가, 쥐스킨트

소설 〈향수〉, 〈비둘기〉, 〈좀머 씨 이야기〉, 단편집 〈깊이에의 강요〉 등으로 잘 알려진 독일의 소설가 쥐스킨트(Patrick Süskind, 1949-)는 독일 남부 바바리아 지방의 암바하 태생으로 뮌헨 대학과 프랑스의 엑상 프로방스에서 역사학을 공부했지만 졸업하진 않았다. 오랜 기간 무명 시절을 보내다가 1980년대에 접어들어 쓴 모노드라마 〈콘트라베이스〉가 크게 성공하자 한때 영화 각본가로 활동하기도 한 그는 1985년 소설 〈향수〉를 발표해 베스트셀러가 되면서 국제적인 명성을 얻기 시작했다.

'어느 살인자의 이야기'라는 부제가 붙은 〈향수〉는 18세기 프랑스를 무대로 냄새를 맡는 데 천부적인 재능을 타고난 주인공 장 그르누이가 엽기적인 방법으로 향수를 개발해 오로지 향기 하나만으로 사람들을 지배하게 되는 과정을 담고 있는데, 그 후 톰 티크베어 감독에 의해 영화로 제작되어 더욱 유명해졌다. 완벽한 향수를 만들기 위해 젊은 처녀들만 골라 살해하는 장의 강박적이고도 파렴치한 행동은 도덕적으로 문제의 소지가 많지만, 악취와 소통의 단절을 해소하는 데 놀라운 괴력을 발휘하는 향수의 마법이야말로 소외된 삶을 살아가는 현대인에게 더욱 절실한 것인지도 모른다.

어쨌든 세상에서 철저히 고립된 우울한 탐미주의자 그르누이의 모습은 아웃사이더라는 점에서 평생을 한곳에 안주하지 못하고 텅 빈 배낭을 멘 채 쉬지 않고 걷기만 하는 〈좀머 씨 이야기〉의 주인공 이상한 아저씨나 혹은 희곡 〈콘트라베이스〉에서 보듯이 오케스트라의 한 가장자리에 위치한 채 주목받지 못하는 콘트라베이스 연주자의 모습과 매우 닮았다. 그리고 그렇게 소외된 인간의 모습은 세상과의 접촉을 끊고 은둔 생활로 일관하는 작가 쥐스킨트 자신의 모습이기도 하다. 따라서 "제발 좀 나를 가만히 내버려두시오"라는 좀머 씨의 소망은 작가 자신의 간절한 바람이기도 한 셈이다.

그는 자신의 이름이 세계적으로 알려지기 시작하면서 은둔 생활로 접어들어 좀처럼 공개적인 장소에 그 모습을 드러내지 않고 있는데, 매스컴의 인터뷰는 물론 자신에게 주어진 그 어떤 상도 거절할 뿐만 아니라 심지어 자신의 신상에 대해 조금이라도 발설하는 사람과는 아예 인연을 끊어 버리는 기이한 작가이기도 하다. 따라서 그는 오로지 작품만을 통해 세상과 접촉하고 있는 셈인데, 출판사와의 접촉도 형 마르틴이 대신 해 주고 있다고 한다. 그러니 그에게 노벨 문학상이 주어진다고 해도 선뜻 수용할 것 같지는 않아 보인다.

3장
라틴 유럽의 작가들

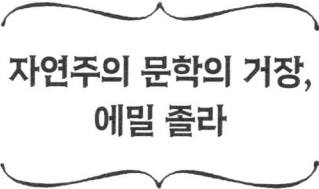

자연주의 문학의 거장, 에밀 졸라

19세기 프랑스 자연주의 문학을 대표하는 거장 에밀 졸라(Émile Zola, 1840-1902)는 사실 노벨 문학상 1회 수상자로 선정되었어야 마땅하지만, 그 영예는 오히려 프랑스 시인 프뤼돔에게 돌아갔으며, 졸라가 생을 마감한 바로 그해에 수여된 2회 수상자는 엉뚱하게도 독일의 역사학자 몸젠이었으니 참으로 상복이 없는 작가라 할 수 있다. 졸라는 노벨 문학상 후보로 1회와 2회에 걸쳐 두 차례나 올랐으나 모두 실패했다.

파리에서 이탈리아계 토목기사의 아들로 태어난 졸라는 아버지를 일찍 여의고 지독한 가난 속에서 힘겨운 어린 시절을 보냈다. 도중에 학업을 중단하고 출판사에 취직해 글을 쓰기 시작한 그는 처음에는 낭만주의적인 소설을 쓰기도 했으나 공쿠르 형제의 작품을 본받아 자연주의적인 소설 〈테레즈 라캥〉을 처음으로 발표해 자신의 독자적인 영역을 확립해 나가면서 발자크의 〈인간 희극〉에 못지않은 대작 〈루공-마카르 총서〉의 야심 찬 구상을 하기에 이르렀다.

전 20권으로 이루어진 방대한 분량의 〈루공-마카르 총서〉는 건강한 농부였던 루공과 사별한 후 알코올 중독자인 마카르와 동거한 광기의 여성 아델라이드가 이들 두 남자와의 사이에서 낳은 후손들의 파란만장한 삶을 마치 의사가 환자를 진찰하듯이 냉철한 수법으로 기록한 것인데, 인간의 추악한 일면과 비참한 실상을 적나라하게 파헤침으로써 특히 하층민의 비극적인 삶의 실상을 과장하는 일 없이 있는 그대로 묘사해 일약 대가의 반열에 오르게 되었다.

그의 대표작 〈목로주점〉, 〈나나〉, 〈제르미날〉 등은 모두 이 총서의 일부로 처음에는 매우 부도덕하다는 비난을 듣기도 했으나 〈목로주점〉의 성공으로 자신감을 얻은 졸라는 결국 1893년에 이르기까지 14년 동안에 전 20권을 완성하는 강한 집념을 보였다. 하층민의 불행한 삶에 남다른 애정을 보인 그는 1870년 창부 출신의 가난한 재봉사 알렉상드린 멜레와 결혼했는데, 자녀가 없었던 졸라는 자신이 고용했던 침모 잔 로제로와 사랑에 빠져 두 아들을 얻기도 했지만, 그래도 아내와는 평생 반려자로 함께 지냈다. 졸라는 잔이 아이들을 데리고 곁을 떠난 후에도 그들의 부양을 계속 책임지고 맡았다.

말년에 이르러 드레퓌스 사건이 터지자 반유대주의에 이성을 잃은 국수주의자들과 군부를 상대로 맹렬한 공격을 퍼부은 졸라는 굳은 의지로 드레퓌스의 무죄를 주장하며 1898년 '나는 고발한다'라는 제목의 공개장을 대통령에게 보내는 등 정의를 위해 용감하게 투쟁했는데, 졸라의 용기에 힘입어 결국 드레퓌스 대위는 그 후 억울한 혐의를 벗고 군대에 복귀할 수 있었지만, 그것은 졸라가 세상을 뜬 지 4년 후였다.

하지만 당시 졸라 자신은 장교들에게 명예훼손죄로 고발당해 한동안 런던으로 망명해야만 했으며, 그 후 파리로 돌아왔지만, 얼마 가지 않아 자신의 방에서 난로 가스에 질식해 사망하고 말았다. 드레퓌스 대위도 참석한 졸라의 장례식에는 그의 죽음을 애도하는 수많은 인파로 넘쳐났는데, 당시 파리에는 졸라가 정치적인 이유로 암살당했다는 소문이 나돌기도 했다. 그의 정적들이 고의적으로 굴뚝을 막아 죽게 했다는 주장이나 물론 입증된 사실은 아니다. 그러나 생전에 졸라가 군부와 가톨릭 신자들에게 수시로 살해 협박을 받은 사실을 고려해 볼 때 전혀 근거 없는 낭설도 아닌 것으로 보인다.

피우메의 영웅, 단눈치오

이탈리아의 작가 단눈치오(Gabriele d'Annunzio, 1863-1938년)는 매우 정력적인 작가로 〈하늘과 바다와 땅과 영웅의 찬가〉 등 수많은 시집과 〈쾌락〉, 〈죽음의 승리〉, 〈죄 없는 사람〉, 〈바위의 처녀들〉, 〈생명의 불꽃〉 등의 소설, 그리고 〈라 조콘다〉, 〈프란체스카 다 리미니〉, 〈요리오의 처녀〉 등의 희곡도 남겼는데, 19세기 말에 이미 필명을 날린 그는 생의 환희를 찬미하고 관능적인 미와 쾌락을 추구하는 데카당스 문학의 대표자로 니체의 초인주의 영향도 엿볼 수 있는 작품들로 인기를 끌었다.

이탈리아 중부 페스카라에서 부유한 지주의 아들로 태어난 그는 프라토의 기술학교에 재학 중이던 16세 때 이미 시집 〈조춘〉을 발표해 천재 시인으로 주목을 받았으며, 그 후 로마의 사피엔자 대학에 입학하면서 민족주의적 통일 운동에 뛰어들었다. 당시 어린 나이에 이미 유명 인사가 된 그는 로마 사교계에 진출해 인기를 끌었으며, 불과 20세 때 귀족의 딸 마리아와 결혼해 세 아들까지 낳았으나 8년 만에 헤어지고 여배우 엘레오노라 두세와 열애에 빠졌는데, 그녀를 위해 희곡 〈죽음의 도시〉, 〈프란체스카 다 리미니〉 등을 썼으나 활화산처럼 타오르던 그녀에 대한 열정도 부유한 귀족 출신 루이사 카사티를 만난 후로는 한순간에 식어 버리고 말았다. 카사티는 단눈치오의 소설에도 큰 영향을 끼친 것으로 알려졌다.

제1차 세계대전이 발발하자 애국적인 참전 운동을 전개한 그는 조종사로 지원해 싸우다가 부상을 입고 한쪽 눈을 실명했는데, 종전 이후 베르사유 조약에 의해 피우메가 유고슬라비아 영토로 편입되자 자신이 총사령관이 되어 의용군을 이끌고 피우메를 점령해 일약 이탈리아의 국민 영웅으로 떠올랐다. 대대적인 환영을 받으며 로마로 개선한 그는 무솔리니의 파시스트 정부로부터 극진한 대우를 받았으나 그 후로는 가르다 호반의 호화로운 별장에 머물며 여생을 보냈다.

피우메에서 단눈치오가 보여 준 카리스마적인 리더십은 무솔리니에게도 상당한 영향을 끼친 것으로 알려졌는데, 무솔리니는 단눈치오가 고안한 검은 셔츠 차림의 로마식 경례와 행진, 극적이고도 선동적인 연설 방식, 군중들의 구호 등을 그대로 모방해 파시스트 검은 셔츠 당을 이끌었다. 비록 단눈치오는 무솔리니와 거의 상종하지 않았지만, 그것은 국민적 영웅으로 떠오르며 인기가 치솟았던 단눈치오에 대해 강한 시기심을 지닌 무솔리니의 견제 때문이기도 했다. 더군다나 단눈치오는 무솔리니의 로마 행군 당시 발코니에서 암살 위기를 겪으며 부상을 입은 후로는 그 어떤 공식 석상에도 나타나지 않았다. 그래도 그는 엠마누엘 3세로부터 귀족 작위를 받는 등 최고의 예우를 받으며 여생을 보냈는데, 죽기 6개월 전에는 무솔리니를 직접 만나 히틀러와 손잡지 말라는 충고까지 한 것으로 알려졌다.

비록 그는 20세기 초반에 이르기까지 엄청난 돌풍을 일으키며 유럽 문학을 이끈 지도적인 인물로 노벨 문학상을 수상하고도 남음이 있는 작가였음에 틀림없으나, 다만 그의 세기말적 퇴폐주의와 국수주의적 발상에 따른 무력행사, 파시스트 이념에 끼친 영향력 등 여러 관점에서 볼 때 노벨상이 추구하는 범인류애적 이상과는 너무도 동떨어지기 때문에 수상자로 선정되기에는 부적절한 면이 많았을 것으로 보인다.

의식의 흐름 기법을 사용한, 프루스트

　대하소설 〈잃어버린 시간을 찾아서〉를 통하여 현대문학 기법에서 매우 중요하게 다뤄지고 있는 소위 '의식의 흐름 기법'을 창안해 낸 프랑스의 소설가 마르셀 프루스트(Marcel Proust, 1871-1922)는 과거와 현재를 자유로이 넘나들며 현실과 공상, 사고의 흐름 자체를 세밀하게 추적해 나갔는데, 그것은 마치 정신분석에서 환자의 자유연상 내용을 받아 적듯이 써 내려간 것이다.

　파리 근교 오퇴유에서 유복한 의사의 아들로 태어나 아무런 부족함이 없이 자란 프루스트였지만, 어려서부터 몹시 병약해서 유대계인 어머니의 과잉보호 속에 컸는데, 9세 무렵부터 앓기 시작한 천식 발작으로 평생 고생해야 했다. 파리 대학에서 법학을 공부한 그는 일찍부터 문학적 재능을 드러내 소설을 쓰기 시작하는 한편 사교계를 드나들며 많은 우인을 사귀기도 했다.

　그러다가 그가 30대 초반에 이르렀을 무렵, 부모가 연이어 세상을 뜨자 그의 건강도 눈에 띄게 악화하면서 세상과 담을 쌓고 오로지 집필 활동에만 몰두하기 시작했다. 그렇게 해서 착수한 대작 〈잃어버린 시간을 찾아서〉는 모두 일곱 권으로 이루어진 연작 대하소설로 프루스트의 모든 삶의 흔적을 담은 반자전적인 작품이라 할 수 있다. 그는 야간에 잠시 외출했다가 감기에 걸려 시름시름 앓다가 의사의 진찰도 거부한 채 세상을 떠났다.

하지만 솔직히 말해서 그의 대표작 〈잃어버린 시간을 찾아서〉는 동성애자들에 관한 이야기이며, 그런 점에서 처음에 그가 출판을 의뢰했을 때 앙드레 지드가 일언지하에 거절했던 이유를 알 것만도 같다. 지드 역시 동성애자라는 사실을 숨기며 살고 있었기 때문이다. 물론 나중에 가서야 비로소 자신의 실수를 인정하고 프루스트에게 정중히 사과했지만 말이다. 비록 소설에서는 주인공 마르셀이 이성애자로 묘사되면서 많은 여성과 연인 관계를 맺기도 하지만 그것은 작가 자신의 동성애적 성향이 노출될 것을 염려한 결과로 보인다.

실제로 프루스트는 자신이 운전사로 고용했던 알프레드 아고스티넬리와 사랑에 빠졌는데, 남성적 매력이 넘치는 그 청년은 안나라는 애인을 따로 두고 있었다. 결국 질투심에 가득 찬 프루스트가 그녀를 무시하고 괴롭히자 중간에서 시달리던 알프레드는 견디다 못해 바다에 몸을 던져 투신자살하고 말았다.

그 후 프루스트는 사창가를 드나들며 자신의 남색을 은밀히 즐길 수밖에 없었는데, 그런 점에서 제7권 〈소돔과 고모라〉에 묘사된 사도마조히즘의 도착적인 장면들은 결코 그의 머릿속에서 이루어진 상상의 산물만은 아니었던 것이다. 그는 자신의 그런 비밀스러운 성향을 은폐하기 위해 의도적으로 여러 여성에게 접근하기도 했다.

어쨌든 51세 나이로 생을 마감하기까지 독신으로 일관한 프루스트는 현대문학사에서 매우 혁신적인 기법으로 간주되는 의식의 흐름 기법을 창안한 장본인으로 노벨 문학상 후보에 오르기에 전혀 손색이 없는 작가였으나 유감스럽게도 그에게는 그럴 기회가 주어지지 않았다. 프랑스 작가로 당시 노벨 문학상의 영예를 안은 인물은 그와 동시대에 활동한 로맹 롤랑과 아나톨 프랑스였으며, 프루스트가 죽은 지 5년 뒤에는 오히려 어머니의 친척인 철학자 앙리 베르그송에게 노벨 문학상의 영예가 돌아갔다.

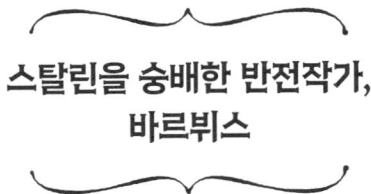

스탈린을 숭배한 반전작가, 바르뷔스

프랑스의 소설가 앙리 바르뷔스(Henri Barbusse, 1873-1935)는 〈지옥〉, 〈포화〉 등의 소설을 통해 휴머니즘에 입각한 프롤레타리아 문학과 반전문학의 기수가 되어 세계적인 작가의 반열에 올랐으나 열렬한 공산주의자이기도 했던 그는 스탈린의 전기를 쓰는 등 노골적인 스탈린 숭배로 인해 한때 사회적으로 빈축을 사기도 했으며, 예수 그리스도를 가장 최초의 공산주의 혁명가로 묘사하기도 했다.

물론 그런 이유 때문에 노벨 문학상 후보에조차 오르지 못했는지 모르지만, 그런 점에서 친소적 경향이 매우 강했던 사르트르에게 본인이 굳이 싫다는데도 노벨상을 수여한 사실은 참으로 납득하기 어려운 아이러니라 하겠다. 어쨌든 자본주의에 입각한 제국주의 전쟁과 파시즘 모두에 대해 강하게 반발한 바르뷔스는 러시아혁명에 열광한 나머지 볼셰비키당에 가입하고 러시아 여성과 결혼까지 했다.

프랑스인 아버지와 영국인 어머니 사이에서 태어난 바르뷔스는 처음에 신문기자로 일하다가 1895년 시집 〈탄식하는 여인들〉을 발표한 후 1903년 최초의 소설 〈애원하는 사람들〉을 발표했으나 별다른 주목을 받지는 못했다. 그러나 1908년에 발표한 소설 〈지옥〉은 세상에서 버림받은 밑바닥 인생들의 비참한 삶의 모습을 매우 사실적으로 묘사한 작품으로 그에게 처음으로 국제적인 명성을 안겨 주었다.

그 후 제1차 세계대전이 발발하자 40대 초반의 나이에도 불구하고 병약한 몸을 이끌고 참전한 그는 전쟁의 참상을 목격한 뒤 그 경험을 토대로 1916년 전쟁의 폭력성을 고발한 소설 〈포화〉를 발표해 공쿠르상을 수상하는 영예를 안았다. 그리고 곧바로 사회주의 혁명에 성공한 러시아로 가서 소비에트 사회의 변화된 세상을 직접 목격한 후 크게 감격하여 소설 〈광명〉을 썼는데, 전쟁에 참전한 한 공장 노동자의 입을 통해 제국주의 전쟁은 곧 중대한 범죄임을 고발하고 있다.

그 후에도 계속해서 마르크스주의적 성향의 소설 〈입에 물린 칼〉, 〈사슬〉 등 정치적 내용의 소설과 〈레닌〉, 〈스탈린〉 등의 전기를 쓰는 등 노골적으로 공산주의를 널리 선전하는 작품을 써서 심지어 이념적 동지이기도 했던 동료 작가들로부터도 빈축을 사기까지 했는데, 그는 소비에트 사회의 탄생이야말로 인류 역사상 가장 위대하고 아름다운 사건이라고 극찬을 아끼지 않았다. 한때 로맹 롤랑과 함께 반전운동을 전개하고 세계적인 물리학자 아인슈타인과 평생 교분을 나누기도 했던 그는 말년에 모스크바를 다시 방문했다가 폐렴에 걸려 그곳에서 62세를 일기로 객사했다.

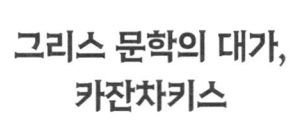

그리스 문학의 대가, 카잔차키스

현대 그리스 문학을 대표하는 작가 니코스 카잔차키스(Nikos Kazantzakis, 1883-1957)는 〈희랍인 조르바〉, 〈그리스도 최후의 유혹〉 등의 소설로 세계적인 명성을 얻었는데, 한때 그리스 민족주의와 공산주의 사상에 몰두하기도 했던 그는 니체와 베르그송의 철학에 접하면서 인간적 한계에 도전하는 투쟁적인 모습의 인물을 다룬 작품들을 주로 써 숱한 논란의 주인공이 되기도 했다. 특히 〈미할리스 대장〉은 그리스 정교회의 거센 반발을 샀으며, 〈그리스도 최후의 유혹〉은 가톨릭 교회에서 금서목록에 오르기도 했다.

카잔차키스는 오스만 터키 제국이 지배하던 크레타섬에서 포도주 중개상의 아들로 태어나 아테네 대학에서 법학을 공부했으며, 재학 도중에 이미 소설 〈뱀과 백합〉을 출간하는 등 일찍부터 문학적 재능을 나타냈다. 그 후 파리로 유학을 떠나 니체와 베르그송 철학을 공부하고 귀국한 그는 발칸 전쟁이 일어나자 군대에 지원해 복무한 후 고향인 크레타섬으로 돌아가 요르고스 조르바와 함께 탄광 개발과 벌목 사업을 벌이기도 했는데, 이때의 경험을 바탕으로 소설 〈희랍인 조르바〉를 썼다.

두 차례의 세계대전과 발칸 전쟁, 전후 벌어진 그리스 내전 등 사회적 격변의 시대를 겪으며 극한적 상황에 처한 인간의 참담한 현실을 목격한 그는 결국 정계에 뛰어들어 그리스 사회당의 지도자로 활동했으며, 잠시 연립정부의 각료를 역임하기도 했다. 당시 그는 이미 노벨 문학상 후보로 추천되기도 했는데, 그 후에도 수차례 후보로 지명되었지만, 끝내 수상하진 못했다. 좌파적인 성향이야 그렇다 치더라도 특히 신성모독적인 작품들로 인해서 보수적인 기독교 사회에서 그의 존재를 그리 달가워하지 않았기 때문일 것이다.

그런 신성모독적인 내용은 그의 대표작 〈희랍인 조르바〉에서도 엿볼 수 있는데, 아담을 창조한 신의 모습을 조롱하는 장면뿐 아니라 굶주린 사람에게 좋고 나쁜 음식을 고르도록 요구하는 일은 죄악이라고까지 일갈하는 조르바의 태도는 오히려 배부른 식자들의 무지함을 일깨우는 통렬한 일침이기도 하다. 냉엄한 현실에 대한 카잔차키스의 인식은 숱한 논란을 불러일으킨 〈그리스도 최후의 유혹〉에서도 여지없이 드러나는데, 예수 그리스도를 단순히 신비스러운 성자의 모습이 아니라 현실적인 고통 속에서 고뇌하고 갈등을 겪는 한 인간의 처절한 몸부림으로 묘사하기 때문이다.

교회로부터 반기독교도로 매도당한 카잔차키스는 말년에 백혈병을 치료하기 위해 서독에 갔다가 프라이부르크에서 74세를 일기로 생을 마감했는데, 그가 세상을 뜨기 직전 다시 한번 노벨 문학상 후보에 올랐지만, 프랑스의 알베르 카뮈에게 간발의 표 차로 그 영예를 양보해야 했다. 나중에 카뮈는 카잔차키스야말로 자기 대신 노벨상을 탔어야 했다고 술회하기도 했지만, 그 말이 진심에서 우러나온 것인지 아니면 그냥 인사치레로 해 본 말인지는 알 수가 없다.

반전주의 작가, 조르주 뒤아멜

대하소설 〈살라뱅의 생애와 모험〉, 〈파스키에 일가 연대기〉 등의 작품을 통해 기계문명에 대한 비판과 더불어 인도주의적 이상을 실천하고자 힘쓴 프랑스의 작가 조르주 뒤아멜(Georges Duhamel, 1884-1966)은 파리에서 의사의 아들로 태어나 아버지처럼 의학을 공부했으나 제1차 세계대전에 군의관으로 참전해 전쟁의 참상을 겪은 뒤로는 반전주의자가 되어 작가의 길로 들어섰다.

그는 제1차 세계대전에서 받은 충격과 아픔을 다룬 반전소설 〈수난자 열전〉에 이어 발표한 자전적 기록 〈문명〉으로 1918년 공쿠르상을 받아 비로소 그 재능을 인정받았는데, 군의관으로 근무하면서 그가 목격한 현실은 그 어떤 이념이나 이상과도 거리가 먼 오로지 갈기갈기 찢긴 피투성이 육체들뿐이었다. 그 후로 그는 인간의 정신과 육체를 망가뜨리는 모든 것들에 대해 투쟁하기로 작심하고, 반전, 반독재, 반문명의 기치를 높이 들기 시작했으며, 기계가 지배하는 사회의 우매함과 자동화에 반대하는 자신의 입장을 분명히 했다.

공쿠르상을 받아 문단의 인정을 받은 그는 계속해서 10여 년에 걸친 기간에 전 5권으로 이루어진 〈살라뱅의 생애와 모험〉을 발표했으며, 그 후 파시즘이 극성을 떨던 1930년대와 40년대에 걸쳐 전 10권으로 이루어진 대작 〈파스키에 일가 연대기〉를 발표해 현대 프랑스 문학을 대표하는 명실상부한 일인자로 떠올랐다.

연작소설 〈살라뱅의 생애와 모험〉은 지극히 평범한 청년 루이 살라뱅의 매우 불안정한 심리와 고뇌를 통해 전쟁의 상처가 채 아물지 못한 프랑스 사회의 어두운 단면을 드러내 보이면서 발전하는 기계문명에 적응하지 못해 애를 먹는 한 성실한 시민의 모습을 그렸다.

〈파스키에 일가 연대기〉 역시 20세기 초 사회적 격변기를 거치면서 혼란을 헤쳐 나가는 프랑스의 한 중산층 가정을 중심으로 지식인 계급의 정신적 발전 과정을 다루었는데, 여기서 그는 예술과 신앙의 고귀한 가치를 통해 정신적 천박성에서 벗어나는 세실의 모습을 보여 줌으로써 세속적인 성공의 허망함을 일깨워 준다.

로맹 롤랑, 마르탱 뒤 가르와 더불어 프랑스 대하소설의 전통을 이어간 뒤아멜은 82세를 일기로 파리 근교에서 세상을 떠났는데, 그처럼 일관되게 인도적 이상주의와 평화주의에 바탕을 두고 뛰어난 대작들을 남긴 작가에게 노벨 문학상이 수여되지 않은 것은 아무리 생각해도 납득이 되지 않는다. 참고삼아 동시대의 프랑스 작가로 노벨 문학상 수상자를 살펴보면, 1915년 로맹 롤랑, 1921년 아나톨 프랑스, 1927년 앙리 베르그송, 1937년 마르탱 뒤 가르, 1947년 앙드레 지드, 1952년 모리악, 1957년 카뮈, 1960년 페르스, 1964년 사르트르 등이 있는데, 대충 6년에서 10년 단위로 수상자가 나왔음을 알 수 있듯이 한 국가에서 연달아 수상한 적은 한 번도 없었기 때문에 단지 운이 따라주지 않았다고 할 수밖에 없을 것이다.

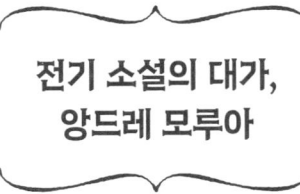

전기 소설의 대가, 앙드레 모루아

친영파로 알려져 있을 만큼 자신의 조국인 프랑스보다 해외에서 더 큰 인기를 끌었던 유대계 작가 앙드레 모루아(André Maurois, 1885-1967)는 프랑스 노르망디에서 부유한 직물 제조업자의 아들로 태어났다. 그의 부모는 원래 알자스에 살았으나 보불전쟁 이후 노르망디로 피신해 그곳에 정착한 사람들로, 모루아의 원래 본명은 에밀 살로몽 빌헬름 에르조그이다.

모루아는 고교 재학 중에 철학자 알랭의 가르침을 받기도 했으며, 학교를 졸업한 후에는 아버지 사업을 돕다가 제1차 세계대전이 발발하자 연락장교로 복무했다. 이때의 체험을 토대로 소설 〈브랑블 대령의 침묵〉을 썼으며, 출세작 〈천사도 아니고 짐승도 아니다〉 외에 대표작 〈사랑의 풍토〉, 〈숙명의 피〉 등을 남겼다.

하지만 그의 진가는 위인들의 전기에서 더욱 빛을 발한다. 그가 남긴 전기소설은 디즈렐리, 바이런, 투르게네프, 볼테르, 마르셀 프루스트, 조르주 상드, 빅토르 위고, 발자크, 그리고 페니실린을 발명한 플레밍 등 실로 다양한 인물들을 총망라하고 있다.

그가 쓴 소설 〈사랑의 풍토〉, 〈혈통의 바퀴〉, 〈행복의 본능〉, 〈약속의 땅〉 등에서 알 수 있는 것처럼 자신의 유대적 기원과 정체성을 암시적으로 반영하고 있다. 그는 친독 정책의 비시정부가 들어서자 유대인 박해를 피해 프랑스를 떠나 자유 프랑스군에 들어가 북아프리카 전선에서 독일군을 상대로 싸우기도 했다.

〈영국사〉를 쓸 정도로 영국에 조예가 깊었던 그는 옥스퍼드 대학 출신의 러시아 여성 잔느-마리 완다와 결혼했으나 그녀가 패혈증으로 일찍 세상을 떠나자 그 후 작가 아나톨 프랑스의 손녀와 재혼해 비교적 평온한 여생을 보냈다. 생전에 그는 "신경증은 예술가를 만들고, 예술은 신경증을 낫게 한다."라는 명언을 남기기도 했는데, 이는 곧 프로이트의 예술론을 대변한 말처럼 들린다. 그러나 모루아 역시 노벨 문학상과는 인연이 닿지 않았다. 어쩌면 전기작가로서의 명성이 더욱 컸기 때문일지도 모른다.

기독교 문학을 대표하는, 베르나노스

〈사탄의 태양 아래〉, 〈어느 시골 신부의 일기〉 등의 소설로 유명한 프랑스의 작가 조르주 베르나노스(Georges Bernanos, 1888-1948)는 파리에서 태어나 프랑스 서북부 칼레 지방의 한적한 시골 마을에서 어린 시절을 보내며 예수회 학교를 다녔는데, 그런 경험이 그의 작품에 결정적인 영향을 미친 것으로 보인다.

청년 시절 보수적인 왕당파로 민주주의 체제에 회의적인 시각을 지니고 있었던 베르나노스는 제1차 세계대전이 발발하자 사병으로 입대해 베르됭 전투에서 싸우기도 했는데, 여러 차례 부상을 입고 제대했다. 전쟁이 끝나자 본격적으로 작가 활동에 들어간 그는 1922년 〈다르장 부인〉을 발표했으나 별다른 주목을 받지 못하다가 1926년에 발표한 〈사탄의 태양 아래〉를 통해 비로소 명성을 얻기 시작했으며, 그 후 계속해서 〈사기〉, 〈환희〉 등을 발표했는데, 특히 〈환희〉는 페미나 문학상을 수상함으로써 프랑스 문단에서 확고한 위치를 차지하게 되었다.

스페인 내전 당시 왕당파인 프랑코 장군을 지지했던 그는 한때 자신이 거주하던 마조르카섬에서 벌어진 파시스트들의 잔혹한 학살 현장을 목격한 후 지독한 환멸을 느끼고 파시즘에 반대하기 시작했는데, 당시 그가 발표한 대표작 〈어느 시골 신부의 일기〉로 아카데미 프랑세즈 소설 대상을 탄 데 이어 1937년에는 정치평론집 〈달빛 어린 공동묘지〉를 통해 영적으로 타락한 현실에 대해 경고의 목소리를 던지기도 했다.

결국 그는 당시 유럽을 휩쓸고 있던 파시즘과 나치즘에 환멸을 느낀 나머지 1938년 가족을 이끌고 조국 프랑스를 떠나 남미 브라질로 훌쩍 떠나 버렸다. 그곳에서 베르나노스는 자신의 마지막 소설 〈윈느씨〉를 쓰기도 했지만, 제2차 세계대전이 발발하자 그의 세 아들은 아버지 곁을 떠나 프랑스로 돌아가서 독일군에 대항해 싸웠다.

비록 그는 비시 정부를 조롱하고 드골의 자유 프랑스군을 지지했으나 프랑스가 그런 위기에 처한 것은 영적인 타락 때문이라는 자신의 견해를 굽히지 않았다. 그는 파리가 해방된 후 드골의 요청으로 다시 귀국했지만, 정계에 입문해 달라는 요청만큼은 응하지 않았는데, 영적으로 새로워진 것이 없는 현실에 크게 낙담했기 때문이다.

귀국한 후 그는 별다른 활동 없이 지내다가 영화 시나리오 〈카르멜회 수녀들의 대화〉를 쓴 직후 60세를 일기로 세상을 떴다. 그의 소설을 토대로 만든 로베르 브레송 감독의 영화 〈어느 시골 신부의 일기〉와 〈무셰트〉는 모두 베르나노스가 죽은 후에 제작되었으며, 모리스 피알라 감독의 영화 〈사탄의 태양 아래〉는 1987년 칸 영화제에서 황금종려상을 받기도 했다. 베르나노스는 20세기 기독교 문학을 대표하는 작가로 인간의 고뇌를 극복하기 위한 그 나름대로의 해결책으로 신비로운 영적 차원의 길을 제시하기도 했지만, 지나치게 염세적이고도 보수적인 태도로 인해 패배주의에 입각한 신비주의자 또는 현실도피주의자라는 비판을 받기도 했다. 어쩌면 그런 이유 때문에 그의 이름이 노벨상 후보 명단에 오르지도 못했는지 모른다.

재기 넘치는 전위적 작가, 장 콕토

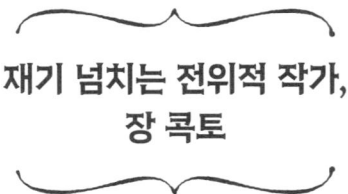

프랑스의 시인, 소설가, 극작가로 다방면에 걸쳐 천재성을 발휘한 전위적 예술가 장 콕토(Jean Cocteau, 1889-1963)는 처음에 다다이즘 시인으로 출발해 제1차 세계대전 이후 두각을 나타내면서 초현실주의적 종합예술에 몰두했으며, 전위파 시인으로서뿐만 아니라 아방가르드적인 소설과 극작 활동에도 탁월한 재능을 보여 소설 〈사기꾼 토마〉, 〈무서운 아이들〉 등의 소설을 비롯해 자신이 직접 영화로 제작한 희곡 〈미녀와 야수〉, 〈오르페〉 등을 썼다.

파리 근교의 마을에서 변호사의 아들로 태어난 콕토는 어릴 때 아버지가 자살하는 비극을 겪었으며, 사춘기 시절까지 홀어머니 밑에서 자랐다. 학교 공부를 몹시 싫어하고 일찍부터 매우 조숙했던 그는 19세 때 첫 시집 〈알라딘의 램프〉로 문단에 데뷔했으며, 제1차 세계대전 시에는 적십자사에 지원해 앰뷸런스 기사로 활동했다.

그 무렵 시인 레몽 라디게를 만나 절친한 관계를 유지했는데, 매우 로맨틱한 그들의 관계는 1923년 갑자기 라디게가 사망하는 바람에 끝이 나고 말았지만, 그 충격의 여파로 매우 상심한 콕토는 아편에 손을 대기 시작해 오랜 기간 고생하기도 했다. 라디게의 죽음을 인정할 수 없었던 그는 장례식에 참석조차 하지 않았지만, 어려서 일찍 아버지의 불행한 죽음을 겪은 이후로 콕토는 그 어떤 장례식에도 참석한 적이 없을 정도로 죽음에 대한 근원적인 두려움을 지니고 있었다.

1929년에 가서야 비로소 아편중독에서 벗어난 그는 한때 로마노프 공작의 딸인 나탈리 공주와 열애에 빠지기도 했지만, 그의 평생 연인은 당시 매우 박력 있고 호쾌한 연기로 명성을 날리던 프랑스 배우 장 마레였다. 그런 점에서 그는 양성애자였음을 알 수 있는데, 자신의 공공연한 연인이었던 장 마레를 자신이 직접 감독한 영화에 출연시키기도 했다.

콕토는 비록 제2차 세계대전 기간에 히틀러를 경멸하는 프랑스인들에 대해 비난을 퍼붓고 히틀러야말로 예술을 사랑하는 진정한 평화주의자라고 주장하기도 했지만, 그럼에도 불구하고 나치에 끌려간 유대인 출신 시인이자 화가인 막스 자콥의 구명을 위해 애쓰기도 했다.

종전 후에도 여전히 기발한 착상과 재기 넘치는 퍼포먼스로 대중적인 인기를 누렸던 콕토는 74세를 일기로 세상을 떴는데, 그와 절친했던 가수 에디트 피아프가 죽은 다음 날 그 소식을 듣고 충격을 받은 나머지, 심장마비 증세를 일으킨 후 곧바로 숨진 것으로 알려지기도 했다. 콕토는 일찍부터 프루스트, 앙드레 지드, 라디게, 디아길레프, 니진스키 등과 긴밀한 유대 관계를 맺고 이들과 함께 예술 활동을 벌였는데, 공교롭게도 이들 모두는 동성애 문제를 지닌 인물들이었다.

아방가르드적인 실험 정신에 충만했던 콕토는 고도의 압축과 기교를 동원한 시로 한 시대를 풍미하기도 했는데, 시인은 항상 진실을 말하는 거짓말쟁이라고 일갈했던 역설과 모순의 시인이기도 했지만, 다른 한편으로는 지나치게 기교적이며 화려한 잔재주만으로 사람들을 현혹하려 드는 마술사라는 혹평도 없는 건 아니다.

물론 그가 괴짜다운 행보를 통해 얻은 세속적인 인기와 명성을 스스로 즐긴 것도 사실이지만, 그럼에도 항상 어느 일정한 틀에 구속되는 것을 거부하며 끊임없이 새로운 모험과 도전을 멈추지 않았던 콕토야말로 진정한 시적 환상의 세계를 추구한 보기 드문 천재 작가였다고 할 수 있다. 다만 그가 한때나마 히틀러를 숭배했다는 도덕적 결함을 드러내 보인 점이 노벨 문학상을 타지 못한 이유가 되었을지도 모른다.

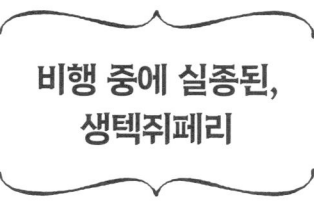

비행 중에 실종된, 생텍쥐페리

비행기 사고로 숨진 프랑스 작가 생텍쥐페리(Antoine de Saint-Exupéry, 1900-1944)는 프랑스 리옹 태생으로 명문 귀족의 후예다. 4살 때 아버지를 잃은 후 줄곧 홀어머니 슬하에서 자랐다. 어려서부터 비행기를 좋아한 그는 기계 만지기를 즐겼으며, 문학적 소질도 나타냈지만 성격은 다소 거친 편이었다. 십 대 후반에 해군사관학교에 지원했다가 낙방하자 미술학교에 들어가 건축을 전공했다.

20대 중반부터 항공회사에 취직하여 조종사로 근무하는 가운데 〈야간비행〉, 〈인간의 대지〉 등을 써서 앙드레 말로와 함께 행동주의 문학을 대표하는 작가로 필명을 날렸으며, 그 사이에 엘살바도르 출신의 여성 콘수엘로와 결혼했다. 〈어린 왕자〉는 제2차 세계대전 기간 미국 망명 시절에 쓴 것이다. 그러나 한시도 가만히 있지 못하는 성격 때문에 계속해서 항공대에 지원하여 정찰기 임무를 수행하던 도중에 1944년 코르시카섬 부근에서 실종된 후 두 번 다시 돌아오지 못했다.

물론 〈어린 왕자〉는 어른을 위한 동화다. 생텍쥐페리는 전쟁에 휘말려 신음하는 조국 프랑스에 꿈과 희망을 심어 주기 위해 이 소설을 썼다고 전해지지만, 비극적인 세상을 살아가는 모든 이들을 향한 사랑의 메시지라고 보는 것이 더욱 타당할 것이다.

화자로 등장하는 주인공의 직업은 비행사로 어느 날 임무 수행 중에 사막 한가운데 불시착한다. 그리고 그곳에서 이상한 옷차림의 한 아이를 만난다. 이상한 질문을 계속 퍼붓는 그 아이는 작은 별에서 온 왕자였는데, 자신이 살던 별을 떠나 지구에 도착할 때까지 거쳐 온 여러 별에서 겪은 이상한 체험담을 전해준다. 그리고 사막에서 만난 여우에게서 삶의 지혜를 배우고 자신이 키우던 꽃을 찾아 다시 자기 별로 돌아간다. 드디어 조종사는 무사히 귀환하지만 어린 왕자와 나눈 많은 대화를 통해 사랑과 생명의 존귀함을 깨닫고 밤하늘 어딘가로 사라진 그 아이의 영혼을 내내 그리워한다.

소설의 주인공은 생텍쥐페리 자신이 그랬던 것처럼 이미 어릴 때 화가가 될 꿈을 접었는데, 아무것도 이해하지 못하는 어른들에게 그런 진실을 설명해 준다는 일이 어린이들로서는 매우 힘든 노릇임을 역설한다. 그래서 주인공은 비행기 조종사가 되어 전 세계 하늘을 날아다녔다고 술회한다. 그러나 사람들은 그런 사실이 얼마나 중요한지 아무도 이해하지 못한다. 중요한 것을 항상 놓치고 보이는 것만을 추구하는 어른들의 세계는 실로 딱한 모습이다. 생텍쥐페리가 호소하는 점도 바로 거기에 있다. 사랑과 인간애에 바탕을 둔 인간적 관계의 회복, 그리고 사랑으로 서로를 길들이며 인간적 가치를 회복하는 일이 무엇보다 시급함을 그는 강조하고 싶었던 것이다.

그런 점에서 생텍쥐페리의 또 다른 걸작 〈인간의 대지〉는 〈어린 왕자〉의 모태가 되었던 작품으로 볼 수 있다. 북아프리카의 어느 사막지대에 불시착한 조종사가 삶과 죽음의 기로에 서서 허덕이고 있을 때, 그가 발견한 자연의 위대함과 생명의 존귀함은 그에게 크나큰 깨우침을 주기에 이른다. 그 결정적인 계기는 그가 허기진 상태에서 먹을 것을 찾아 정신없이 헤맬 때 사막여우의 발자취를 발견한 일에서부터 비롯된다.

여우의 발자취를 따라가면서 그가 목격한 사실은 더욱 놀라운 것이었다. 작은 관목에 붙어 있는 달팽이 두 마리를 그냥 내버려두고 여우가 그대로 지나쳐 간 것이다. 여우가 지나가면서 눈에 띈 생물을 모조리 먹어 치운다면 사막의 생태계는 파괴될 것이 분명하다. 여우는 그 사실을 알고 있기에 배고픔을 참고 그대로 지나친 것이다. 자연의 위대한 생존 섭리를 깨우친 그는 결국 지나가던 베두인족 대상에 의해 구조되고, 그 역시 불쌍한 흑인 노예 한 사람을 구해 준다.

생명의 고리는 이처럼 보이지 않는 숭고한 법칙 속에 계속해서 움직이고 있었던 것이다. 사막의 여우 한 마리가 깨우쳐 준 위대한 진실이라는 점에서 〈인간의 대지〉와 〈어린 왕자〉는 공통분모를 지닌다. 따라서 인간은 냉엄한 현실 속에서 항상 위기에 처하기 마련이지만, 인간 본연의 순수성과 사랑을 잃지 않고 위대한 자연의 섭리를 존중하고 따르기만 한다면 언제나 그런 어둠을 뚫고 나갈 수 있는 능력을 지니고 있다는 점에서 생텍쥐페리는 우리에게 실낱같은 빛과 희망의 메시지를 보여 준 셈이 된다.

결국 우리는 그런 힘과 능력을 아름다운 정원 안에서 배우는 것이 아니라 몰아치는 바람과 모래 그리고 별들과의 대화 속에서 배울 수 있다는 것이 생텍쥐페리가 전하고 싶었던 메시지가 아니었을까 한다. 그러나 우리는 여기서 작가의 의도와 관계없이 어린 왕자가 고아라는 사실에 주목할 필요가 있다. 혼자인 그는 어쩔 수 없이 자신의 별을 떠났지만 사막에서 만난 여우로부터 중요한 사실 한 가지를 배우고 자신의 별로 되돌아간다. 그것은 곧 관계의 중요성이었다.

관계의 실체는 눈에 보이는 것이 아니지만, 서로 길들이는 관계가 우리의 삶에서 얼마나 중요한 일인지를 그는 배운 것이다. 이 세상에 존재하는 모든 것과의 관계, 보이지 않는 관계의 중요성에 대해 깨달은 어린 왕자는 결국 자신이 혼자 고립된 존재가 아니라는 사실에 안도하고 이별과 상실에서 비롯되는 아픔과 슬픔에서 벗어난다. 그리고 그런 아픔과 슬픔을 극복할 수 있는 유일한 대안은 보이지 않는 관계의 회복에 있다는 사실을 깨달은 것이다. 그것은 인간관계뿐 아니라 모든 생명체를 포함한 자연과의 관계도 삶을 유지하는 데 필수적이라는 지혜이기도 했다. 조종사 역시 그런 어린 왕자의 모습을 통해서 매우 중요한 삶의 교훈을 얻고 그를 잊지 못해 그리워하는 것이다.

이처럼 휴머니즘에 입각한 감동적인 메시지를 남기고 홀연히 사라진 생텍쥐페리는 40대라는 한창 나이로 생을 마감하고 말았는데, 그가 좀 더 오래 살았더라면 노벨 문학상을 타고도 남음이 있었을 것이다. 그러나 서재에만 틀어박히지 않고 행동하는 작가의 표본이었던 그는 제2차 세계대전이 막바지에 이르렀을 무렵 독일군의 이동 상황을 정찰하기 위한 목적으로 코르시카섬을 이륙했다가 소식이 두절되고 말았다.

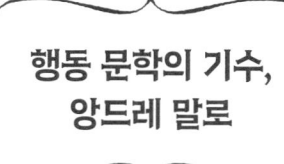
행동 문학의 기수, 앙드레 말로

　동양을 무대로 한 3부작 소설 〈정복자〉, 〈왕도〉, 〈인간의 조건〉 등으로 유명한 프랑스의 소설가이자 정치가인 앙드레 말로(André Malraux, 1901-1976)는 파리 태생으로 비교적 유복한 가정에서 태어났으나 어려서 일찍 부모가 이혼하는 바람에 어머니와 함께 외갓집에서 주로 자랐는데, 자세한 성장 배경은 거의 알려진 사실이 없다. 다만 그의 조부가 1909년에 그리고 사업에 실패한 아버지는 1930년에 자살했다는 사실이 알려지고 있지만, 그런 사건이 말로의 삶에 큰 영향을 준 것 같지는 않아 보인다.

　비록 어려서 틱 증세에 시달리기도 했으나 그래도 별 탈 없이 자란 그는 동양어 학교에서 산스크리트어와 중국어를 배운 뒤 20대 초반에 인도지나 반도의 고고학 조사팀의 일원으로 캄보디아 앙코르와트에서 많은 유물을 발굴해 프랑스로 가져갔는데, 사실상 이는 학문적 발굴이라기보다는 제국주의적 발상에 의한 도굴 행위라 할 수 있으며, 그 때문에 당시 말로는 경찰에 체포되어 실형을 선고받았으나 앙드레 지드의 노력에 힘입어 곧 석방될 수 있었다. 어쨌든 그는 그런 경험을 토대로 소설 〈왕도〉를 써서 크게 성공했는데, 이때부터 이미 행동하는 지식인의 모델을 보여 주었다고 할 수 있다.

　당시 말로는 베트남의 독립을 위해 투쟁하는 민족주의자들을 지원하는 한편, 중국으로 건너가 장개석의 국민당 정부에도 참여해 광동 혁명과 상해 혁명에서 중요한 역할을 맡기도 했으나 1927년 장개석이 중국 공산당을 탄압하자 국민당과 인연을 끊었다. 중국에서 벌인 그의 체험은 소설 〈정복자〉와 〈인간의 조건〉에 생생하게 묘사되었는데, 특히 〈인간의 조건〉은 공쿠르상을 받으며 그에게 작가로서의 명성을 더욱 높여 주었다.

그 후 나치즘에 반대해 〈모멸의 시대〉를 쓴 말로는 스페인 내전에서 인민공화파의 일원으로 프랑코 장군에 대항해 싸운 경험을 소설 〈희망〉에서 묘사했으며, 제2차 세계대전이 발발하자 대독 항전에 뛰어든 그는 독일군에 포로로 잡히기도 했으나 힘겹게 탈출해 레지스탕스에 합류한 후 전차부대 여단장이 되어 알자스 지방을 해방시키기도 했다. 그러나 스탈린이 히틀러와 독소불가침조약을 맺은 이래 공산주의와 손을 끊고 우익으로 돌아선 그는 당시 드골 장군과 인연을 맺기 시작해 전후 드골 정권에서 오랜 기간 문화상을 역임하며 예술 발전에 힘을 쏟기도 했다.

하지만 그는 제2차 세계대전 이후 더이상 소설을 쓰지 않고 정치 활동에만 힘을 쏟았으며, 정계에서 은퇴한 후에는 〈침묵의 소리〉, 〈신들의 변신〉, 〈예술심리학〉 등 주로 예술 평론에 치중하다가 75세를 일기로 눈을 감았다. 격동의 세기를 거치는 가운데 그야말로 파란만장한 삶을 살았던 말로는 행동하는 지식인으로서 그 누구보다 현실 참여에 적극적인 행동문학의 상징적 인물이 되었는데, 신의 존재가 사라진 이후에도 인간이 어떻게 살아야 하는지에 대해 행동으로 보여 준 작가라 하겠다. 그럼에도 불구하고 말로에게는 노벨 문학상의 영예가 주어지지 않았는데, 종전 이후 죽을 때까지 30년간 작가 활동을 중단했기 때문일 것이다.

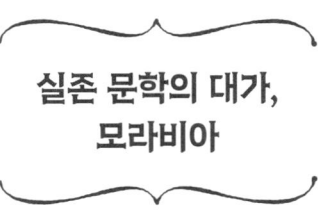

실존 문학의 대가, 모라비아

이탈리아의 소설가 알베르토 모라비아(Alberto Moravia, 1907-1990)는 본명이 알베르토 핀케를레이며 로마에서 태어났다. 모라비아의 아버지는 건축가이며 화가로 유대계지만 어머니는 가톨릭 신자였다. 그가 필명으로 삼은 모라비아는 외가 쪽 성을 빌린 것이다. 어려서부터 골수 결핵을 앓아 수년간 요양소에 있는 등 병약했기 때문에 학업을 제대로 마치지는 못했으나 투병 중에도 왕성한 독서로 실력을 쌓았다.

1929년 〈무관심한 사람들〉을 자비 출판하면서 주목을 끌고 현대인의 무관심과 부조리 등에 대한 생생한 묘사로 실존주의적 작가로까지 인정받았다. 그는 여기서 병든 사회의 현실과 인간의 실상을 세밀하게 묘사하면서 자기라는 거울에 비친 인간사회의 적나라한 모습을 대담한 필체로 파헤쳤으나 부패한 이탈리아 중산층의 치부를 드러냈다는 이유로 판금 조치를 당했으며, 뒤이어 발표한 〈가장무도회〉 역시 파시스트 정부 당국에 의해 제재를 당하면서 그에게 집필 금지 명령이 떨어지게 되자 모라비아는 아내와 함께 이탈리아 남부로 피신해 은닉 생활에 들어갔다.

제2차 세계대전이 막바지에 들었을 무렵인 1944년 이들 부부는 남부 이탈리아에 진주한 미군에 의해 구출되었으며, 그 후 로마로 귀환해 〈로마의 여인〉, 〈순응주의자〉, 〈경멸〉, 〈두 여인〉, 〈유혹〉, 〈권태〉

등의 문제작을 계속 발표함으로써 전후 이탈리아의 양심을 대표하는 작가의 반열에 올랐다. 특히 〈순응주의자〉는 반파시즘 소설로 알려져 있으며, 그의 많은 작품은 비토리오 데시카, 장뤽 고다르, 베르톨루치 등 여러 유명 감독에 의해 영화로 만들어지기도 했다.

그의 대표작 〈무관심한 사람들〉에 등장하는 아르덴고 일가 사람들은 1920년대 파시즘이 이탈리아 전국을 휩쓸고 있을 무렵, 파산 직전의 위기에 몰렸으면서도 자신들이 직면한 현실을 애써 무시하려 든다. 그들은 오로지 돈과 섹스에만 집착한 채 인간의 사고를 극히 제한하는 파시즘의 대두에 대해서도 일체 무관심하다. 자신들이 무엇을 위해 사는지 알지 못하며, 그들이 처한 파시즘 사회에서 꼭두각시 노릇을 하며 살고 있다는 사실을 잘 알면서도 무기력하기 그지없다. 그런 점에서 그들은 철저히 무관심한 사람들인 셈이다.

결국 모라비아는 이렇게 말한다. 인간이 진심으로 죽이고 미워하며 사랑할 수 있을 때, 그때야말로 모든 인간은 진정 자신의 육체를 되찾고 현실에 뿌리박을 수 있는 것이라고 말이다. 그런데 그것은 〈두 여인〉의 주인공 체시라에게도 그대로 적용되는 말이기도 하다. 1958년에 발표한 〈두 여인〉 역시 전쟁이라는 참혹한 상황에 직면했으면서도 오로지 욕정과 탐욕에 물든 인간의 비극적인 모습을 냉정한 필치로 보여 준다.

이처럼 모순에 가득 찬 인간의 탐욕과 욕정을 가감 없이 있는 그대로 보여 준 모라비아는 뒤이어 발표한 〈권태〉에서는 진정한 삶의 의미를 찾고자 하는 한 젊은 화가와 아무런 생각 없이 되는 대로 편하게 살아가는 한 젊은 여성의 굴곡진 만남을 통해 삶의 무료함에서 탈피하고자 광적인 섹스에 탐닉하는 현대인의 모습을 보여 줌으로써 이번에는 전쟁이 아니라 물질적 풍요 속에서도 계속 정신적으로 안주하지 못하고 방황하는 현대인의 자화상을 텅 빈 캔버스 위에 그려 넣는다.

결국 모라비아가 일생 동안 추구했던 주제는 현대인의 삶에 내재된 도덕적 공백과 허구성, 성과 결혼을 통해서조차 행복을 느낄 수 없는 무미건조한 소외된 삶의 실상이라 하겠다. 그런 점에서 모라비아를 실존적 허무주의 작가로 보는 것도 결코 무리가 아닐 것이다. 그러나 이러지도 못하고 저러지도 못하며 뒤척이는 현대인의 모습은 결국 우리 모두의 자화상이 아니겠는가.

국제 펜클럽 회장을 맡아 1967년에 한국을 다녀가기도 했던 모라비아는 생전에 무려 13회나 노벨 문학상 수상 후보에 올랐으나, 불행히도 노벨 문학상과는 인연이 없었다. 무솔리니를 지지했던 피란델로가 노벨 문학상까지 탄 사실을 생각하면 참으로 어이가 없는 일이 아닐 수 없다. 어쨌든 1962년 첫 부인 엘자 모란테와 헤어진 모라비아는 젊은 여류작가 다치아 마라이니와 재혼했으나 20년을 함께 살다 이혼한 후 혼자 지내던 중에 1990년 자신이 살던 아파트 욕조에서 숨진 채 발견되었는데, 당시 나이 82세였다.

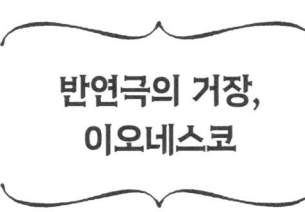

반연극의 거장, 이오네스코

현대 부조리연극의 대가 외젠 이오네스코(Eugène Ionesco, 1912-1994)는 루마니아 슬라티나 태생으로 루마니아인 아버지와 유대계 프랑스인 어머니 사이에서 태어났다. 아버지는 루마니아 정교도였지만, 어머니는 개신교도로 다소 복잡한 가계 혈통을 지닌 여성이었다. 그러나 이오네스코 스스로가 자신의 어머니는 유대계임을 밝힌 적이 있는 점으로 보아 개신교로 개종한 유대인으로 보인다. 물론 이오네스코 자신은 루마니아 정교회에서 세례를 받았다.

부모를 따라 어린 시절을 주로 프랑스에서 보낸 그는 감수성이 매우 예민한 소년이었다. 그러나 부모가 일찍 이혼하자 그의 나이 16세 때 루마니아로 귀국하여 부카레스트 대학에서 불문학을 공부했다. 당시 에밀 시오랑 및 엘리아데 등과 알게 되어 오랜 기간 교분을 나누기도 했지만, 당시 루마니아 정국은 혼란스럽기 그지없었다. 우익 파시즘에 동조하는 인종차별주의 정책으로 이오네스코는 몹시 곤혹스러운 시기를 보내야 했는데, 이때의 경험을 토대로 나중에 희곡 〈코뿔소〉를 썼다.

그런 와중에도 로디카와 결혼한 그는 1938년 박사학위 연구를 위해 가족과 함께 다시 프랑스를 방문했으나 얼마 가지 않아 제2차 세계대전이 발발하자 마르세유로 옮겨 그곳에서 파리가 해방될 때까지 머물다가 종전 후 아예 프랑스에 정착하고 본격적인 극작가로 활동하기 시작했다. 〈대머리 여가수〉, 〈의자〉, 〈수업〉, 〈코뿔소〉, 〈공중 보행자〉,

〈목마름과 배고픔〉 등 대표작들에서 보듯이 그의 연극은 전통적 연극에 대한 도전적인 태도로 일관하고 있으며, 따라서 반연극이라고도 불리는 전위극의 대명사가 되었다.

이오네스코의 지론은 인간이 언어에 의한 세계 지배력을 상실했을 때, 언어는 분열되고 그 대신에 의자나 시체 등과 같은 사물에 의한 지배가 시작된다는 것으로 그는 현대인의 심리 기저에 깔려 있는 근본적인 불안을 생리적인 고통으로 형상화하는 데 성공한 것으로 평가된다. 따라서 그는 일상적인 언어를 해체함으로써 그 무의미성을 폭로하는 가운데 인간의 지식이나 사상의 공허함을 드러내는 데 뛰어난 솜씨를 보였다. 그런 점에서 동시대에 활동한 사무엘 베케트와 쌍벽을 이룬 전위적 부조리극의 대표 주자로 꼽힌다.

반연극의 시발점을 이룬 단막극 〈대머리 여가수〉는 서로 알지 못하는 두 남녀가 쓸데없는 진부한 얘기를 한참 나누다가 나중에는 자신들이 실제 부부라는 사실을 알고 놀라게 된다는 내용으로 현대인의 소외와 단절된 소통의 문제를 극적으로 보여 준다.

〈수업〉 역시 소통의 왜곡과 단절을 다루고 있다. 한 학생이 교수를 찾아와 수업을 받지만, 그 수업은 소통의 불능으로 갈수록 미궁 속으로 빠져들고, 더 이상의 소통이 불가능해지자 학생은 심한 치통을 호소하며 수업에 집중하기를 거부한다. 결국 교수는 치밀어 오르는 화를 참지 못하고 자신을 거부하는 학생에게 칼을 휘둘러 죽게 만든다. 여기에 조역으로 등장하는 하녀는 비극적 현장의 목격자인 동시에 조언자며 구원자 역을 도맡는다.

〈의자〉에서는 보이지 않는 청중들 앞에서 강연할 기회를 얻는 순간 자살을 하고 마는 노부부와 그들을 대신해서 강연을 맡은 사람이 벙어리에다 귀머거리였다는 결말을 통해 부조리한 현실을 극대화한다. 물론 여기서도 이오네스코는 소통의 단절과 이성에 대한 불신을 드러낸다.

그의 대표작이라 할 수 있는 사회풍자극 〈코뿔소〉에서 그는 모든 사람이 코뿔소로 변하는 모습을 통해 획일화된 현대사회의 병폐를 희화적으로 고발하는 동시에 파시즘의 광기와 비인간성을 우회적으로 비난하기도 했다. 한 평화로운 마을에 갑자기 코뿔소가 등장하면서 주민들은 하나둘씩 코뿔소로 변해 가는데, 소시민 베랑제는 끝까지 코뿔소가 되기를 거부하고 인간으로 남아 있기 위해 힘겹게 버티지만, 모두가 외눈박이인 세상에서 두 눈을 가진 사람이 병신 취급을 당하듯 그는 철저한 소외와 고독에 빠져 고통스러워한다.

이 작품은 일종의 난센스 유머로 일관하고는 있지만, 매우 통렬한 비판의식으로 인간의 이성과 자유를 폭력으로 짓누르는 온갖 정치적 제도와 광신적 이데올로기로 인해 인간성을 상실하고 동물적 존재로 타락해 가는 극한적 상황을 묘사한 것이다. 이처럼 집단적 익명성의 그늘 아래 숨어들어 최소한의 인간다움을 상실한 채 잔혹하고도 비인간적인 온갖 만행에 기꺼이 동참하는 수많은 인간의 모습은 과거나 현재나 크게 다를 바 없다는 점에서 〈코뿔소〉는 단순한 난센스가 아니라 우리 모두에게 큰 경종을 울리는 작품이기도 하다.

그런 점에서 1977년 군사독재로 깊은 시름에 빠져 있던 한국을 다녀가기도 했던 이오네스코는 무대 위에서 암울한 디스토피아의 모습을 적나라하게 보여 준 시대의 산증인이었던 셈이다. 그는 희곡 외에도 평론집 〈노트와 반노트〉, 자전적 소설 〈외로운 남자〉를 남기고 85세를 일기로 파리에서 세상을 떠났다. 이처럼 현대극에 엄청난 혁신을 몰고 온 이오네스코지만 정작 그는 노벨 문학상을 받지 못했으며, 오히려 〈고도를 기다리며〉로 유명한 아일랜드 출신의 프랑스 극작가 사뮈엘 베케트에게 그 영예가 돌아갔다.

에밀 아자르로 변신한, 로맹 가리

러시아 태생의 프랑스 작가 로맹 가리(Romain Gary, 1914-1980)의 본명은 로만 카체프로 제1차 세계대전이 발발했던 1914년 제정 말기 러시아의 모스크바에서 출생했다. 그의 어머니 니나 카체프는 유대인으로 연극배우였는데, 두 번째 남편인 카체프를 만나 로맹 가리를 낳았으나 얼마 가지 않아 그에게서 버림을 받고 말았다.

제정 말기의 혼란과 유대인 박해, 볼셰비키 혁명 등으로 신변에 위협을 느낀 어머니는 어린 아들과 함께 정처 없이 유랑길에 올랐는데, 리투아니아, 폴란드를 거쳐 마침내 프랑스의 니스에 정착하게 되었다. 궁핍한 생활에도 불구하고 어머니의 극진한 정성으로 성장한 그는 그녀의 소망대로 파리로 가서 법학을 공부하고 그 후 외교관으로 활동하기도 했다.

그의 자전적인 회상록인 〈새벽의 약속〉은 그런 어머니에 대한 그리움으로 가득 차 있다. 아들의 신분 상승과 출세를 꿈꾸었던 어머니는 경제적 형편에 어울리지 않을 정도로 무리한 투자를 아낌없이 아들에게 쏟아부었지만, 결국 어머니는 아들의 성공을 보지도 못하고 전시 중인 1942년 암으로 세상을 떠나고 말았다.

제2차 세계대전이 발발하고 독일군이 파리를 점령하자 영국으로 건너가 드골 장군의 휘하에서 자유프랑스군에 가담해 싸운 그는 그런 와중에서도 틈틈이 시간을 내어 소설 〈유럽의 교육〉을 썼다. 종전이 되어 집으로 돌아온 그는 자신의 어머니가 이미 암으로 세상을 떠난 사실을 알고 크게 상심하며 죄책감에 빠지기도 했으나 1945년 발표한 〈유럽의 교육〉으로 일약 문단의 총아로 떠오르게 되면서 자신감을 얻은 후 자신의 대표작이라 할 수 있는 〈하늘의 뿌리〉를 발표하고 1956년 프랑스 최고의 문학상인 공쿠르상을 수상함으로써 세상의 인정을 받기에 이르렀다.

그 후 〈새들은 페루에 가서 죽다〉, 일종의 유령소설이자 홀로코스트 소설이라 할 수 있는 〈장기스 콘의 댄스〉, 인종주의를 통렬히 비꼰 〈백견〉 등을 발표했으나 그의 필력이 이미 한계에 도달했다는 세간의 평에 크게 상처를 입은 그는 1974년 에밀 아자르라는 다른 가명으로 소설 〈그로 칼랭〉을 발표해 찬사를 받은 후 1975년에는 소설 〈자기 앞의 생〉으로 공쿠르상을 수상했는데, 나중에 그것이 동명이인이었다는 사실이 밝혀지면서 숱한 비난을 들어야 했다. 원래 공쿠르상은 규정상 한 작가에게 두 번 수여될 수 없었기 때문이다.

이처럼 세상의 눈을 교묘하게 속인 로맹 가리는 두 번째 아내였던 미국 출신의 여배우 진 세버그가 정치적 문제에 휘말려 시달리던 끝에 결국 극심한 우울 증세 및 알코올과 약물 중독에 빠져 여러 차례 자살을 시도하는 등, 오랜 기간 정신적 혼란에 빠져 고통받다가 1979년 갑자기 의문의 시체로 발견되고 말았는데, 그녀가 사망한 이듬해에 로맹 가리 자신도 스스로 목숨을 끊고 말았다. 물론 로맹 가리는 노벨 문학상 수상자로 선정되기에 손색이 없는 작가였지만, 설사 후보에 올랐다 하더라도 그에게 주어진 도덕성 시비는 당연히 가장 큰 걸림돌로 작용했기 쉽다.

전쟁의 광기를 고발한, 게오르규

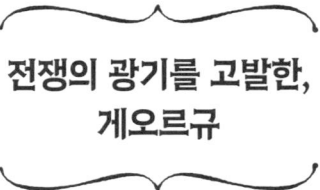

　루마니아 출신의 프랑스 작가 게오르규(Constantin Virgil Gheorghiu, 1916-1992)는 부쿠레슈티 대학과 하이델베르크 대학에서 철학과 신학을 공부한 후 루마니아 외무성에 근무하며 시집 〈눈 위의 낙서〉를 발표해 루마니아 왕국 시인상을 받는 등 문단에 화려하게 등장했으나 루마니아가 공산화되자 프랑스로 망명해 반전소설 〈25시〉를 발표함으로써 일약 세계적인 작가로 떠올랐다.

　그 후 〈제2의 기회〉, 〈아가피아의 불멸의 사람들〉 등을 발표한 그는 특히 자신과 비슷한 약소민족으로 시련을 겪은 한국인에 남다른 동질감을 느끼고 1974년 한국을 첫 방문한 이래 다섯 차례나 한국을 다녀가기도 했다. 서구 문명의 정신적 위기를 극복할 수 있는 지혜를 동양에서 찾은 그는 한국을 새로운 고향으로 여길 정도로 사랑해서 에세이집 〈한국 찬가〉를 출간하기까지 했다.

　그의 처녀작이자 대표작인 〈25시〉는 명우 앤소니 퀸이 주연한 영화로도 제작되어 더욱 유명해졌지만, 나치즘과 볼셰비즘 사이에서 희생당하는 약소민족의 시련과 고난을 생생하게 묘사해 큰 반향을 일으켰는데, 소설 제목 '25시'가 가리키는 것은 신의 손길이 닿지 않는 절망적인 시간을 뜻하는 것으로 한계에 도달한 서구 문명의 위기를 부각시키기 위한 의도로 그런 제목을 부친 듯하다.

　자신의 뜻과는 아무런 관계 없이 13년 동안이나 전쟁과 이념의 광기에 휘말려 희생양이 된 주인공 요한 모리츠는 그저 순박하게 살아가는 시골 농부에 불과했으나 졸지에 유대인으로 몰려 여러 수용소를 전전하게 되면서 사랑하는 가족과도 연락이 끊기고 만다. 숱한 오해와 착오를 통해 유대인, 루마니아인, 헝가리인, 심지어는 독일인 등으로 취급당하며 겪게 되는 모리츠의 억울한 삶은 어디에서도 보상받지 못하는 참담한 시련일 뿐이다.

이처럼 전쟁의 부조리한 실상을 통해 현대의 악을 고발한 게오르규는 그런 절망적인 상황을 극복하는 유일한 길은 오로지 인간성의 회복에 있음을 부르짖고 있는데, 소설 주인공처럼 그 자신이 실제로 기구한 운명을 겪어야 했다. 제2차 세계대전이 발발하기 직전 명문가의 딸 예카테리나와 결혼한 그는 결혼식을 치르자마자 군대에 징집되어 아내와 헤어져야 했으며, 1944년 소련군이 루마니아를 점령하자 아내와 함께 독일로 망명했으나 종전이 되면서 이번에는 공산국가인 루마니아 국민이라는 이유로 연합군에 체포되어 2년간 수용소에서 지내야 했으니 이리저리 끌려다닌 요한 모리츠와 다를 게 하나도 없었다.

그 후 프랑스로 망명해 파리에 정착한 그는 다행히 소설 〈25시〉로 격찬을 받으며 베스트셀러 작가가 되었는데, 연이어 〈제2의 기회〉, 〈기적을 구걸하는 사람들〉, 〈가죽 채찍〉 등을 발표해 자신의 위치를 확고히 다졌다. 작가로서의 명성을 얻은 게오르규는 1963년에 그리스 정교회 사제였던 아버지처럼 그 자신도 정교회 사제 서품을 받고 파리 교회에서 봉직 생활을 시작했지만, 그런 가운데서도 계속해서 〈아가피아의 불멸의 사람들〉, 〈키랄레사의 학살〉, 자전적 소설 〈다뉴브강의 축제〉 등을 발표해 건재함을 과시했으며, 자신의 회상록을 마지막으로 파리에서 생을 마감했는데, 역시 그에게도 노벨 문학상 수상의 기회는 오지 않았다.

기호학적 소설의 대가, 움베르토 에코

중세철학에서 현대 컴퓨터에 이르기까지 그리고 기호학, 미학, 언어학, 역사학, 건축학, 문화비평 등 다방면에 걸친 해박한 지식을 토대로 〈장미의 이름〉, 〈푸코의 추〉, 〈프라하의 묘지〉 등의 소설을 쓴 움베르토 에코(Umberto Eco, 1932-2016)는 이탈리아가 자랑하는 현대 최고의 작가로 레오나르도 다빈치에 버금가는 천재적인 발상의 주인공으로 평가된다. 그런 에코에게 당연히 노벨 문학상의 영예가 주어질 법도 하지만, 안타깝게도 그는 췌장암으로 세상을 뜰 때까지 그런 영예의 기회를 영원히 얻지 못하고 말았다.

이탈리아 북부에 위치한 알레산드리아에서 공인 회계사의 아들로 태어난 에코는 변호사가 되기를 원하는 아버지의 뜻을 어기고 토리노 대학에서 중세철학과 문학을 공부한 후 토마스 아퀴나스에 대한 연구로 학위까지 땄으나 당시 그는 이미 신에 대한 믿음을 버리고 로마가톨릭 교회에 등을 돌렸다. 그 후 방송국에 근무하며 아방가르드적인 예술가들과 교류한 그는 토리노 대학에서 강의하는 한편 〈중세의 미학〉을 발표해 주목을 받았다.

독일 태생의 여성 레나테 람겐과 결혼한 에코는 그 후 밀라노 대학에서 미학을 강의하면서 현대 미학의 새로운 해석 방법을 제시한 〈열린 작품〉을 비롯해 〈제임스 조이스의 시학〉, 〈예술의 정의〉 등 획기적인 이론서를 발표함으로써 문학 비평계에 파문을 일으켰으며, 계속해서 〈기호학 이론〉을 발표해 세계적인 기호학자로 명성을 얻으며 볼로냐 대학에 교수로 임명되었다.

이처럼 미학과 기호학에 심취한 그는 자신의 이론적 배경을 토대로 문학에 관심을 기울이기 시작했는데, 그렇게 해서 나온 작품이 1980년에 발표한 소설 〈장미의 이름〉이다. 기호학 이론과 논리학, 신학에 대한 방대한 지식이 총동원된 이 소설은 출간 직후 세계적인 베스트셀러가 되어 학자뿐 아니라 작가로서의 명성까지 그에게 안겨 주었으나 중세 수도원에서 벌어지는 음모와 암투, 연쇄살인과 마녀사냥 등 가톨릭 성직자들에 대한 부정적인 묘사로 인해 교황청으로부터 강한 반발을 사는 결과도 가져왔는데, 그 후 1988년에 발표한 〈푸코의 추〉는 교황청을 더욱 크게 자극해 신성모독적인 내용으로 가득 찬 쓰레기 같은 작품이라는 혹평을 받기도 했지만, 전 세계 독자들로부터는 열광적인 찬사를 받았다.

유럽의 비교(祕敎) 전통과 악마주의, 죽음과 구원의 문제를 폭넓게 다룬 〈푸코의 추〉는 중세 십자군 전쟁 당시 신비스러운 에너지를 얻어 세상을 지배하려는 비밀결사 단체 성당기사단의 음모를 파헤치는 추리소설로 콜럼버스에서 히틀러에 이르기까지 그리고 장미십자회, 연금술사, 제수이트, 나치스 등을 총망라한 비밀집단의 강박적인 집착을 통해 비틀린 문명사회의 본질을 탐색하고 있는데, 그가 선택한 주제는 과학이 주도하는 시대임에도 불구하고 끊임없이 초자연적인 현상에 관심을 기울이며 살아가는 현대인들의 모습을 상징하는 것이기 쉽다. 이처럼 에코의 대표작 〈장미의 이름〉과 〈푸코의 추〉는 중세 기독교사회의 어두운 이면을 다룬 작품으로 당연히 가톨릭교회의 배척을 받을 수밖에 없었는데, 어쩌면 교황청을 자극하지 않으려는 그런 이유 때문에 노벨 문학상 수상이 오래도록 지연되고 있었는지도 모른다.

어쨌든 다작은 아니지만 그 후에도 소설 〈전날의 섬〉, 〈바우돌리노〉, 〈로아나 여왕의 신비한 불꽃〉, 〈프라하의 묘지〉 등을 계속 발표한 그는 특히 2010년에 발표한 최신작 〈프라하의 묘지〉에서는 드레퓌스 사건과 시온의정서 등을 통해 유럽 사회의 가장 부끄러운 치부라 할 수 있는 반유대주의의 전개 과정을 철저히 탐색하고 있는데, 이처럼 에코는 서구의 작가들이 정면으로 다루기 몹시 꺼리는 과거사 부분까지도 과감하게 파헤치는 매우 보기 드문 용기의 소유자이기도 했다.

방대한 지식과 문학적 창작력뿐만 아니라 8개 국어에 능통한 에코는 자신의 그런 언어 실력을 십분 발휘해 전 세계 명문대학을 두루 거치면서 미학과 기호학을 강의하는 가운데 〈기호학 이론〉 외에도 〈구조의 부재〉, 〈논문 잘 쓰는 방법〉, 〈대중의 슈퍼맨〉, 〈해석의 한계〉, 〈소설 속의 독자〉, 〈기호와 현대예술〉, 〈언어와 광기〉, 〈거짓말의 전략〉, 〈시간의 종말〉, 〈민주주의가 어떻게 민주주의를 해치는가〉, 〈연어와 여행하는 방법〉, 〈세상의 바보들에게 웃으면서 화내는 방법〉 등 실로 다양하고 기발한 분야의 저서들을 속속 발표해 자신의 필력이 건재함을 과시해 왔다.

그런 점에서 그는 자신이 만든 용어 '기호학적 게릴라'처럼 그야말로 신출귀몰하는 방식으로 철학, 신학, 언어학, 논리학, 사회학, 인류학, 문학, 문화비평 등 실로 다양한 분야에 걸쳐 날카로운 필봉을 휘두른 천재 작가라 할 수 있는데, 수만 권에 달하는 장서를 통해 습득한 엄청난 양의 지식에 바탕을 둔 에코를 두고 사람들이 지식사회의 티라노사우루스라고 부르는 것도 결코 과장이 아님을 알 수 있다.

기발한 상상력의 베스트셀러 작가, 베르베르

1990년대 초 삼부작 소설 〈개미〉로 일약 세계적인 베스트셀러 작가가 된 베르나르 베르베르(Bernard Werber, 1961-)는 툴루즈 태생의 유대계 프랑스 소설가로 어려서부터 만화를 몹시 좋아하고, 에드가 앨런 포, 올더스 헉슬리, H. G. 웰스 등에 탐닉하여 14세 때부터 이미 소설을 쓰기 시작했는데, 학교를 졸업한 후에는 잡지사의 과학 분야 담당 기자로 활동하면서 과학에 흥미를 느껴 개미, 죽음, 인류의 기원 등에 관한 SF 소설을 쓰기 시작했다.

특히 〈개미〉, 〈개미의 날〉, 〈개미 혁명〉으로 이루어진 삼부작은 각국 언어로 번역되어 선풍적인 인기를 끌었는데, 인간들의 공격을 받고 멸망한 개미 왕국의 기구한 역사를 다룬 이 소설은 개미들이 지배하는 벨로캉 왕국의 자중지란과 개혁, 혁명의 실패, 새로운 메시아의 등장과 최후 심판 등을 통해 마치 수천 년에 걸친 유대민족의 수난사를 포함한 서구 문명의 흥망성쇠를 다루고 있다는 느낌을 받는다.

따라서 그것은 유대왕국과 로마제국의 멸망과 더불어 전개된 정치적, 종교적 수난사와 함께 맞물려 돌아간 게토의 역사 및 그 후에 벌어진 홀로코스트를 모두 포괄하는 대파노라마의 기록이라 해도 결코 과언이 아닐 것이다. 물론 여기에는 고도의 상징적 기법이 동원될 수밖에 없는데, 베르베르는 그런 점에서 매우 박학다식할 뿐만 아니라 그것을 다루는 데 있어서도 천부적인 능력을 소유한 작가임에 틀림없다.

지하세계인 개미 왕국 이야기로 독자들을 열광시켰던 베르나르는 그 후 자신의 최대 야심작인 〈타나토노트〉를 통해 영적 고향인 천국으로 독자들의 시선을 돌리고 있는데, 여기서 말하는 타나토노트는 죽음의 항해자라는 뜻이지만, 소설에서는 인류가 미래사회 언젠가 육신과 영혼을 분리하는 방법을 개발함으로써 사후 세계를 마음대로 드나들 수 있게 된다는 가정하에 그렇게 영계를 자유롭게 탐험하는 사람들을 타나토노트라 부르고 있다.

베르베르는 일종의 영계 탐험소설인 〈타나토노트〉에서 천국을 모두 7단계로 구분하고 각 단계의 모습을 풍부한 상상력을 바탕으로 동서 각국의 신화와 전설, 경전 등을 망라하며 비유적으로 묘사하고 있는데, 그는 이 작품을 통해서 영계의 비밀을 탐구함과 동시에 종교적 대화합을 추구하고 있는 것처럼 보이기도 한다.

물론 여기서 제시되고 있는 영계의 빛에 대한 묘사나 환생의 주제들은 마치 〈티베트 사자의 서〉를 모방한 것처럼 보이지만, 그 내용은 전혀 다르다고 할 수 있다. 그리고 임사 체험에 대한 내용 역시 베르베르 자신의 초심리학적 관심을 반영하는 것이기도 하다. 어쨌든 카발라적 신비주의, 이집트 신화, 티베트 불교 등에 정통한 베르베르의 기발한 상상력만큼은 베스트셀러 작가로 성공할 만한 요소를 모두 갖췄다고 할 수 있겠다.

그 외에도 베르베르는 명상을 통해 영적인 여행으로 이끄는 〈여행의 책〉, 심각한 환경오염으로 지구를 탈출한 14만 4천 명의 우주 탐험기를 그린 〈파피용〉, 신의 입장에서 지구의 역사와 인간을 조명한 〈신〉, 인류 진화의 수수께끼를 파헤친 〈아버지들의 아버지〉, 천사들의 관점에서 내려다본 인간 관찰기 〈천사들의 제국〉, 미래를 투시하는 소녀 이야기 〈카산드라의 거울〉을 비롯해서 〈뇌〉, 〈별들의 나비〉 등의 소설들과 단편집 〈나무〉, 〈파라다이스〉 등을 발표하며 왕성한 작품 활동을 보이고 있다.

그는 〈절대적이며 상대적인 지식의 백과사전〉을 통해 자신의 박학다식함을 과시하는가 하면, 2007년에는 클로드 를루슈 제작의 영화 〈우리의 친구들 지구인〉을 직접 감독하기도 했다. 그는 현대 프랑스가 낳은 가장 기발하고도 머리 좋은 작가임에 틀림없다. 한국에서 폭발적인 인기를 끌었던 그는 한국을 세 번이나 다녀가기도 했으며, 그래서인지 그의 소설에는 한국인도 등장한다. 하지만 그에 대한 대중적인 인기는 오히려 그 자신에게 불리한 요인으로 작용할 수도 있는데, 대중작가라는 이미지로 인해 노벨 문학상 후보로 거론되기에 적합하지 않다는 인상을 줄 수도 있기 때문이다. 그런 점에서 SF 소설의 대가인 H. G. 오웰이나 아시모프 등에게 수상의 영예가 돌아가지 못한 이유도 설명할 수 있을지 모르겠다.

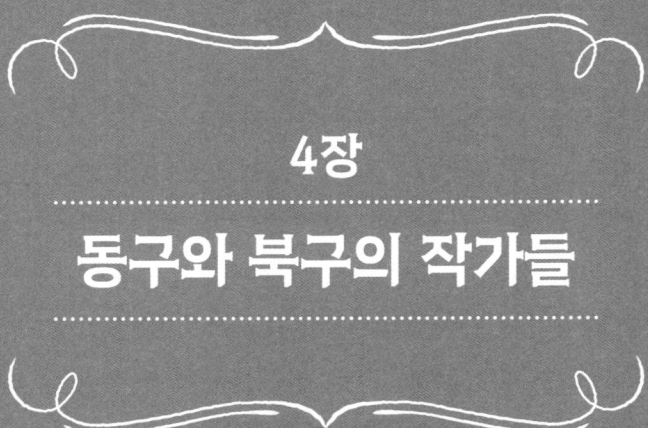

4장

동구와 북구의 작가들

러시아의 대문호, 톨스토이

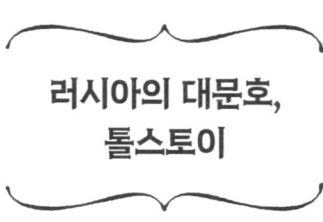

노벨 문학상의 역사에서 톨스토이(Leo Tolstoy, 1828-1910)가 제외되었다는 사실은 가장 납득하기 어려운 일 가운데 하나로 스웨덴 한림원이 저지른 가장 중대한 실책이라 할 수 있다. 19세기 러시아가 낳은 세계적인 문호이자 위대한 사상가인 톨스토이는 인류애에 가득 찬 숭고한 사랑과 평화의 전도사로 알려져 있을 뿐만 아니라 인도의 간디나 우리나라의 이광수, 미국의 마틴 루터 킹 목사에 이르기까지 전 세계인으로부터 정신적 스승 노릇도 함께해 온 보기 드문 대문호이기 때문이다.

러시아의 명망 있는 귀족 가문의 넷째 아들로 태어난 그는 일찍 부모를 여의고 친척 집에서 자라야 했다. 부모 없이 자란 그에게는 큰형 니콜라이가 유일한 의지의 대상이 되었으나, 니콜라이와 드미트리 두 형이 모두 연달아 폐결핵으로 일찍 세상을 떠나자 톨스토이는 삶에 대해 더욱 큰 회의에 빠지기도 했다. 카잔 대학을 중퇴하고 크리미아 전쟁에 참전하기도 했던 그는 전쟁의 참상을 직접 목격하면서 비폭력 평화주의 사상에 더욱 몰입하게 되었다.

처음 작가로 데뷔한 시절 〈유년시대〉, 〈소년시대〉, 〈청년시대〉 등 자전적인 소설로 문단의 주목을 끈 톨스토이는 이미 그때부터 귀족인 자신과 농노들 사이에 메울 수 없는 간격이 있음을 절감하고 점차 무정부주의적 성향을 보이기 시작했지만, 41세 때 발표한 대작 〈전쟁과 평화〉는 반전사상을 드러내기보다 오히려 러시아 민중의 위대한 힘을 과시한 애국적인 작품으로 알려져 본인 자신도 나중에 그런 작품을 쓴 사실에 대해 후회했다고 한다.

어쨌든 〈전쟁과 평화〉로 러시아를 대표하는 대가의 반열에 오른 톨스토이는 계속해서 〈안나 카레니나〉, 〈사람은 무엇으로 사는가〉, 〈이반 일리치의 죽음〉, 〈크로이체르 소나타〉, 〈부활〉 등의 걸작을 썼으며, 특히 그의 〈참회록〉은 치열한 자기성찰과 회오를 바탕으로 기독교 신앙을 제외한 세상의 모든 가치에 대해 부정적인 입장을 드러내어 숱한 논란의 대상이 되기도 했다. 심지어 그는 모든 국가체제, 학문, 문학의 가치마저 부정했으니 그런 톨스토이에게 노벨 문학상을 주고 싶어도 줄 수가 없었을 것이다.

톨스토이가 내세운 비폭력 무저항주의는 예수 그리스도의 산상수훈에 바탕을 둔 무정부주의적 기독교 신앙으로 국가 정부와 교회의 존재 가치마저 부정함으로써 일찌감치 그는 불온사상가로 지목되기도 했으나 세계적인 명성을 지닌 작가인 동시에 명망 있는 귀족 가문의 후예라는 점에서 그 어떤 제재나 불이익을 당하지는 않았다. 도스토옙스키가 한때 불온사상가로 체포되어 사형 집행 직전에 풀려난 사실을 생각하면 톨스토이는 그래도 특혜를 받은 셈이다. 한마디 추가하자면 톨스토이보다 6년 연상인 도스토옙스키는 이미 1881년에 세상을 떴기 때문에 노벨 문학상과는 인연이 없었다고 할 수 있다.

어쨌든 톨스토이는 개인적으로 매우 불행한 결혼 생활로 고통을 겪기도 했는데, 특히 그의 무소유 사상 때문에 아내인 소피아와 극심한 마찰을 빚기도 했다. 그도 그럴 것이 농노를 해방하고 자신의 전 재산을 헐벗고 가난한 농민들에게 나눠 주려 했으니 당연한 일이었다. 더욱이 그는 말년에 이르러 당시 이단 종파로 간주되던 두호보르 교단의 일원이 되어 그들을 지원하기 위해 나이 일흔이 넘어 소설 〈부활〉을 쓰기까지 했으며, 그 인세 전부를 교단에 넘기는 문제로 아내 소피아와 치열한 언쟁을 벌이기도 했다.

결국 아내를 설득하는 데 실패한 톨스토이는 82세에 이른 노구를 이끌고 가출을 결심한 나머지 무작정 집을 나섰다가 매서운 추위를 견디지 못하고 한 작은 시골 정거장에서 폐렴에 걸려 숨을 거두었다. 그리고 그의 가족들은 러시아혁명 이후 뿔뿔이 흩어져 국외로 망명길에 올라야 했다. 로마에서 생을 마친 장녀 타티아나는 아버지에 대한 회상록을 써서 유명해졌으며, 현재 생존한 스웨덴의 대중가수 빅토리아 톨스토이도 그런 후손들 가운데 하나다.

어쨌든 톨스토이는 그 모든 역경을 헤치고 세계문학사의 정점에 우뚝 선 대문호로 자리 잡기에 이르렀다. 모순에 가득 찬 그의 삶 자체는 극단에서 극단으로 좌충우돌하며 살아온 러시아 민중들의 혼란된 삶을 그대로 반영하는 것인 동시에 영적인 구원을 향한 뼈아픈 구도자의 길이기도 했다. 그는 스스로 자학하면서도 고통받는 러시아 민중에 대한 사랑만큼은 극진했다고 할 수 있다. 그의 숭고한 이타주의는 절망의 나락에까지 처했던 사람만이 가능한 극적 반전의 몸부림이요, 승화된 모습이 아닐 수 없다. 그러나 그런 길은 누구나 다 걸을 수 있는 평범한 길이 결코 아니다.

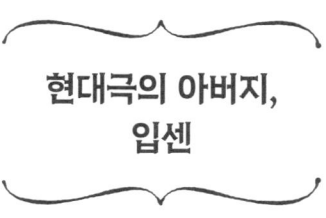

현대극의 아버지, 입센

　노르웨이의 극작가 입센(Henrik Ibsen, 1828-1906)은 〈인형의 집〉, 〈유령〉, 〈민중의 적〉 등의 작품을 통해 '현대극의 아버지'로 통하는 인물로 사회적 문제를 본격적으로 무대에 올린 근대 시민극의 원조로 꼽히기도 한다. 특히 〈인형의 집〉은 여성해방운동에 결정적인 영향을 끼친 작품으로 정평이 나 있으며, 허황된 건달의 모험과 귀향을 그린 극시 〈페르 귄트〉는 노르웨이의 작곡가 그리그가 음악으로 만들어 더욱 유명해졌다.

　부유한 상인의 아들로 태어났으나 어릴 때 집안이 파산하는 바람에 매우 불우한 아동기를 보낸 입센은 소년 시절에 집을 떠나 약국에서 조수로 일을 하는 한편 독학으로 의대 진학을 준비하던 그는 〈카틸리나〉, 〈전사의 무덤〉 등의 초기작을 발표한 후 대학 진학을 포기하고 본격적인 작가로 나서기 시작했다.

　처음에는 주로 시대극을 쓰다가 점차 사회적 부정과 모순, 허위의식을 파헤치는 〈브란〉, 〈인형의 집〉 등의 걸작을 발표하면서 세계적인 명성을 얻게 되었는데, 특히 〈인형의 집〉은 남편의 이중성에 실망하고 한낱 노리개로 살아가는 심리적 굴레에서 벗어나 과감하게 가출을 결행하는 주인공 노라의 모습을 통해 페미니즘을 대표하는 새로운 여성상을 창조함으로써 많은 사람에게 큰 충격을 안겨 주었다.

　소년 시절부터 매우 반항적인 성격을 보였던 입센은 불합리한 세상의 모순에 일찍 눈을 떴으며, 그런 예리한 시각으로 인간의 위선적인 삶과 사회적 불평등한 구조를 무대 위에 올려 큰 센세이션을 일으켰지만, 무대감독으로서는 별다른 명성을 얻지 못해 항상 경제적인 어려움에 고초를 겪어야 했는데, 한때는 알코올에 중독되어 자살을 시도하기도 했다.

비록 그는 수잔나 토레센과 결혼해 심리적 안정을 얻고 그녀를 모델로 〈사랑의 희극〉과 같은 해학적인 작품을 쓰기도 했으나 목사에 대한 부정적인 묘사로 보수적인 사회로부터 공격을 받기도 했다. 그 후 극장의 경영난으로 조국을 등진 그는 주로 독일과 이탈리아 등지를 전전하며 무려 27년 동안이나 해외에 머물며 극작 활동에만 전념했는데, 아무래도 어린 시절부터 가슴에 맺힌 조국에 대한 반감과 소외감이 그만큼 뿌리 깊었기 때문이 아닐까 한다.

이처럼 혁명적인 사회극을 통해 고루한 사회적 통념을 뒤엎은 입센의 존재는 당시 파란을 일으킨 다윈의 진화론, 에밀 졸라의 자연주의 문학과 더불어 가장 급진적인 인물 가운데 한 사람으로 꼽힐 만했다. 30대 중반에 고국인 노르웨이를 떠나 27년 만인 60대 초반에 귀국한 그는 오슬로에서 78세를 일기로 생을 마감했는데, 그토록 돌풍을 일으킨 입센이었지만, 그에게 노벨 문학상 수상의 기회는 주어지지 않았다. 더욱이 그의 존재는 다른 어느 나라의 작가보다 스웨덴에 너무도 잘 알려진 작가였는데도 말이다.

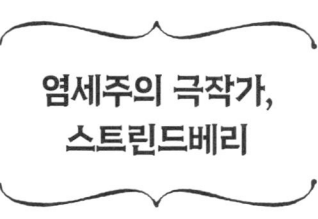

염세주의 극작가, 스트린드베리

스웨덴의 극작가 스트린드베리(August Strindberg, 1849-1912)는 지독한 염세주의자로 알려져 있는데, 그의 작품들은 한결같이 인간적인 모순과 동요에 고뇌하며 몸부림치는 모습들을 담고 있다는 점이 특징이다. 하지만 그의 삶 자체도 매우 불안정해서 특히 그의 지독한 여성 혐오증은 그 자신이 겪은 삶의 체험에서 비롯된 것이기 쉽다. 그런 점에서 그는 여성해방의 물꼬를 튼 입센과 분명한 대조를 이룬다.

스톡홀름의 중산층 가정에서 태어난 그는 태어날 때부터 이미 불행의 씨앗을 잉태하고 있었다고 할 수 있는데, 왜냐하면 그의 어머니는 하녀 출신이었기 때문이다. 더욱이 그가 13살 때 어머니를 일찍 여의고 아버지마저 자녀들을 가르치던 가정교사와 곧바로 재혼하자 그러지 않아도 자의식이 매우 강했던 그는 모든 권위에 대한 반발심과 여성들에 대한 모순된 감정 사이에서 큰 혼란과 좌절을 느끼며 성장해야 했다. 그런 반발심 때문에 그는 나중에 아버지의 장례식에 참석조차 하지 않았으며, 일생 동안 자신을 비천한 하녀의 자식으로 여기며 자학하는 모습을 보였는데, 그의 자전적인 소설 제목 역시 〈하녀의 아들〉이었다.

한때 의사가 되려던 꿈을 포기하고 작가의 길로 들어선 그는 23세 때 처녀작 〈올로프 신부〉를 썼으나 극장 측에서 상연을 거부하자 그의 반항심은 더욱 커졌으며, 염세적 경향도 깊어져만 갔다. 당시 그는 귀족 출신의 유부녀 시리 폰 에센을 만나 사랑에 빠진 나머지 그녀를 이

혼시키고 결혼까지 했으나 이들의 관계는 격렬한 다툼으로 일관한 지옥 체험일 뿐이었다. 그런 체험은 그의 자전적 소설 〈치인의 고백〉에 잘 묘사되어 있다.

34세 무렵 아내와 함께 스웨덴을 떠난 그는 그 후 16년을 해외에 머물며 지냈는데, 그 시기에 희곡 〈아버지〉, 〈영양 줄리〉 등을 썼다. 시리와 헤어진 뒤 한때 우울증에 빠진 그는 44세 때 당시 21세였던 오스트리아 여성 프리다 울과 두 번째 결혼을 하게 되지만, 불과 2년 만에 결별을 선언하고 파리로 갔으며, 그곳에서 소위 연옥 시대라 불리는 가장 극심한 정신적 혼란기를 보내게 되었는데, 이 시기는 거의 편집증에 가까운 상태였던 것으로 보인다.

당시 그는 자신을 혼란에 빠트린 뭔가 다른 외계의 힘이 있다고 믿고 스베덴보리의 신비주의에 깊이 빠졌는데, 잘못된 인간의 비행을 응징하려는 뜻에서 자신을 괴롭힌다고 여겼다. 더 나아가 자신의 시련은 과거에 저지른 실수에 대한 인과응보이며 자신에게 주어진 신의 섭리는 타인들의 도덕적 타락에 대한 속죄의 의미로 받아들이기도 했다.

가까스로 지옥 체험에서 벗어난 그는 이후 놀라울 정도로 뜨거운 창작열에 불타올라 실로 많은 작품을 썼는데, 그 후 50대에 접어들면서 23세의 노르웨이 출신 여배우 하리에트 보세와 세 번째 혼인을 했지만, 그 결혼 역시 2년 만에 파경을 맞이했다. 세 번 결혼에 모두 실패한 그는 그 후 18세의 젊은 여배우 파니 팔크너와 사랑에 빠졌으나 당시 59세였던 그는 그녀와 무려 40년 이상 나이 차가 난다는 사실 때문에 결혼을 포기하고 말았다. 결국 3년 후 그는 폐렴과 위암으로 세상을 하직하고 말았는데, 임종 시에도 죽음에 대한 두려움에 몹시 불안해하면서 숨을 거두었다고 한다.

죽을 때까지 극도의 불안에 휩싸여 생을 마감한 스트린드베리의 삶은 그야말로 불안정하기 그지없는 것이었다. 일생 동안 지독한 염세주의와 여성 혐오증에 빠져 지내면서도 끊임없이 이상적인 여성상을 추구하며 실패와 좌절을 거듭한 그의 자가당착적인 집념은 결국 자신의 출생 자체가 도덕적으로 불결한 남녀의 결합에 의한 결과라는 매우 자학적인 자괴감에서 비롯된 것으로 보인다. 그런 점에서 그의 거듭된 결혼 실패와 극심한 우울증은 모든 남녀의 결합이란 결국 실패작일 수밖에 없다는 자신의 뿌리 깊은 염세적 인생관을 확신시켜 주는 역할을 한 것으로 보인다.

일생 동안 단 한 순간의 행복조차 누려 보지 못한 이 불운한 작가는 오히려 그런 배경 때문에 역사에 길이 남을 걸작들을 수없이 쏟아 낼 수 있었는지도 모르지만, 스웨덴이 배출한 최고의 극작가로 명성을 떨친 스트린드베리는 북구 사회에서 너무도 잘 알려진 인물이었음에도 불구하고 그에게 노벨 문학상이 수여되지 못한 것은 그의 노골적인 여성 혐오증과 극심한 염세주의가 노벨상의 취지에 맞지 않았기 때문이었을 것이다.

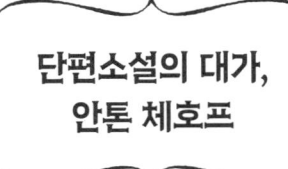

단편소설의 대가, 안톤 체호프

　19세기 러시아가 낳은 세계적인 작가로 44세라는 짧은 생애를 통해 무려 1,000여 편에 달하는 단편소설을 썼을 뿐만 아니라 연극사에 길이 남을 주옥같은 희곡들을 남긴 안톤 체호프(Anton Chekhov, 1860-1904)는 비록 톨스토이나 도스토옙스키 등과 같은 대문호의 반열에 오르지는 못한다 하더라도 거칠고 투박한 러시아 문학에서 작고 아름다운 보석에 견줄 수 있을 만큼 재기와 천재적인 상상력을 겸비한 매우 드문 경우에 속하는 작가라 할 수 있다.

　그런 점에서 톨스토이나 도스토옙스키를 거대한 우랄산맥에 견준다면, 체호프는 그 산 중턱에서 만난 작고 아름다운 숲과 호수에 비유할 수 있으며, 문학적 향기라는 표현이 체호프만큼 적절하게 부합되는 작가도 없을 것이다. 톨스토이나 도스토옙스키와는 달리 심오한 사상이나 주의가 삶의 실상과 너무 동떨어져서도 안 된다는 확고한 신념을 지니고 있던 체호프는 오히려 심각하고 요란하지 않으면서도 담담한 태도로 인생의 진수를 보여 주는 솜씨를 통해 누구나 손쉽게 다가설 수 있는 친밀감을 느끼게 하는 작가이기도 하다.

　체호프는 러시아 흑해 연안의 항구도시 타간로크에서 상인의 아들로 태어났는데, 그의 조부는 농노 출신이었다. 하지만 사기를 당해 빚을 갚지 못하고 파산의 위기에 몰린 부모가 어린 아들 체호프만을 홀로 집에 남겨 두고 모스크바로 야반도주하는 바람에 체호프는 인질로 잡힌 신세로 힘겨운 학창 시절을 보내야 했으며, 그럼에도 불구하고 모스크바 의대에 진학해서 의사 자격까지 땄으니 실로 대단한 의지력의 소유자가 아닐 수 없다. 의대생 시절부터 소설을 쓰기 시작한 그는 오히려 그 원고료로 부모와 동생들을 부양하는 성실함도 보였다.

처음에는 흥미 본위의 소설을 쓰던 체호프는 시베리아를 횡단한 사할린 여행을 통해 러시아 민중의 비참한 밑바닥 생활상에 크게 충격을 받고 매우 진지한 내용의 중편 〈골짜기〉를 썼는데, 톨스토이는 이 소설을 읽고 울음을 터뜨릴 정도로 감격한 것으로 알려지기도 했지만, 정작 체호프 자신은 톨스토이의 진부한 설교나 교훈에 식상함을 느꼈으며, 러시아 민중의 경건한 신앙심에서 큰 감명을 받았던 도스토옙스키와는 달리 신앙심이 아니라 민중 그 자체의 끈질긴 생명력을 믿었다.

특히 단편소설에 탁월한 재능을 발휘한 체호프는 〈귀여운 여인〉, 〈약혼녀〉를 비롯해 〈개를 데리고 있는 여인〉, 〈초원〉, 〈6호실〉, 〈결투〉 등 수많은 걸작 단편을 남겼으며, 소설뿐 아니라 〈갈매기〉, 〈바냐 아저씨〉, 〈세 자매〉, 〈벚꽃 동산〉 등의 걸작 희곡들도 남겨 뛰어난 극작가로서도 명성을 얻었다.

더욱이 그의 희곡들은 시대적 간격을 뛰어넘어 오늘날에 이르기까지 널리 공연되며 사랑받고 있다는 점에서 체호프가 지닌 놀라운 저력을 실감할 수 있다. 체호프는 의사로서 생업을 유지하는 가운데 왕성한 창작 의욕을 보여 준 작가였지만, 생의 절반 이상을 고질적인 폐결핵으로 고통받다 독일의 바덴바일러에서 요양 중에 생을 마감했다.

톨스토이와 도스토옙스키는 19세기 러시아 문학을 대표하는 명실상부한 일인자들로 이들의 거대한 산봉우리에 가려진 체호프는 항상 이인자에 머물러야 했지만, 그는 이들이 지니지 못한 유머와 페이소스를 보여 준 작가이기도 했다. 체호프는 이들의 지나치게 심각한 태도에 거부감을 보였으며, 인간의 비극적인 실상에 대해 오히려 유머로 답한 것이다.

비록 40대 나이로 요절하는 바람에 노벨 문학상 수상의 기회를 얻지는 못하고 말았으나, 적어도 단편소설 분야에서 체호프를 능가할 작가는 아직까지 나타나지 않았다고 할 수 있다. 그런 점에서 2013년 노벨 문학상을 수상한 캐나다의 여류작가 앨리스 먼로 역시 단편소설의 대가로 인정받고 있지만, 감히 체호프에 견줄 정도는 아니라고 본다.

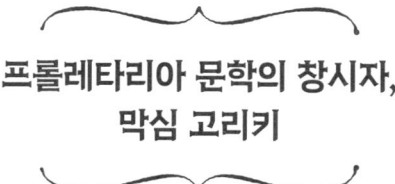

프롤레타리아 문학의 창시자, 막심 고리키

사회주의 리얼리즘을 대표하는 러시아의 작가 막심 고리키(Maxim Gorki, 1868-1936)는 걸작 희곡 〈밑바닥에서〉를 비롯해 소설 〈첼카시〉, 〈어머니〉, 〈어느 쓸모없는 인간의 삶〉, 〈클림 삼긴의 생애〉 등으로 소련 민중뿐 아니라 스탈린의 존경을 한 몸에 받은 작가였는데, 특히 스탈린은 고리키가 사망하자 몰로토프와 함께 그의 관을 직접 운구하는 데 참여하기까지 했다. 동시대에 활동한 체호프, 톨스토이 등과 교분을 나누기도 했던 그는 비록 이념적으로는 그들과 노선을 달리하긴 했으나 깊은 존경심을 지니고 오랜 관계를 유지했으며, 두 인물에 대한 회상록을 쓰기도 했다. 그가 사망했을 때 그를 독살했다는 혐의로 부하린이 스탈린에 의해 숙청되는 일이 벌어지기도 했지만, 사실 그것은 완전히 조작된 사건이었을 뿐이다.

볼가강 연안에 위치한 니즈니노브고로드에서 태어난 고리키는 어린 시절에 일찌감치 부모를 모두 잃고 고아가 되어 할머니의 보살핌을 받았으나 소년 시절에 이미 가출을 하는 등 말썽을 피워 교육을 제대로 받지 못했다. 19세 때 자살을 시도한 후로는 5년간 도보로 러시아 전국을 방랑하며 급사, 접시닦이, 제빵사 등 온갖 잡일에 종사해 밑바닥 생활을 체험했는데, 이를 토대로 고통받는 민중의 삶에 크나큰 애정을 드러낸 작품을 쓰게 되었다.

18세 때 이미 처녀작 〈마카르 추드라〉를 발표한 그는 3년 후 〈첼카시〉로 비평가들의 극찬을 받은 후 소설 〈26명의 사내와 한 소녀〉, 걸작 희곡 〈밑바닥〉을 통해 크게 명성을 얻기 시작했으나 1905년 제정 러시아 군대의 민중 학살 사건에 항의한 사실로 인해 사회민주당에서 제명되는 한편 경찰에 체포되어 투옥 생활을 하기도 했다.

다행히 세계 각국 지식인들의 구명운동에 힘입어 석방된 후 이탈리아 카프리섬에서 망명 생활을 보낸 그는 1913년 러시아로 귀국해 볼셰비키 혁명을 맞이하면서 레닌을 지지했으나 얼마 가지 않아 레닌의 무모한 억압정치에 항의하며 레닌도 차르와 다를 바 없는 독재자라고 비판하자 공산당의 감시와 핍박을 받게 되어 1921년 다시 이탈리아로 망명했다.

무솔리니 정권하의 이탈리아에서 극도로 궁핍한 생활에 시달리며 생계에 위협을 겪던 고리키는 결국 1932년 스탈린의 요청에 따라 귀국해 레닌 훈장을 받고 소련작가동맹 의장을 맡는 등 온갖 사회적 예우를 받았으며, 그의 고향인 니즈니노브고로드도 그의 이름을 따서 고리키시로 불리게 되었다.

하지만 고리키는 1934년 자신의 아들이 갑자기 사망한 지 불과 2년 뒤에 돌연 세상을 떴으며, 그의 죽음에 대해서도 많은 의혹을 낳기도 했다. 그리고 소련이 붕괴한 이후 고리키시는 원래의 명칭을 되찾게 되었다. 그런 점에서 사회주의 리얼리즘 문학을 창시한 고리키였지만, 그에게 노벨 문학상이 수여되지 못한 것은 결코 작품성이 떨어져서라기보다는 잔혹한 독재자 스탈린의 전폭적인 지원과 특혜를 받은 배경 때문이었을 것으로 짐작된다.

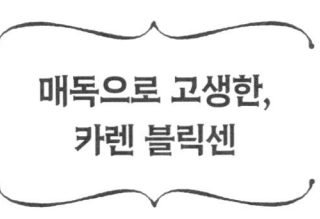

매독으로 고생한, 카렌 블릭센

    1960년대 두 차례나 노벨 문학상 후보에 오른 덴마크의 소설가 카렌 블릭센(Karen Blixen, 1885-1962)은 우리에게는 다소 생소한 인물이지만 영화 〈아웃 오브 아프리카〉, 〈바베트의 만찬〉의 원작자로 알려진 여성 작가다. 그녀의 필명은 지역에 따라 달리 불리고 있는데, 영미권에서는 아이작 디네센(Isak Dinesen)으로, 그리고 독일어권에서는 타니아 블릭센(Tania Blixen)으로 알려져 있기도 하다.

    덴마크의 룽스테드에서 군인이자 문필가의 딸로 태어난 그녀는 유복한 가정에서 아무런 부족함이 없이 자랐으나 어린 시절 아버지가 자살하는 바람에 어머니와 함께 주로 외갓집에서 성장했다. 당시 그녀의 아버지는 매독에 걸린 상태로 극도의 우울증에 시달리다 목을 매 자살했는데, 공교롭게도 카렌 블릭센 역시 남편을 통해 매독에 걸려 치료를 받기도 했지만, 그녀의 죽음이 매독에 의한 후유증 때문에 사망했다는 주장은 결코 입증된 사실이 아니다.

    젊은 시절 한때 화가를 꿈꾸며 미술 공부에 몰두하기도 했던 그녀는 제1차 세계대전 기간에 스웨덴 출신의 귀족 브로르 블릭센과 결혼해 아프리카의 케냐에서 커피 농장을 경영하기 시작했지만, 남편의 불성실과 그에게서 옮은 매독으로 오랜 기간 고생했으며, 결국 이혼한 후 연인 관계였던 영국인 사냥꾼 데니스의 죽음과 커피 농장의 파산 등으로 1931년 고향으로 돌아와 오로지 집필 활동에만 전념했다.

그녀의 처녀작 〈일곱 개의 고딕 이야기〉가 성공을 거두자 자신이 케냐에서 겪은 일을 다룬 〈아웃 오브 아프리카〉로 명성을 얻은 그녀는 계속해서 〈겨울 이야기〉, 〈천상의 복수자〉, 〈마지막 이야기〉, 〈운명의 일화〉, 〈초원 위의 그림자〉 등을 속속 발표했는데, 발표하는 작품마다 인기를 얻어 덴마크를 대표하는 작가로 자리매김하게 되었다.

비록 그녀는 1961년 그레이엄 그린과 함께 노벨 문학상 후보에 올랐지만, 수상의 영예는 유고슬라비아의 이보 안드리치에게 돌아갔으며, 1962년에도 프랑스의 극작가 장 아누이와 함께 후보에 올랐으나 역시 수상자는 미국의 존 스타인벡에 돌아가고 말았는데, 그 이후로는 영원히 그녀의 이름이 거론될 수 없었다. 왜냐하면 그 이듬해 그녀는 아무것도 먹지 못하는 상태에서 세상을 떴기 때문이다.

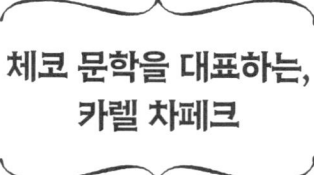

체코 문학을 대표하는, 카렐 차페크

'로봇'이라는 단어를 처음으로 소개한 체코 작가 카렐 차페크(Karel Čapek, 1890-1938)는 비록 48세라는 나이로 요절했지만, 영지주의 3부작 소설 〈호르두발〉, 〈별똥별〉, 〈평범한 인생〉을 비롯해 〈절대성의 공장〉, 〈크라카티트〉, 〈도롱뇽과의 전쟁〉, 〈작곡가 폴틴의 삶과 작품〉 외에도 단편집 〈그리스도의 십자가〉, 〈고통스러운 이야기들〉, 〈왼쪽 호주머니에서 나온 이야기〉 등 많은 작품을 남겼으며, 희곡으로는 〈로숨의 유니버설 로봇〉, 〈마크로풀로스의 비밀〉, 〈곤충의 생활〉, 〈창조자 아담〉, 〈하얀 역병〉, 〈어머니〉 등을 썼다.

체코 작가 중 세계적으로 가장 널리 알려진 차페크는 오스트리아의 지배를 받던 보헤미아 지방의 산골 마을 말레 스바토뇨비체에서 시골 의사의 아들로 태어났다. 프라하의 카를로바 대학을 졸업하고 베를린과 파리에 유학해 철학을 공부한 그는 1915년 철학박사 학위를 받은 후 작가로 정식 데뷔했는데, 특히 형 요제프와 공저로 쓴 〈로숨의 유니버설 로봇〉과 〈크라카티트〉는 20세기 유토피아적 공상과학 분야를 개척한 대표적인 작품으로 평가되고 있으며, 〈곤충의 생활〉, 〈도롱뇽과의 전쟁〉과 더불어 통렬한 풍자 정신을 발휘한 걸작으로 명성을 날렸다.

비록 '로봇'이라는 단어를 직접 창안한 인물은 그의 형 요제프였지만, 차페크는 가공적 인물 로숨 박사가 개발한 로봇의 반란을 통해 제1차 세계대전으로 인한 인간성 파괴의 참혹한 현실과 기계문명이 초래

할 파멸적인 결과에 대해 강력한 경고를 보낸 셈이다. '로숨'이라는 이름 자체가 체코어로 이성을 가리킨다는 점에서 차페크는 인간의 이성이 만들어 낸 매우 총명한 살상 기계의 상징뿐 아니라 기계적인 노동의 굴레에 묶여 살아가는 노동자 계급을 상징한 것으로 볼 수도 있다. 다시 말해서 기계의 인간화 및 인간의 기계화를 통해 현대 기술 문명의 폐단을 동시에 비판한 것이다.

이처럼 탁월한 위트와 유머에 넘친 차페크의 작품은 특히 체코인들의 사랑과 존경을 독차지해 왔는데, 그에 대한 인기는 체코 출신의 작가 밀란 쿤데라를 능가할 정도다. 나치 독일의 위협이 날이 갈수록 커지던 무렵 파시즘에 대항해 투쟁할 것을 호소한 작품 〈하얀 역병〉과 〈어머니〉로 인해 나치 독일의 블랙리스트에 오른 차페크였으니 만약 그가 일찍 죽지 않고 더 살았다 하더라도 게슈타포에 끌려가 죽임을 당했을 것이 분명하다.

어쨌든 1936년 당시 스웨덴 언론은 차페크를 유력한 노벨 문학상 후보로 지목하기도 했지만, 히틀러의 나치 정부를 의식하지 않을 수 없었던 스웨덴 한림원 입장에서는 노골적인 반파시스트 작가인 차페크를 후보로 올리는 데 상당한 부담을 안고 있었던 게 사실이다. 궁여지책으로 스웨덴 한림원은 정치색이 배제된 중립적인 작품 하나만 쓰면 그것으로 수상할 수도 있겠다는 제안을 했으나 차페크는 일언지하에 거절했다고 한다. 그로부터 불과 2년 후에 차페크는 갑자기 세상을 떴으니 그에게 수상의 기회는 두 번 다시 주어질 수 없었다.

차페크는 1938년 뮌헨 협정을 통해 서구 열강들이 체코를 나치 독일에 넘겨주기로 결정한 배신 행위로 인해 자신의 목숨이 위태로워졌음에도 불구하고 체코를 떠나지 않았으며, 독일군이 체코의 영토 주데

텐란트를 일방적으로 점령한 직후 폐렴으로 생을 마감했다. 비록 그는 일찍 세상을 뜨는 바람에 나치에 의한 처형을 모면할 수 있었으나 그의 형 요제프는 베르겐-벨젠 수용소로 끌려가 그곳에서 사망했다.

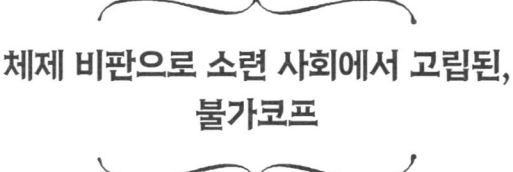

체제 비판으로 소련 사회에서 고립된, 불가코프

 소련의 극작가 미하일 불가코프(Mikhail Bulgakov, 1891-1940)는 키예프 신학교 교수의 아들로 태어나 키예프 의대를 졸업했다. 고등학교 시절부터 문학에 심취한 그는 아버지의 갑작스러운 죽음으로 한동안 정신적 혼란을 겪기도 했으나 어머니의 격려와 보살핌에 힘입어 어려움을 극복하고 의대에 진학해 의학 공부에 몰두했다.

 의대 재학 중에 이미 타티아나와 결혼한 그는 제1차 세계대전이 발발하자 적십자사 의무요원을 자원해 곧바로 최전선에 배치되었으나 심한 부상을 입고 후송되고 말았다. 그 후유증으로 오랜 기간 복통에 시달린 그는 한동안 모르핀에 중독되어 고생하기도 했다.

 그 후 1916년에 의대를 졸업한 그는 스몰렌스크 지방의 시골 병원에 외과 의사로 근무하던 중에 볼셰비키 혁명 소식을 들었으며, 1918년에 키예프로 돌아와 개업한 직후 곧바로 내전의 참상에 휩싸이게 되었는데, 우크라이나 인민군에 군의관으로 소집된 불가코프와는 달리 그의 두 동생은 백군에 가담해 형제끼리 서로 총을 겨누는 상황에 부딪치고 말았다.

 러시아 내전 동안 코카서스 지방에 배속된 불가코프는 발진티푸스에 걸려 거의 죽다시피 했다가 가까스로 기사회생했지만, 그 이후로 그는 자신의 가족들을 두 번 다시 볼 수 없게 되었다. 그의 가족과 친척들 대부분이 러시아혁명과 내전의 혼란을 피해 프랑스 파리로 도피했기 때문이다.

  소련에 홀로 남은 불가코프는 그 후 건강이 여의치 않게 되자 의업을 포기하고 작가의 길로 들어섰으며, 아내와 함께 모스크바에 정착해 극작에 전념하기 시작했다. 그렇게 해서 1926년에 발표한 그의 처녀작 〈투르빈가의 나날들〉은 러시아 내전에 휘말린 키예프를 무대로 백군 장교의 집안이 몰락하는 과정을 묘사하고 있는데, 이 작품은 스탈린이 수십 번을 관람할 정도로 극찬을 받음으로써 매우 순탄한 출발을 보이는 듯했다.

  하지만 1928년에 발표한 〈조이카의 아파트〉에서는 스탈린 치하의 독재 사회에서 벌어지는 온갖 부정부패와 타락상을 묘사함으로써 민중을 위한다는 명분을 내세워 일으킨 러시아혁명도 결국은 또 다른 지배와 피지배의 관계에 불과함을 주장해 대중적인 인기에도 불구하고 공산당으로부터 강한 비판을 받았다.

  이처럼 러시아혁명 이후의 소비에트 체제에 대해 비판적인 작품을 계속 발표하자 마침내 공산당은 1929년 그의 모든 작품 출간과 상연을 금지하고 말았다. 생계가 막연해진 불가코프는 어쩔 수 없이 스탈린에게 편지를 써서 소련을 떠날 수 있게 해달라는 청원을 올렸으나 거절당했으며, 대신에 모스크바 예술극장에서 조감독으로 일할 수 있도록 허용되었지만, 작품 출간은 여전히 금지되었다.

  1938년에 발표한 그의 마지막 희곡 작품 〈바툼〉도 스탈린을 등장시켰다는 이유로 공연이 금지되었는데, 결국 극작을 포기한 불가코프는 장편소설 〈거장과 마르가리타〉 집필에 몰두했으나 1940년 탈고한 직후 세상을 떠나는 바람에 오랜 기간 출간되지 못하다가 27년 뒤에 가서야 빛을 보게 되었다. 어려서부터 선천성 신장 질환을 앓고 있던 불가코프는 49세 나이로 일찍 세상을 떴는데, 그의 아버지 역시 같은 병으로 사망했다.

　이처럼 얼어붙은 동토의 한가운데 철저하게 고립된 상태에 있던 불가코프였으니 당연히 그의 존재는 해외에 알려질 기회조차 없었다. 그에게 가해진 극도의 탄압만 아니었어도 그는 더욱 많은 걸작을 남기고 노벨 문학상의 영예를 안았을지도 모른다. 하지만 불행히도 불가코프는 병마를 이기지 못하고 홀로 외롭게 생을 마감하고 말았다.

얼어붙은 동토를 녹인, 에렌부르크

〈해빙〉의 작가 일리야 에렌부르크(Ilya Ehrenburg, 1891-1967)는 우크라이나의 키예프 출신으로 유대인 가정에서 태어났다. 그는 어려서부터 키예프에 몰아닥친 반유대주의 감정을 몸소 체험한 이후 평생 인종차별에 반대하는 입장을 견지했으나, 정작 자신이 몸담은 공산주의 체제에 대해서는 가타부타 입을 열지 않았다. 불과 열다섯 살 때 볼셰비키 지하운동에 가담하여 공산주의 혁명을 위해 앞장서다가 학업을 중단해야만 했으며, 17세 때에는 경찰에 체포되어 투옥 생활을 하다가 파리로 망명했다.

그 후 파리에서 많은 문인 및 정치적 망명자들과 교류하며 시집도 내고 문명 비판적인 소설도 썼다. 1914년부터 1917년까지 러시아 신문의 특파원으로 일하다가 러시아로 돌아가 혁명운동에 참여하기도 했으나 볼셰비키에 반대하는 시를 써 잠시 투옥되기도 했다. 감옥에서 풀려난 그는 그때부터 다시 파리에서 통신원으로 일하면서 걸작 소설 〈훌리오 후레니토의 기묘한 편력〉을 발표했다.

그러나 1930년대에 귀국한 이후로는 스탈린 체제에 잘 적응하지 못하고 혼란스러운 모습을 보였다. 1936년 스페인 내전에 참가했다가 인민공화파의 패배로 인해 프랑스로 도주했으며, 그 후 제2차 세계대전 당시에는 독일군에 의한 파리 함락을 직접 지켜보기도 했다. 대전 후에는 평화운동에 앞장서서 각국을 순방하는 사이에 3부작의 대하소설 〈파리함락〉, 〈폭풍〉, 〈제9의 파도〉 등을 썼다.

에렌부르크는 스탈린 사후 〈해빙〉을 발표하여 자유화를 상징하는 유행어를 낳기도 했지만, 공산당은 소련 사회를 부정적으로 묘사했다는 이유로 강도 높게 그를 비판했으며, 그런 이유로 그는 계속 침묵을 유지했는데, 당시 그가 쓴 방대한 규모의 회상기 〈인간, 세월, 생활〉은 그와 동시대에 활동했던 수많은 인물의 진면목을 알 수 있는 귀중한 자료를 제공해 주기도 한다.

물론 에렌부르크 자신은 스탈린 평화상까지 수상한 마르크스주의자로 한때는 역사 인식에 문제가 있다는 이유로 파스테르나크를 비판하기도 했지만, 그렇다고 해서 철저한 이념가도 아니었을뿐더러 서구문화의 입김에서도 결코 자유롭지 못했던 작가로 말년에 이르러서는 결국 이도 저도 아닌 어정쩡한 태도로 일관하며 계속 침묵만을 유지하다 암으로 세상을 뜨고 말았다. 비록 그는 노벨 문학상 후보로 손색이 없었음에도 불구하고 공산당의 지지를 받은 숄로호프가 1965년 노벨 문학상의 영예를 안는 모습을 씁쓸히 지켜본 후 불과 2년 뒤에 외로운 생을 마감했다.

러시아의 망명 작가, 나보코프

정교한 심리 묘사와 유려한 문체로 정평이 나 있는 러시아 태생의 망명 작가 블라디미르 나보코프(Vladimir Nabokov, 1899-1977)는 대표작 〈롤리타〉와 〈어둠 속의 웃음소리〉를 통해 인간 내면에서 솟구치는 불가항력적인 욕망과 환상의 세계를 다루면서 인간을 파국으로 몰고 가는 비극적 상황을 그리는 데 탁월한 솜씨를 발휘한 소설가다. 특히 〈롤리타〉에서 인용된 '롤리타 증후군' 또는 '롤리타 콤플렉스'라는 용어까지 생길 정도로 그의 소설은 사회적으로 큰 물의를 일으키는 동시에 베스트셀러가 되기도 했다.

러시아의 부유한 귀족 가문에서 태어난 나보코프는 자유분방한 어린 시절을 보내며 어려움을 모르고 컸지만, 정치 활동을 벌이던 아버지가 러시아혁명으로 소비에트 정부 당국에 체포되자 남은 가족들은 신변의 위협을 느낀 나머지 남러시아를 거쳐 해외로 피신했으며, 아버지는 결국 1922년 암살자의 손에 살해되고 광대한 영지도 전면 몰수당하고 말았다.

아버지가 암살된 직후 나보코프는 러시아 이민의 딸 스베틀라나와 약혼했다가 얼마 가지 않아 파혼당하고 말았는데, 당시 그녀의 나이 불과 16세였다. 한동안 영국에 머물며 트리니티 대학과 케임브리지 대학에서 공부한 그는 베를린에서 번역가로 활동하는 가운데 유대계 러시아 여성 베라 슬로님과 결혼했다. 그러나 나치 독일의 반유대주의가 노골화되자 파리로 도피했으며, 그 후 독일군이 파리로 진격해 오자 1940년에는 미국으로 이주했다. 미국에서 대학 강의와 저술 활동에 몰두하던 그는 1960년에 스위스로 이주해 은둔 생활로 일관하다가 로잔에서 78세를 일기로 사망했다.

처음에 시린이라는 필명으로 작가 생활을 시작한 그는 1932년에 러시아어로 발표한 소설 〈어둠 속의 웃음소리〉로 주목을 받았으나 1955년에 발표한 〈롤리타〉는 한때 금서 목록에 오르기도 했으며, 해금된 이후 1962년에는 스탠리 큐브릭 감독에 의해 영화로 제작되어 대중적 인기를 끌었다. 그의 소설 〈어둠 속의 웃음소리〉 역시 1969년 영국의 토니 리처드슨 감독이 영화로 만들어서 더욱 유명해졌다.

〈어둠 속의 웃음소리〉와 〈롤리타〉는 주제 면에서 볼 때 하나의 연장선상에 놓여 있는 작품이라 할 수 있는데, 어린 소녀에 집착하다 파국을 맞이하는 중년 남성들의 이야기라는 점에서 공통점을 지닌다. 그러나 정작 나보코프 자신은 아내 베라와 함께 매우 안정적인 결혼 생활을 누린 것으로 알려졌다. 다만 그는 대중 앞에 나서는 것을 극도로 피했으며, 또한 당시 주된 사회적 관심의 대상이 되었던 마르크스나 프로이트 등에 대해서도 강한 혐오감을 표시한 인물이기도 했다.

아내 베라에게 매우 의존적이었던 그는 실제로 그녀가 없으면 아무것도 할 수가 없을 정도로 사회생활에 미숙함을 보였다. 그의 아내는 마치 어린 아들을 돌보는 어머니처럼 매우 헌신적인 태도로 그의 일거수일투족을 거들었으며, 멀리 나비 채집을 떠날 때면 그녀가 손수 운전해 동행하기도 했다. 매우 강박적인 성격의 소유자였던 그는 외부와 철저히 단절된 채 오로지 나비 연구와 체스 놀이, 그리고 집필 활동에만 전념했던 매우 특이한 인물이다.

그는 여행을 즐겼지만, 운전은 전혀 하지 않았으며, 집에 전화도 두지 않을 정도로 대인 접촉을 멀리했다. 이처럼 대중과 동떨어진 삶을 보낸 나보코프는 특히 스위스에 정착한 이후로는 일체 공개적인 장소에 모습을 드러내지 않았다. 그는 러시아, 미국, 스위스 등지에서 각각 20년씩을 보냈기 때문에 어떻게 보면 일정한 국적에 구애받음이 없이 자유롭게 살았던 무국적자, 무주택자로 살면서도 세계적인 부와 명성을 얻은 매우 이례적인 작가 중의 한 사람일 것이다.

일상생활에서 나보코프는 매우 강박적이면서 구도자적인 모습을 보였으나 그의 작품 속에 등장하는 인물들은 오히려 그와는 정반대로 매우 도착적거나 또는 사악한 심성의 소유자들이라는 점이 특징이다. 다른 무엇보다 심리 묘사에 탁월한 솜씨를 발휘한 나보코프는 그의 출세작 〈롤리타〉에서 어린 소녀에 대한 중년 남자의 성적인 집착과 환상을 묘사하고 있는데, 12세 어린 소녀 롤리타에게 이끌린 40대 중년 작가 험버트가 그녀에게 접근하기 위해 롤리타의 어머니 샬롯과 마음에도 없는 결혼까지 한다. 일종의 위장 결혼인 셈이다.

하지만 그의 흑심을 알게 된 샬롯이 큰 충격을 받고 집을 뛰쳐나가다 교통사고로 죽게 되자 험버트와 롤리타는 사람들의 시선을 피해 사랑의 도피 행각을 벌이지만, 롤리타는 그를 배신하고 사악한 남성 퀼티를 만나 그의 아이까지 뺐다가 그녀 역시 퀼티에게 버림받고 만다. 질투심과 복수심에 가득 찬 험버트는 퀼티를 찾아내 살해함으로써 경찰에 체포되어 감옥으로 간다. 물론 그에게 주어진 혐의는 미성년 유괴 및 강간범에다 살인죄였다. 그런 파국을 맞이하고도 험버트는 오로지 롤리타에 대한 애절한 사랑을 잊지 못하고 괴로워한다.

〈어둠 속의 웃음소리〉에서는 성적으로 매우 타락한 두 남녀의 사악한 음모와 욕망에 휘말려 파멸을 맞이하는 한 중년 남자의 비극을 다루고 있는데, 어느 날 극장에 갔다가 그곳에서 일하는 마고트 페터스라는 16세 소녀를 만나게 된 알비누스는 처자식을 내팽개치고 그녀에게 정신없이 빠져든다. 아름답고 성적인 매력이 흘러넘치지만, 사기성이 짙고 사람을 농락하기 일쑤인 마고트는 매우 사악하고 잔혹한 애인 악셀과 서로 짜고 알비누스를 불구자로 만든 후 그의 모든 것을 가로채 차지한다.

나보코프의 대표작 〈롤리타〉와 〈어둠 속의 웃음소리〉는 인간 심성의 어두운 측면을 집중적으로 조명한다는 점에서 매우 염세적인 작품으로 간주할 수 있다. 따라서 그의 소설은 나른하고 유혹적이면서도 잔혹하고 사악한 인간 심성의 늪 속으로 독자 모두를 몰입시킨다. 그것은 평범한 삶을 영위해 가는 대다수의 일반인이 인정하고 싶지 않은 악의 단면이기도 하다.

적어도 이 두 작품의 공통점은 어린 소녀에 집착하고 미혹된 중년 남성, 나이 든 남성을 마음껏 농락하고 배신한 소녀, 중년 남성에게서 소녀를 가로챈 사악한 젊은 남성, 그리고 복수를 시도하다가 종국에는 파멸에 이르는 중년 남성의 이야기라는 점에서 그렇다. 이들 모두는 악의 고리로 한데 묶여 있다.

이처럼 나보코프의 소설에는 구태의연한 권선징악적 구도가 존재하지 않는다. 어디까지가 선이고, 악인지조차 구분하기 어렵다. 서로의 욕망 때문에 상대를 착취하고 이용하는 기생적인 관계만이 존재할 뿐이다. 따라서 그곳에 구원은 없다. 그리고 바로 그런 어두운 메시지 내용 때문에 탁월한 문장력에도 불구하고 나보코프에게 노벨 문학상이 수여될 수 없었는지도 모르겠다.

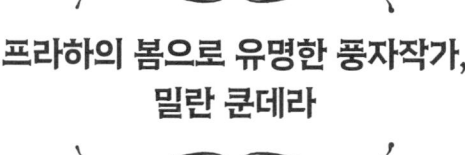

프라하의 봄으로 유명한 풍자작가, 밀란 쿤데라

현대 체코를 대표하는 소설가 밀란 쿤데라(Milan Kundera, 1929-2023)는 대표작 〈참을 수 없는 존재의 가벼움〉을 통해 세계적으로 널리 알려진 작가다. 그는 1968년 '프라하의 봄'으로 알려진 체코의 자유화 바람을 소련군이 진주해 무자비하게 짓밟아 버리자 1975년 프랑스로 망명해 체코 시민권을 박탈당하는 수모까지 겪어야 했으나 1981년 프랑스 시민권을 얻은 이후 위험한 상황에 놓인 한 개인의 운명을 철학적으로 묘사한 걸작 〈참을 수 없는 존재의 가벼움〉을 발표해 일약 베스트셀러 작가로 발돋움했다. 이 작품은 그 후 미국의 필립 카프만 감독에 의해 영화로 만들어져 더욱 유명해졌다.

체코슬로바키아의 브르노에서 음악가의 아들로 태어난 쿤데라는 어려서부터 아버지로부터 피아노를 배우는 등 예술적인 분위기에서 자랐으나 소년 시절 체코를 점령한 나치 독일의 횡포를 직접 목격하면서 종전 이후에는 체코 공산당에 가입해 활동하기도 했으나 개혁을 요구하는 비판적인 태도 때문에 수차례 당에서 축출당하는 수모를 겪어야 했다. 그는 차페크가 다녔던 프라하의 카를로바 대학에서 문학과 미학을 공부하다가 도중에 영화학에 관심을 기울여 영화 아카데미에서 강의를 하기도 했는데, 공산당에서 축출된 경험을 토대로 1967년 소설 〈농담〉을 발표해 공산주의 사회의 어두운 일면을 풍자적인 수법으로 폭로했으나 이듬해 소련군이 진주하면서 전체주의의 횡포를 비판한 그는 당국의 블랙리스트에 오르게 되었으며, 그의 집필 활동 또한 금지되었다.

당시 그는 동료 작가인 하벨과 함께 프라하의 봄에 참가하기도 했으나 철저한 반공주의자인 하벨과 달리 공산당의 개혁에 집착한 쿤데라와 노선을 달리하는 바람에 두 사람은 결국 결별의 수순을 밟을 수밖에 없었다. 하벨은 나중에 체코의 민주화를 이루고 대통령까지 되었지만, 쿤데라는 자신의 뜻이 좌절되자 프랑스로 망명해 그의 대표작이 된 〈생은 다른 곳에〉, 〈웃음과 망각의 책〉, 〈참을 수 없는 존재의 가벼움〉 등을 계속 발표하는 기염을 토했다. 〈생은 다른 곳에〉는 이상에 불타는 매우 나이브한 젊은 시인이 정치적 스캔들에 휘말리는 모습을 풍자적인 수법으로 다룬 소설이며, 〈웃음과 망각의 책〉에서는 다양하고 다소 우스꽝스러운 방식으로 소비에트 체제에 저항하는 체코인들의 모습을 담고 있다.

하지만 역시 쿤데라의 대표작은 〈참을 수 없는 존재의 가벼움〉이라 할 수 있다. 프라하의 봄을 겪으며 공산 치하의 억압적인 상황에서 살아가는 4명의 지식인의 삶과 고뇌를 다룬 이 소설은 바람둥이 외과 의사 토마시와 그의 지적인 아내 테레자, 그리고 지겨운 삶에서 벗어나 되는대로 가볍게 살아가는 화가 사비나와 가족을 버린 채 사비나의 가벼운 삶을 따라가려는 프란츠 교수를 중심으로 삶과 죽음, 생의 가벼움과 무거움, 성과 사랑, 정치적 상황과 개인의 운명 등 실로 다양한 주제를 철학적인 사색을 통해 접근하고 있다. 그러나 이 모든 주인공의 고뇌에 찬 모습에도 불구하고 가장 행복한 주인공은 바로 테레자가 아끼는 애완견 카레닌이라는 점에서 소설이 던지는 아이러니의 정점을 이룬다고 볼 수 있다. 왜냐하면 인간이 추구하는 행복이란 반복의 요구이지만, 카레닌은 그런 반복을 요구하지 않기 때문이다.

그런데 이처럼 뛰어난 삶의 통찰력과 문장력을 갖춘 쿤데라에게 노벨 문학상이 수여되지 않은 것은 아무리 생각해도 이해가 되지 않는다. 물론 쿤데라가 〈참을 수 없는 존재의 가벼움〉에서 독자들에게 던지는 화두는 결코 긍정적이지 않다. 인간의 삶이란 오직 한 번만 있는 것이기 때문에 한 번뿐인 것은 전혀 없는 것과 같으며, 영원한 것이 무거움이라면 단 한 번뿐인 일회성은 가벼움 그 자체라는 그의 주장은 특히 영생과 부활을 추구하는 기독교 문화권에서 선뜻 받아들이기 어려운 골치 아픈 화두가 아닐 수 없다. 어쩌면 그런 메시지 때문에 그에게 노벨 문학상 수여를 꺼린 것이라면 차라리 기독교 문학상으로 명칭을 바꿔야 하지 않을까 싶다. 어쨌든 쿤데라는 2023년 94세의 나이로 망명지 프랑스 파리에서 숨을 거두었다.

소련의 반체제 작가, 악쇼노프

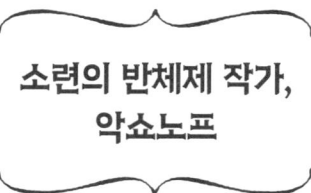

소련의 작가 바실리 악쇼노프(Vasily Aksyonov, 1932-2009)는 카잔에서 태어났다. 그의 아버지는 카잔시의 고위직 간부였으며, 어머니는 유명한 언론인이었다. 그러나 그가 다섯 살 때 열렬한 트로츠키주의자였던 부모는 스탈린 당국에 체포되어 죽음의 수용소로 악명 높은 굴라그에 끌려가 20년 가까운 세월을 강제노동에 동원되는 혹독한 형벌을 받게 되었다.

카잔에 홀로 남겨져 할머니 밑에서 살던 악쇼노프는 그마저 반동분자의 자식이라는 이유로 비밀경찰에 체포되어 강제로 고아원에 맡겨졌는데, 부모의 소재를 알지도 못한 상태로 지내다가 1938년 삼촌에 의해 구출되어 가까스로 고아 신세를 면하게 되었다. 하지만 그의 이복형 알렉세이는 1941년 독일군에 포위된 레닌그라드에서 굶어 죽었다. 악쇼노프가 오랜 기간 소식이 끊긴 부모를 다시 만난 것은 제2차 세계대전이 끝난 1947년으로 그의 나이 15세가 되었을 때였다.

시베리아 최북단 캄차카 반도 근처의 악명 높은 마가단 수용소에서 어머니와 상봉한 그는 그곳에서 고등학교를 졸업했으며, 부모의 강력한 권유에 따라 의사가 되기로 결심했다. 살아남기 위해서는 의사가 되는 길이 가장 안전했기 때문이다. 그렇게 해서 그는 카잔 대학에 들어간 뒤 1956년 레닌그라드에서 의학 수련을 마쳤지만, 의대생 시절 내내 그는 KGB의 감시를 받아야 했다.

1953년 스탈린 사후에 일기 시작한 자유화 붐에 편승해 유입된 서구식 문화에 열광한 악쇼노프는 청바지 차림에 재즈 음악과 댄스를 즐기는 등 반체제적인 몸짓을 보임으로써 당국의 눈총을 샀다. 의사 활동을 포기하고 오로지 창작에 몰두한 그는 1960년 처녀작 〈동기생〉을 발표해 주목을 끌었으며, 연이어 소련의 젊은 신세대 반항아들의 세계를 묘사한 〈별나라로 가는 차표〉로 청년층의 열렬한 지지를 받았다. 그러나 대중적 인기에도 불구하고 그에 대한 비평가들의 반응은 냉담하기만 했다.

그는 계속해서 〈모로코에서 온 오렌지〉, 〈친구여, 지금이 기회다〉, 〈체화(滯貨)된 나무통〉 등을 발표해 소련에서 60년대 저항세대를 대표하는 인물이 되었지만, 당국의 탄압은 갈수록 심해져 더 이상 소련에서 작가 생활을 유지해 나가기가 어렵게 되었다. 당시 그가 쓴 〈화상〉과 〈크리미아의 섬〉은 출판 금지 조치까지 당했다.

소련의 어둡고 암담한 현실을 그린 반체제 작가 솔제니친과는 달리 악쇼노프는 오히려 보란 듯이 서구식 문화를 즐기며 반문화적인 저항의 몸짓을 통해 단순히 체제에 길들여진 로봇이 아님을 과시했지만, 그 역시 솔제니친처럼 조국에서 추방되고 말았는데, 반체제 저항 작가로 솔제니친이 1970년에 일찌감치 노벨 문학상을 수상한 반면에, 악쇼노프는 서구사회에서 별다른 주목을 받지 못하고 말았다.

1980년 아내 마야와 함께 소련 시민권을 박탈당한 그는 소련에서 추방되어 미국 동부에 정착한 후 조지 메이슨 대학에서 러시아 문학을 강의하는 한편, 장편 〈겨울의 세대〉를 썼는데, 이 소설은 러시아혁명에서 스탈린의 사망까지 3대에 걸친 한 가족의 역사를 다룬 일대 서사시다. 2004년 미국을 떠나 프랑스에 정착한 악쇼노프는 영원한 반항아의 모습으로 자유를 만끽하며 살다가 모스크바에서 76세를 일기로 세상을 떴다. 공산당에 의해 박탈당한 그의 소련 시민권은 고르바초프 정권 시절에 다시 복원되었다.

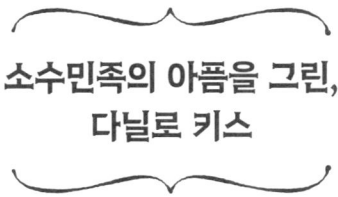

소수민족의 아픔을 그린, 다닐로 키스

유고슬라비아의 수보티카 태생인 다닐로 키스(Danilo Kiš, 1935-1989)는 몬테네그로계 어머니와 헝가리 출신 유대계 아버지 사이에서 태어났다. 제2차 세계대전 중에 그의 아버지를 포함한 다른 많은 가족은 수용소에서 죽었으며, 가까스로 죽음을 면한 그는 어머니와 함께 헝가리로 이주해서 전쟁 기간을 보냈다. 종전이 되자 어머니의 고향인 몬테네그로에 가서 그곳에서 고등학교를 마쳤다. 그 후 벨그라드 대학에서 문학을 공부한 그는 주로 벨그라드에 거주하면서 작품을 썼으며, 말년에는 파리에서 보내다가 그곳에서 폐암으로 사망했다.

그의 작품들은 무고한 소수민족들이 전쟁으로 겪는 참담한 비극에 초점을 맞춘 것이 많은데, 1965년에 발표한 대표작 〈동산, 잿더미〉 외에도 〈다락방〉, 〈시편 44〉, 〈모래시계〉, 그리고 그의 반스탈린주의를 나타낸 단편집 〈보리스 다비도비치의 죽음〉이 있다. 그는 노벨 문학상 후보에도 올랐지만, 일찍 세상을 뜨는 바람에 아쉽게도 수상 기회를 놓치고 말았다.

소설 〈동산, 잿더미〉의 제목이 의미하는 것은 어린 시절 행복하게 뛰놀던 아름다운 추억의 동산을 뜻한다고 볼 수 있는데, 잿더미는 그런 추억을 무자비하게 파괴하고 앗아 가 버린 비정한 문명사회를 상징하는 것이며, 동산은 그런 문명의 타락을 치유하는 자연을 상징한다고 볼 수 있다. 인간이 원초적인 자연으로 돌아갈 때, 인간은 비로소 치유될 수 있음을 암시하는 제목이다.

따라서 인간이 문명의 옷을 입기 이전의 에덴동산과 그리고 낙원에서 추방된 이후의 삭막한 문명사회를 상징한 것으로 볼 수도 있는 이 소설은 매우 서정적이고도 초현실주의적 수법으로 자연과 괴리된 인간성의 파괴와 변질을 묘사하고 있는데, 고아나 다름없이 자란 다닐로 키스는 비록 유대인의 비극적인 운명에 초점을 맞춘다는 이유로 유고슬라비아의 민족주의자들로부터 호된 비판의 대상이 되기도 했지만, 자신이 겪은 삶의 경험을 토대로 작품화하는 일은 작가 입장에서 볼 때 너무도 자연스러운 일이라 하겠다.

1976년에 발표된 그의 단편집 〈보리스 다비도비치의 죽음〉 역시 한 개인에게 부당하게 주어지는 역설적 상황을 묘사한 문제작이지만, 여기에 등장하는 작중 인물 가운데 의사인 타우베 박사는 강제수용소 내에서 카드 게임에서 이겼다는 이유만으로 예술가인 코티크에게 살해당한다. 문제는 인명을 살리는 직업인 의사를 살해한 가해자가 예술가라는 점이 매우 역설적이라는 사실이다.

이러한 극적인 역설은 특히 아르헨티나의 작가 보르헤스에게서 깊은 영향을 받은 것으로 평가되지만, 부당하게 학대받은 유대인으로서 직면해야만 되는 역설적인 상황의 경험이 더욱 큰 영향을 준 것으로 생각된다. 더욱이 수용소라는 배경 자체가 이미 선택의 자유가 빼앗긴 상황으로 그 안에서마저 말도 되지 않는 이유로 죽임을 당해야만 되는 인간의 비극적인 상황이 참으로 가슴 아프게 만든다. 모든 것을 상실한 인간이 카드놀이마저 마음대로 할 수 없는 상황은 모골을 쭈뼛하게 만들기 십상이다.

다닐로 키스는 스탈린주의에 대한 반발로 이 작품을 썼지만, 여기서 그는 자신의 아버지처럼 스스로 죽어야 하는 이유도 모른 채 죽어 가야만 하는 문명사회의 반문명적 작태를 고발하고 있는 것이다. 그 외에도 강제로 연행된 상태에서 취조관 페두킨과 입씨름을 벌이는 보리스 다비도비치의 모습이나 기독교로 개종을 강요당하는 유대인 노이만 등의 모습은 힘없는 약자들에게 주어진 부당한 횡포를 예리하게 드러내 보여 준다.

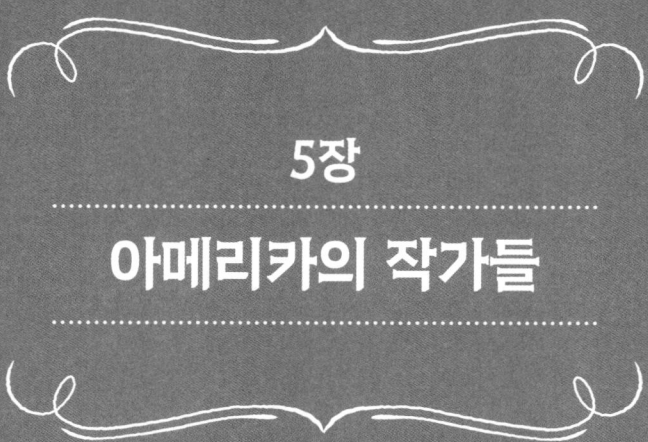

5장

아메리카의 작가들

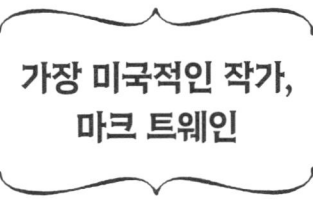

가장 미국적인 작가, 마크 트웨인

새무얼 랭혼 클레멘스가 본명인 마크 트웨인(Mark Twain, 1835-1910)은 미국 남부 미주리주 플로리다에서 판사의 아들로 태어났다. 4세 때 그는 가족과 함께 한니발로 이사해 그곳에서 자랐는데, 그의 소설 〈톰 소여의 모험〉과 〈허클베리 핀의 모험〉의 주 무대인 센트 피터스버그는 바로 한니발을 모델로 삼은 것이다.

12세 때 아버지를 여읜 그는 학교를 그만두고 인쇄소에서 식자공으로 일하다가 18세 때 고향을 떠나 여러 도시를 전전하며 인쇄공으로 일했다. 그 후 미시시피강을 오가는 증기선에서 수로 안내인으로 일했으며, 그때 경험을 토대로 나중에 자신의 필명을 마크 트웨인으로 지었는데, 그것은 배의 항로에 안전한 강물의 깊이 2야드를 가리키는 말이었다.

남북전쟁이 끝나자 작가 생활로 접어든 그는 1870년 올리비아를 만나 결혼한 후 〈톰 소여의 모험〉, 〈허클베리 핀의 모험〉, 〈왕자와 거지〉 등의 대표작을 계속 발표했다. 그러나 출판 사업의 실패로 큰 빚을 지게 되고 게다가 자신의 두 딸과 부인이 사망하자 심한 우울증에 빠지기도 했다. 가장 미국적인 작가로 알려진 그는 인종차별에 반대하고 휴머니즘에 입각한 자유로운 사상으로 오늘날 미국 사회가 지닌 탄력성과 잠재력의 근원을 이해하는 데 도움이 될 수 있는 작가이기도 하다.

그의 대표작 〈톰 소여의 모험〉과 〈허클베리 핀의 모험〉에서 가장 중요한 배경을 이루고 있는 미시시피강은 미국 중심부를 꿰뚫고 흐르는 거대한 강으로 미국의 젖줄이며 어머니이기도 하다. 이 강을 무대로 톰과 허크는 숱한 모험을 겪게 되는데, 말썽꾸러기 톰은 베키와 함께 섬의 동굴 안에 갇혔다가 인디언 악당 조가 숨겨 준 보물을 발견하고 횡재를 하는가 하면, 허크는 도망친 노예 짐과 함께 드넓은 미시시피강을 따라가며 온갖 사건에 휘말린다.

그런데 톰과 허크는 둘 다 엄마 없이 자란 소년들이다. 이모의 보살핌을 받고 사는 톰은 매우 영악한 개구쟁이 소년으로 판사의 딸 새침데기 베키에게 정신이 팔려 있으며, 폭력적인 주정뱅이 아버지에게 시달리며 살아가는 허크는 비록 배운 것도 없고 글도 모르는 문맹이지만 그래도 성품만은 매우 착하고 정직하며 꿋꿋한 소년이다. 다른 무엇보다도 톰과 허크는 매우 자유롭고 낙천적인 기질의 소유자라는 점에서 전형적인 미국인의 기질을 상징한다고 볼 수 있다. 더욱이 허크는 도망친 노예 짐과 친구처럼 지내며 그를 돕기까지 한다.

헤밍웨이는 마크 트웨인의 전작 〈톰 소여의 모험〉보다 규모가 더욱 방대해진 〈허클베리 핀의 모험〉을 두고 미국 문학은 모두 〈허클베리 핀의 모험〉에서 나왔다고 극찬을 아끼지 않았는데, 여기에 등장하는 사기꾼과 거기에 놀아나는 순진한 시골 농부들, 약탈자와 노예상인, 인종차별주의자, 술주정꾼 등 온갖 뜨내기들을 통해 당시의 혼란스러운 시대상을 반영하는 동시에 특히 인종차별에 대한 마크 트웨인의 휴머니즘적 시각이 단연 돋보이는 작품이라 할 수 있다.

포악한 아버지 밑에서 학대받고 지내며 일체의 교육조차 받지 못한 허크가 그나마 온전히 클 수 있었던 배경에는 대자연의 순수성과 건강함이 뒷받침되었기 때문이다. 도시의 인습적인 억압에서 벗어난 자유로움이 허크를 건강하게 지탱해 준 원동력이라 할 수 있다. 마크 트웨인이 내세우고 싶은 점도 아마 그런 건강한 자연미였을 것이다. 결코 때 묻지 않은 자연의 순수함이야말로 미국 사회를 지탱해 주는 힘의 원천이라고 그는 믿고 싶었는지도 모른다.

마크 트웨인이 1881년에 발표한 역사소설 〈왕자와 거지〉는 진짜와 가짜 왕자로 입장이 뒤바뀐 두 소년의 모험담으로 〈톰 소여의 모험〉을 발표한 지 5년 뒤에 나온 작품이다. 그러나 동화처럼 알려진 이 소설의 원본은 권력자의 횡포에 대해 신랄한 비판을 가한 일종의 풍자 소설로 단순한 흥미 본위의 소설은 결코 아니다. 그것은 곧 절대 권력을 악의 실체로 보고 가난한 민중들의 소박한 삶을 선으로 간주한 마크 트웨인의 시각을 그대로 반영하는 것이기도 하다.

이 소설은 처음에는 그저 호기심과 장난으로 시작한 거지 소년의 삶을 통해 핍박받는 민중들의 삶을 직접 체험하게 되면서 비로소 그런 악의 본질과 실체에 눈이 뜬 에드워드 왕자가 마침내 진정으로 덕을 베푸는 왕으로 거듭나게 된다는 내용인데, 어떤 점에서는 마크 트웨인이 그릇된 미국의 정치적 현실을 바로잡기 위한 경종의 의미로 이 작품을 썼는지도 모르겠다. 왜냐하면 이 소설이 나온 시점은 노예제도의 존폐 여부 문제를 둘러싸고 일어난 남북전쟁의 후유증으로 미국 전역이 한창 몸살을 앓고 있던 어수선한 시절이었기 때문이다.

더욱이 마크 트웨인은 전형적인 남부 출신으로 어려서부터 흑인 노예들과 자연스레 어울리며 성장했지만, 이들이 처한 참혹한 현실에 대해서는 인도주의적 입장에서 동정적인 태도를 유지하고 있었기 때문에 그는 링컨 대통령의 노예해방을 지지했을 뿐만 아니라 백인들의 의식 또한 해방되어야 함을 공언하기도 했던 것이다. 이처럼 노예해방을 지지했던 마크 트웨인이지만 미국의 제국주의 정책만큼은 1898년 미서 전쟁 때까지만 해도 지지하고 있었다. 그러다가 점차 반제국주의로 급선회하면서 그는 미국의 제국주의 정책에 대해서도 맹공을 가하기 시작했다.

따라서 그의 대표작 〈톰 소여의 모험〉이나 〈허클베리 핀의 모험〉, 그리고 〈왕자와 거지〉 등이 발표된 시점은 마크 트웨인이 그때까지도 정치적으로는 미국의 대외적인 제국주의 정책을 지지하고 있던 시점이었다. 하지만 일단 내전이 종식되고 서부 개척이 완료된 이후에 미국의 시선이 태평양으로 확대되기 시작하자 그는 제국주의 정책의 실체가 악에 그 뿌리를 두고 있다는 사실을 깨닫기에 이른 것이다. 그렇게 해서 한때나마 골드러시에 편승해 일확천금을 꿈꾸기도 했던 그는 비로소 보다 큰 안목으로 세상을 바라보기 시작한 것이다.

물론 그의 작품들은 주로 소년들을 중심으로 매우 미국적인 유머와 재치를 동원해 이야기가 전개되기 때문에 단지 통속적인 아동소설가로 오해될 수도 있겠지만, 그 속에 담긴 숨은 메시지는 그렇게 통속적인 재미만을 추구한 작품이라는 오해를 불식시키고도 남음이 있다. 그런 점에서 마크 트웨인에게 노벨 문학상이 비껴 간 것은 매우 애석한 일이 아닐 수 없다.

독신으로 생을 마친, 헨리 제임스

　미국 출신이지만 생의 대부분을 영국에서 보낸 헨리 제임스(Henry James, 1843-1916)는 특히 심리 묘사에 뛰어난 솜씨를 발휘한 근대 사실주의 문학의 선구자라 할 수 있다. 뉴욕에서 태어난 그는 어려서부터 아버지를 따라 여러 차례 유럽을 여행해 유럽 문화를 동경했으며, 한때 하버드 대학에 진학했으나 머리가 매우 명석했던 형과의 경쟁에서 밀리게 되자 열등감에 사로잡힌 나머지 일찍감치 학업을 포기하고 영국 런던으로 건너가 작가의 길을 걷게 되었는데, 그의 형 윌리엄 제임스는 하버드 대학의 심리학 교수로 미국에서 가장 존경받는 심리학계의 거물이었다.

　헨리 제임스는 영미권에서 가장 잘 알려진 작가 중의 한 사람으로 소설 〈데이지 밀러〉, 〈어느 부인의 초상〉, 〈보스턴 사람들〉, 〈미국인〉, 〈워싱턴 스퀘어〉, 〈나사의 회전〉, 〈메이지가 알았던 것〉, 〈비둘기의 날개〉, 〈황금잔〉, 〈절규〉 등 많은 작품을 남겼는데, 그에 대한 대중적 인기는 영화로도 제작되어 〈사랑아 나는 통곡한다〉, 〈공포의 대저택〉, 〈악몽의 별장〉, 〈녹색 방〉, 〈여인의 초상〉, 〈도브〉 등의 소재가 되기도 했다.

　비록 그는 미국 태생이지만, 영국에서 더욱 좋은 평판을 얻었는데, 그의 작품에 대한 평가도 당시에는 이론이 분분했던 게 사실이다. 문학사에 길이 남을 대가였지만 정당한 시대적 평가를 제대로 받지 못한 불운한 천재라는 극찬이 있는 반면에 뚜렷한 사상이나 철학도 없는 그저 그렇고 그런 떠돌이 3류 대중작가라는 혹평도 있었다. 그럼에도 불구하고 1910년대 그는 세 번이나 노벨 문학상 후보에 올랐지만, 마테를링크, 하웁트만, 헤이덴스탐 등에게 번번이 수상의 영예를 빼앗기고 말았다.

　물론 탁월한 심리기법에도 불구하고 그에게 노벨 문학상이 수여되지 못한 것은 작품의 주된 배경과 주인공들의 특성에서 드러나는 것처럼 자신이 속한 시대적 아픔과 고뇌를 함께 나누려는 모습이 전혀 보이지 않는다는 사실에 있었는지도 모른다. 실제로 그는 자신이 처한 현실 속에 직접적으로 뛰어들기를 몹시 두려워한 나머지 평생을 회피적인 태도로 일관한 모습을 보인 작가였다. 따라서 그에게는 책임감이나 자신감도 부족했을 뿐만 아니라 시대적 소명 의식도 찾아 보기 어려운 게 사실이다. 그러나 독특한 문체와 치밀한 스토리 전개의 기법만큼은 타의 추종을 불허하는 그만의 장점이라 할 수 있다.

　헨리 제임스는 그의 생존 당시보다 오히려 오늘날에 와서 높이 평가되고 있는데, 특히 주인공들의 심리 상태 변화를 묘사하는 데 뛰어난 재능을 보여 준다는 점에서 의식의 흐름 기법으로 유명한 프랑스의 프루스트 등에 비견되기도 하며, 시대를 앞서간 심리주의 소설의 효시로 평가되기도 한다. 그런 특성은 1897년 작품 〈메이지가 알았던 것〉을 통해서도 알 수 있는데, 어린 소녀 메이지가 이율배반적이며 가식적인 부모와의 관계에서 보여 주는 혼란과 자기 자신의 실체를 이해하고 접근해 가는 과정에서 과연 진정한 부모의 역할이 무엇인지 등의 문제를 치밀하게 다루고 있다는 점에서 프로이트의 정신분석이 출현하기 이전에 이미 놀라운 심리적 혜안을 보여 주고 있기 때문이다.

　헨리 제임스는 자신의 작품을 통해 일관된 주제를 보여 준다는 점이 특징인데, 예를 들어, 유산 상속 문제에 얽힌 가족 간의 암투와 음모, 초자연적인 유령의 출현, 불안정한 여성의 심리 상태 등이 그렇다. 대중적으로 가장 잘 알려진 그의 소설 〈나사의 회전〉은 악령의 존재를 소재로 정서적 불안정에 시달리는 여성 심리를 그리고 있으며, 그의 출세작 〈데이지 밀러〉는 아름답고 순진하지만 구대륙의 가치관과 충돌하면서 무너지는 한 미국 여성을 묘사하고 있다. 〈워싱턴 스퀘어〉이나 〈비둘기의 날개〉 등은 상속 문제를 둘러싼 인간들의 추악한 이면 세계를 들춰내고 있는데, 이들 소설은 각기 영화로 만들어져 더욱 유명해지기도 했다. 윌리엄 와일러가 감독한 〈상속녀〉와 이안 소플리 감독의 〈도브〉 등이 바로 그런 영화들이다.

특히 헨리 제임스는 여성 심리 묘사에 뛰어났지만, 그의 작품에 자주 등장하는 매우 냉혹하고 정이 없으며 잔혹하기까지 한 여성들의 모습을 통해 작가 자신의 여성에 대한 두려움 및 혐오감을 엿볼 수 있다. 실제로 그는 사랑을 일종의 불가사의한 질병으로 보았으며 어떤 점에서는 파괴적인 상태로 간주했을 뿐만 아니라 사랑의 대상으로서의 여성이란 존재는 예술이나 과학 분야에서의 창조적인 작업을 가로막는 방해물에 불과하다는 말로써 자신을 합리화시키기까지 했으니 72세 나이로 세상을 뜰 때까지 일생 동안 결혼하지 않고 독신으로 지낸 배경을 이해할 수도 있겠다.

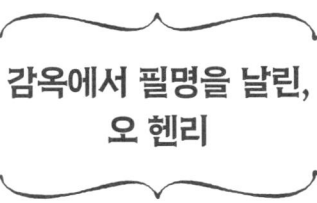

감옥에서 필명을 날린, 오 헨리

윌리엄 시드니 포터가 본명인 오 헨리(O. Henry, 1862-1910)는 미국이 낳은 단편소설의 귀재다. 기막힌 반전과 유머로 대중적인 인기를 끌었던 그는 400여 편의 소설을 남겼지만, 개인적으로는 참으로 기구한 운명을 살다 47세라는 젊은 나이로 요절한 천재 작가였다.

노스 캐롤라이나 그린즈버러에서 의사의 아들로 태어난 그는 불과 세 살 때 어머니를 결핵으로 잃고 난 후 아버지와 함께 할머니 집에서 자랐다. 교육은 주로 고모의 지도를 받았으며, 고등학교를 졸업한 후에는 삼촌의 약국 일을 돕다가 19세 때 약사 자격을 땄다. 약국에서 일하는 동안 많은 사람을 접할 수 있었던 그는 장래 자신의 소설에 반영된 서민들의 애환에 얽힌 삶의 소재를 다양하게 얻을 수 있게 되었다.

20대 초반 계속되는 천식 증세로 미국 남부 텍사스를 여행한 그는 맑은 공기가 건강에 도움이 될 것으로 여기고 오스틴시에 정착했는데, 그곳에서 그는 여러 다양한 직업을 전전하며 지내는 가운데 기타를 치고 가수로도 활동하는 등 매우 활기찬 사회생활을 보였다.

당시 그는 17세 소녀 아돌 에스티즈를 만나 구혼했는데, 그녀의 어머니가 딸이 결핵을 앓고 있다는 이유로 결혼에 반대하자 아돌과 함께 도망쳐 결혼을 강행하고 말았다. 하지만 가족과 함께 휴스턴에 머물며 소설을 쓰기 시작할 무렵, 그가 과거에 근무했던 회사의 공금 횡령 사실이 드러나 법정에 고발당하는 사태가 일어났다.

법원 출두 명령을 받은 그는 곧바로 뉴올리언스를 거쳐 중남미의 온두라스로 도주했지만, 그의 아내가 결핵으로 죽어 간다는 소식을 듣자 어쩔 수 없이 귀국해 자수하고 말았다. 결국 아내의 임종을 맞이한 후 자책감에 빠진 그는 아무런 변론도 없이 5년 형을 선고받고 오하이오 교도소에 수감됐다.

감옥에 있는 동안 그는 약사 신분으로 일하는 가운데 오 헨리의 가명으로 여러 단편소설을 쓰기 시작했는데, 당시 사람들은 소설의 원작자가 수감자라는 사실을 알지 못하고 있었다. 40을 바라보는 나이에 모범수로 감옥에서 풀려난 그는 자신의 딸과 상봉할 수 있었지만, 그때까지 그녀는 아버지가 감옥에 있었다는 사실을 까맣게 모르고 있었다.

출옥한 후 오 헨리는 뉴욕으로 가서 왕성한 창작욕을 불태우며 무려 380편에 달하는 소설을 썼는데, 대중적인 인기에도 불구하고 비평가들로부터는 혹평을 받았다. 말년에 그는 어릴 적 소꿉친구였던 사라 콜맨과 재혼했으나 극심한 우울증과 알코올 중독에 빠진 나머지 거의 폐인이 되다시피 한 그를 견디지 못하고 그녀는 2년 만에 집을 나가고 말았다. 결국 홀로 남은 오 헨리는 간경화 및 당뇨병, 심장병 등의 합병증이 겹친 상태로 일찍 세상을 떴다.

마크 트웨인과 같은 해에 세상을 뜬 오 헨리는 유머와 재치, 극적인 반전에 능한 이야기꾼으로 〈크리스마스 선물〉, 〈경찰관과 찬송가〉, 〈마지막 잎새〉 등에서 보듯이 항상 독자들의 허를 찌르는 놀라운 결말로 소설을 마무리함으로써 훈훈한 감동을 선사하는 탁월한 재능의 소유자였다. 이처럼 천재적인 재능을 발휘한 오 헨리는 미국의 모파상으로 불리기도 하지만, 냉소적이고도 매우 염세적인 모파상과는 달리 인간에 대한 따스한 애정과 신뢰를 잃지 않는 휴머니즘 작가였다고 할 수 있다. 그런 점에서 그는 노벨 문학상 후보에 손색이 없는 작가로 평가될 수 있지만, 아쉽게도 그의 존재는 깊이가 없는 통속적인 인기 작가로 오해받은 나머지 그런 영예의 대상에서 일찍부터 외면당해야만 했다.

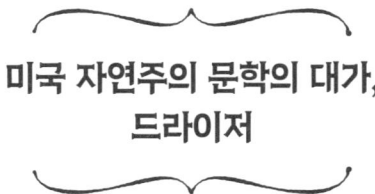

미국 자연주의 문학의 대가, 드라이저

소설 〈시스터 캐리〉, 〈아메리카의 비극〉 등으로 유명한 미국의 작가 드라이저(Theodore Dreiser, 1871-1945)는 인디애나주 테러호트에서 가난한 독일계 이민의 아들로 태어났다. 13명의 형제 가운데 살아남은 10명 중에서 아홉 번째였던 그는 극심한 가난 때문에 소년 시절부터 접시닦이, 점원 노릇으로 가족의 생계를 도와야 했는데, 그런 열악한 환경 탓으로 대학도 졸업하지 못하고 신문사 기자로 활동하다 1900년 처녀작 〈시스터 캐리〉를 발표했으나 독자들로부터 철저히 외면당하는 쓰라림을 맛봐야 했다.

세속적인 성공을 위해 수단 방법을 가리지 않는 시골 처녀 캐리의 문란한 사생활은 도덕성 시비를 불러일으키기에 족했지만, 출세 만능주의에 물든 자본주의 사회의 어두운 일면을 날카롭게 해부한 〈시스터 캐리〉는 드라이저가 죽은 후 윌리엄 와일러 감독의 영화로 인해 새롭게 부각되면서 재평가되기에 이르렀다.

하지만 그가 생존했을 당시만 해도 그 외의 다른 작품들 〈제니 게르하르트〉, 〈자본가〉, 〈거인〉, 〈천재〉 등 역시 세상의 주목을 전혀 받지 못하는 불운을 겪어야 했는데, 그의 나이 54세 때인 1925년에 발표한 대표작 〈아메리카의 비극〉에 이르러서야 비로소 작가로서의 명성을 얻게 되었으니 그때까지 그는 세상의 인정을 받지도 못하고 오랜 기간 실의의 나날을 보내야만 했다.

〈시스터 캐리〉의 남성 편이라 할 수 있는 〈아메리카의 비극〉은 가난한 시골 청년 클라이드가 도시로 진출해 출세를 꿈꾸다가 자신의 야욕을 이루기 위해 한 여성을 죽음으로까지 몰아넣고 형장의 이슬로 사라진다는 내용으로 이 작품도 드라이저가 죽은 후 조지 스티븐즈 감독의 영화 〈젊은이의 양지〉를 통해 전 세계에 알려졌다.

어려서부터 지독한 가난에 시달린 드라이저였으니 불평등한 자본주의 사회에 반감을 지닌 것은 당연한 결과였는데, 그런 점에서 그가 일찍부터 노동자 탄압 등 인권 문제에 관심을 기울이고 사회정의를 위한 시민운동에 동참한 것까지는 좋았으나 사회주의 사상에 이끌린 나머지 소련을 방문한 후 미국의 자본주의를 비난하는 글을 쓰고 더 나아가 피의 대숙청을 자행한 스탈린 치하의 소련을 찬미한 행위는 미국인들의 반감을 사기에 충분했다.

심지어 그는 히틀러와 손을 잡은 스탈린을 높이 평가하기도 했으며, 제2차 세계대전이 끝난 직후 미 공산당에 가입까지 했는데 그가 사망하기 불과 수개월 전의 일이었다. 그는 74세 나이로 생을 마감했지만, 그가 더 오래 살았다 하더라도 1950년대 미국을 휩쓴 매카시즘의 돌풍에서 결코 자유롭지 못했을 것으로 보인다. 어쨌든 미국 자연주의 문학의 대표 주자로 꼽히는 드라이저지만 스탈린 독재에 대한 그의 오판은 노벨 문학상 후보에 오르는 데 가장 큰 걸림돌이 되고도 남음이 있었을 것으로 보인다.

고독한 시인, 로버트 프로스트

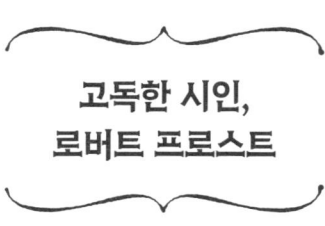

　20세기를 대표하는 미국 최대의 국민시인 로버트 프로스트(Robert Frost, 1874-1963)는 뉴잉글랜드의 전원생활을 통해 아름다운 자연에서 삶의 의미와 세상의 이치를 찾고자 했던 시인으로 비록 노벨 문학상을 수상하지는 못했지만, 네 차례에 걸쳐 퓰리처상을 받음으로써 미국 시인으로서는 드물게 대중과 비평가들로부터 가장 사랑받는 인물이 되었으며, 대학을 졸업하지 못했음에도 불구하고 수많은 대학에서 명예박사학위를 수여할 정도로 미국인의 사랑을 독차지한 시인이다.
　샌프란시스코에서 저널리스트의 아들로 태어난 그는 어릴 때 아버지가 갑자기 세상을 뜨자 어머니와 함께 대륙을 횡단해 동부 매사추세츠 주로 이주했으며, 그곳에서 고등학교를 마쳤다. 그는 잠시 다트머스 대학에 다니기도 했지만 졸업하진 못하고 집으로 돌아와 어머니의 일을 돕는 한편 신문 배달과 공장노동일 등 여러 직업을 전전하며 지냈지만, 시인이 되겠다는 꿈은 버리지 않았다.
　당시 엘리너와 결혼한 그는 할아버지가 세상을 뜨면서 남겨 준 농장을 돌보며 시작에 몰두해 많은 작품을 썼는데, 처녀시집 〈소년의 의지〉를 비롯해 〈보스턴의 북쪽〉 등은 매우 큰 호평을 받았다. 그 후 대학에서 영문학을 가르치는 한편 계속해서 시를 발표했으며, 그의 명성이 높아지면서 1924년 퓰리처상을 처음으로 수상한 이래 그 후 연이어 1931년, 1937년, 1943년에 걸쳐 모두 네 차례나 상을 받음으로써 미국 문단에서 확고한 위치를 차지하기에 이르렀다. 말년에 이르러 87세의 고령에도 불구하고 존 케네디 대통령 취임식에서 자신의 시를 낭송하기도 했던 그는 얼마 후 전립선 수술 합병증으로 세상을 하직했다.

이처럼 대중적인 사랑과 존경을 한 몸에 받았던 프로스트였지만, 개인적으로는 매우 힘겨운 시련을 겪어야 했다. 왜냐하면 그 어느 시인보다도 사랑하는 가족들의 연이은 죽음으로 인해 상실의 아픔과 비통함을 뼈저리게 겪은 시인이었기 때문이다. 무엇보다도 우울증 내력이 있어 보이는 그의 집안에는 항상 죽음의 기운이 감돌고 있어서 프로스트 자신은 비록 89세까지 장수했지만, 일생 동안 수많은 가족의 장례식을 치러야만 했다.

그는 어린 시절 아버지를 결핵으로 잃었으며, 청년 시절에는 어머니를 암으로 잃었다. 일찍 결혼해서 6남매를 두었지만, 그중에서 넷이 일찍 죽었다. 어린 아들 엘리엇은 콜레라로 죽었고, 딸 베티나는 태어나자마자 사망했으며, 딸 마조리는 출산 후유증인 산욕열로 죽었다. 게다가 아들 캐롤은 자살로 생을 마감했다. 딸 이르마는 정신병원에서 죽었는데, 그의 여동생 지니 역시 정신병원에서 죽었다. 그의 자녀 6남매 중 유일하게 별 탈 없이 여생을 마친 인물은 84세까지 장수한 장녀 레슬리뿐이었다. 우울증을 앓았던 아내 엘리너는 유방암으로 죽었는데, 암으로 세상을 떠났던 그의 어머니 역시 우울증에 시달렸다. 그리고 당연히 프로스트 자신도 우울증을 앓았다.

하지만 그런 아픔과 슬픔에도 불구하고 프로스트는 매우 소박하고도 투명한 언어로 삶과 자연의 어두운 이면을 노래했다. 아름답지만 인간에 대해 무관심하기 그지없는 자연을 마주하는 고독하고 어두운 시인의 마음이 묘한 대조를 이루는 그의 시는 인간 존재의 실체에 대해 근원적인 질문을 던지는 듯이 보인다. 특히 미국인들이 즐겨 애송하는 〈가지 않은 길〉이나 〈자작나무〉 등의 시에서 보듯이 그는 비록 우리의 삶이 길 없는 숲과 같아서 이리저리 방황을 거듭하지만, 그리고 살아가는 도중에 예기치 못한 거미줄과 잔가지에 얽혀 상처를 받기도 하지만, 그럼에도 불구하고 사랑이 있기에 잠시 세상을 떠나고 싶은 유혹을 접고 계속해서 살아갈 다짐을 하고 있다.

 이처럼 그 어떤 가혹한 운명도 얼마든지 받아들일 수 있겠다는 각오를 보인 프로스트는 인생길의 오르막과 내리막을 모두 수용하는 달관의 경지를 드러내 보이고 있다고 할 수 있는데, 조용하고 차분한 그의 시는 그런 불가사의한 인생의 참모습을 말 없는 자연과 대비시켜 끝없는 탐구를 계속했으며, 실제로 그 자신이 전혀 예기치 못한 개인적인 불행을 연이어 겪었지만, 그 숱한 상실의 아픔과 비애에도 불구하고 그는 길 없는 숲속을 이리저리 거닐며 삶의 지혜를 얻고자 끊임없이 자기 탐색을 시도했다고 볼 수 있다. 그런 점에서 그토록 많은 시인에게 노벨 문학상이 주어졌건만 인생을 깊이 있게 관조한 프로스트가 후보명단에조차 오르지 못한 것은 아무리 생각해도 스웨덴 한림원의 가장 큰 실수 가운데 하나로 보인다.

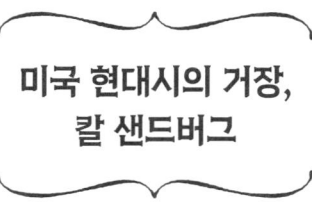

미국 현대시의 거장, 칼 샌드버그

미국의 시인 칼 샌드버그(Carl Sandburg, 1878-1967)는 가장 미국적이고도 서민적인 현대시를 쓴 시인으로 정평이 나 있을 정도로 미국의 거대한 도시와 자연을 파격적인 시어를 동원해 노래한 시인이다. 특히 그에게 시인으로서의 첫 명성을 안겨 준 〈시카고〉에서는 부두 노동자나 트럭 운전사들이 사용하는 비속어를 동원해 아름다운 운율에만 집착하는 전통적 시인들에게 큰 충격을 안겨 주었으며, 〈연기와 강철〉에서 보듯이 대도시의 강인한 삶뿐만 아니라 〈옥수수 껍질을 벗기는 사람〉처럼 미국 중서부의 광대한 자연의 힘을 찬미함으로써 가장 애국적인 미국 시인으로 손꼽힌다.

일리노이주 게일즈버그의 작은 오두막집에서 가난한 스웨덴계 이민의 아들로 태어난 그는 소년 시절부터 학교를 그만두고 우유배달, 호텔 보이를 거쳐 벽돌공, 농장 일꾼, 탄부 등을 전전하다가 미서전쟁에 종군한 후 제대한 후에는 고향에 있는 롬바드 대학을 고학으로 힘겹게 다녔으나 끝내 졸업하진 못했다. 그 후 사회민주당에 가입해 정치 활동에 몸담은 그는 같은 동료였던 릴리언 스타이첸과 결혼해서 시작에 몰두하는 한편 방대한 규모의 링컨 전기를 쓰기도 했는데, 두 권의 시집과 링컨 전기로 세 차례나 퓰리처상을 수상했다.

고달픈 도시 노동자의 삶을 매우 단순하고 서정적인 시어로 노래한 샌드버그는 월트 휘트먼을 잇는 매우 애국적인 시인의 이미지를 미국인에게 남겼지만, 인생을 벗기면 벗길수록 눈물이 나는 양파 껍질에 비유하거나 시간을 인생의 동전에 비유하고 함부로 낭비하지 않도록 하라는 명언을 남기기도 했다. 비록 그는 시인으로서 큰 명성을 얻었지만, 자신이 바라는 삶은 단지 감옥에 가지 않고 제때 밥을 먹으며 자신이 쓴 것을 출간하고 사람들에게 작은 사랑을 받으며 날마다 노래 부르는 일뿐이라고 말할 정도로 매우 소박하고 겸손한 삶의 태도를 유지한 인물이기도 했다.

샌드버그는 89세를 일기로 조용히 눈을 감았지만, 그토록 장수할 때까지 그에게 노벨 문학상 수상의 소식은 들리지 않았다. 그가 세상을 떴을 때 당시 대통령이었던 린든 존슨은 칼 샌드버그의 존재야말로 미국의 음성이기 이전에 미국 자체라고 칭송했는데, 어쩌면 지나치게 미국적인 이미지를 강조한 점이 오히려 역효과를 냈는지도 모른다. 하지만 샌드버그 자신이 그런 국제적인 명성 따위에는 별다른 욕심이 없었으니 사실 그에게 노벨 문학상 수상 여부는 그리 중요한 문제가 아니었을 것이다.

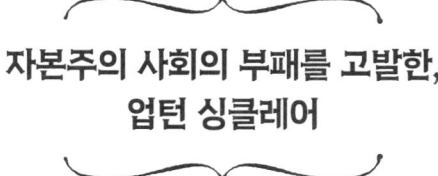
자본주의 사회의 부패를 고발한, 업턴 싱클레어

　미국의 소설가 업턴 싱클레어(Upton Sinclair, 1878-1968)는 자본주의의 병폐를 예리한 필체로 고발한 좌익 작가로 〈정글〉, 〈용의 이빨〉, 〈석탄왕〉, 〈석유!〉, 〈술〉 등의 작품 제목에서 보듯이 미국 사회의 부패한 산업구조의 실상을 날카롭게 파헤친 것으로 유명하다. 그와 이름이 비슷한 싱클레어 루이스는 1930년에 이미 미국 작가로서는 가장 최초로 노벨 문학상을 탔으나 사회주의 성향이 강했던 업턴 싱클레어에게는 그런 수상의 영예가 좀처럼 돌아오지 않았다.

　메릴랜드주 볼티모어에서 몰락한 남부 귀족 출신 주류 판매업자의 아들로 태어난 그는 소년 시절부터 돈벌이용 싸구려 소설을 쓰기 시작했는데, 그렇게 모은 돈으로 대학의 학비를 충당하면서 발표한 몇 편의 소설들은 별다른 호응을 받지 못했다. 뉴욕 시립대학에 재학 중일 때 이미 사회주의 사상에 기울어진 그는 1906년 시카고 정육 사업 공장 노동자들의 비참한 실태를 고발한 소설 〈정글〉을 통해 크게 성공했는데, 그 수익금으로 자신의 이상주의적 유토피아 공동체 건설을 시도하기도 했으나 여기치 못한 의문의 화재 사고로 인해 뜻을 이루지 못하고 말았다.

　그 후 금융계의 비리를 파헤친 〈금융업자〉, 탄광 지대의 파업을 다룬 〈석탄왕〉, 신문업계의 부패를 고발한 〈브라스 체크〉 등을 발표해 자본주의 사회에 만연한 사회악과 정면 대결하는 모습을 보였다. 작가로서의 명성을 얻게 되자 자신감을 얻은 그는 1920년대 초 자신의 사회주의 이념을 바탕으로 정계에 진출할 야심을 지니고 국회의원 선거에 출마하기도 했으나 연이어 낙선의 고배를 마시고 말았다.

비록 그의 정치적 야심은 실패로 돌아갔지만, 사회정의를 위한 투쟁에 계속 뛰어든 그는 다시 소설 창작에 전념해 석유업자의 비리를 고발한 〈석유!〉, 무정부주의자 사코와 반체티의 처형 사건을 다룬 〈보스턴〉을 발표한 후 경제 대공황기의 위기에 편승해 다시 정계 진출을 노리고 1934년 캘리포니아 주지사 선거에 나섰으나 역시 낙선하고 말았다.

그 후로는 두 번 다시 정치적 야심을 보이지 않았으나 대신에 20세기 전반의 서구 정치사를 총괄하는 11권에 이르는 〈래니 버드〉 시리즈를 완결해 그중의 하나인 〈용의 이빨〉로 1943년 퓰리처상을 수상하는 기염을 토하기도 했다. 〈세계의 종말〉에서 시작해 〈래니 버드의 귀환〉으로 끝나는 이 대하드라마는 무기 제조업자의 손자인 주인공 래니 버드를 중심으로 두 차례의 세계대전에 걸친 정치적 격동기를 무대로 전체주의의 횡포와 일반 대중의 희생을 통해 참된 인간의 가치를 외친 실로 방대한 규모의 야심작이다.

생전에 100권 이상에 달하는 작품을 남긴 초정력적인 다작가 업턴 싱클레어는 90세를 일기로 타계했는데, 사실 노벨 문학상을 타고도 남을 작가였지만, 단 한 차례의 퓰리처상을 제외하고는 무던히도 상복이 없는 작가라 할 수 있다. 그보다 7년이나 연하인 싱클레어 루이스가 불과 45세 나이로 노벨 문학상을 탔다는 사실과 견주어 볼 때, 스웨덴 한림원은 유독 업턴 싱클레어에게 인색했다는 느낌을 지울 수가 없는데, 굳이 그 이유를 생각해 본다면 지나치게 자본주의 사회의 어두운 일면만 부각시켰을 뿐 파시즘이나 공산주의 사회가 저지른 무자비한 폭력의 본질에 대해서는 제대로 다루지 않았기 때문일 것으로 보인다.

파시즘에 동조한, 에즈라 파운드

　소위 잃어버린 세대에 속한 작가로 다방면에 걸쳐 천재적인 재능을 발휘했던 에즈라 파운드(Ezra Pound, 1885-1972)는 미국의 시인으로 현대시에 있어서 모더니즘 운동의 기수라 할 수 있다. 특히 이미지즘에 입각한 그의 간결하고도 고도로 압축된 시는 20세기 초반 현대시에 일대 혁명을 불러일으켰다. 제2차 세계대전 당시 파시즘에 동조해 이탈리아에서 반미활동 및 반유대주의운동에 전념하다가 종전 후 미군에 체포되어 10년 이상 정신병원에 수용되었던 그는 T. S. 엘리엇 등 동료 시인들의 탄원으로 가까스로 풀려난 후 이탈리아로 건너가 그곳에서 생을 마쳤다.

　미국 아이다호주 헤일리에서 태어난 파운드는 어려서부터 머리가 매우 명석해서 불과 15세 나이로 펜실베이니아 대학에 입학할 정도로 조숙했다. 그는 대학에서 알게 된 힐다 둘리틀에게 청혼까지 했으나 그녀의 집안에서 반대하는 바람에 뜻을 이루지 못하고 잠시 교편생활을 하다가 불미스러운 스캔들 혐의로 오해를 받자 주저 없이 학교를 그만둔 후 곧바로 미국을 떠나 유럽으로 건너갔다. 런던에서 예이츠, T. S. 엘리엇, 제임스 조이스 등 쟁쟁한 문인들과 교류하는 가운데 모더니즘 운동을 주도한 그는 20세기 시문학에 돌풍을 일으키며 문단의 총아로 떠올랐으나 제1차 세계대전을 계기로 자본주의에 영합한 영국 사회에도 실망을 느끼고 종전 이후에는 파리로 이주해 다양한 분야의 예술가들과 어울리며 교류했다.

한때 그가 주도했던 이미지즘 운동은 진지한 삶의 성찰이 아니라 단순히 감각적인 차원에 머물고 말았다는 아쉬움도 남기지만, 그럼에도 불구하고 그의 존재는 20세기 시문학에서 가장 영향력 있는 거물로 추앙받고 있는데, 필생의 대작으로 간주되는 그의 〈칸토스〉는 현대판 〈신곡〉이라는 찬사에 손색이 없을 정도로 동서양을 넘나드는 박학다식함을 과시하고 있지만, 결국에는 무솔리니와 히틀러의 파시즘을 칭송하는 내용으로 흐름으로써 아무리 천재적인 시인이라 하더라도 세상을 바라보는 안목에는 한계가 있음을 여지없이 드러낸다.

아마도 그것은 그 자신이 혐오해 마지않던 무질서하기 그지없는 자본주의 사회에 대한 반감 때문이 아닐까 한다. 혼돈에서 질서를 그리고 복잡성에서 간결함을 추구했던 그로서는 난잡하고 쓰레기더미 같은 미국 사회, 그리고 몰락한 귀족들의 나라 영국 사회에 대한 실망과 좌절감으로 인해 자신이 몸담을 적절한 이상향을 찾지 못해 안달이 나 있었던 것이다.

하지만 무질서한 세상을 혐오하고 질서와 순수함, 그리고 간결함을 추구했던 그의 강박증은 새로운 이상향을 건설한다는 과대망상으로 흐른 나머지 파시즘과 함께 손을 잡는 우를 범하고 말았다. 결국 파운드는 높은 이자를 받아먹고 배를 불리며 살아가는 타락한 수전노들, 다시 말해 유대인이 없는 세상을 꿈꾸고 그런 자신의 이상을 실현시켜 줄 새로운 영웅으로 무솔리니를 선택한 셈이다. 일사불란하게 움직이는 검은 셔츠당의 젊고 활기찬 행진 모습에서 그는 새로운 질서와 희망을 구한 것이다. 파운드는 자신의 확고한 신념에 의해 히틀러와 무솔리니를 찬양하고 반유대주의를 널리 전파했다.

제1차 세계대전의 원인이 국제 자본주의 때문이라고 생각한 파운드는 파시즘이야말로 새로운 사회개혁의 희망이라고 굳게 믿고 1933년 헤밍웨이의 반대에도 불구하고 마침내 무솔리니를 직접 만나 자신의 신념을 그에게 전했다. 그리고 미국의 해밀턴 대학에서 명예박사 학위를 수여받고 이탈리아로 다시 돌아간 직후부터 노골적인 반유대주의 성향의 글을 쓰기 시작했는데, 당시 그는 유대인의 존재를 질병의 화신으로 간주하며 세계 정복의 야욕에 불타는 유대인의 음모를 경계해야 한다고 널리 호소했다.

제2차 세계대전이 발발하자 파운드는 목소리를 더욱 높여 로마 방송에도 진출했는데, 처음에는 이탈리아 정부도 그를 이중 첩자로 의심해 선뜻 허락하지 않았지만, 그의 확고한 신념을 인정하고 마침내 그를 방송에 출연시켰다. 그 후 파운드는 고기가 물을 만난 듯이 파시즘을 찬양하고 유대인을 헐뜯는 방송을 계속했는데, 그 활동은 그가 미군에 체포될 때에 이르러서야 비로소 멈추게 되었다.

미군이 시실리에 상륙했을 무렵 파운드는 로마에 있었는데, 혼자 수백 마일을 걸어서 북쪽으로 피신한 그는 가까스로 라팔로에 당도했지만, 결국에는 마을에 진주한 미군에 체포되고 말았다. 그는 이적 행위를 한 반역죄 혐의로 구금 상태에 있으면서도 일본과의 평화협상을 촉구하는 전문을 트루먼 대통령에게 보내게 해 달라는 요청을 하는가 하면, 이탈리아와 독일에 대해서도 관용을 베풀도록 호소하는 마지막 방송을 허락해 달라고 간청했으나 그의 요구는 당연히 묵살되었다.

이처럼 아무리 비범한 인물이라 해도 눈에 뭔가 막이 씌면 현실 판단 능력에 커다란 구멍이 나는 모양이다. 수백만의 무고한 인명을 무참하게 학살한 나치 독일과 일본임을 잘 알고 있었을 그가 그들에 대해

관용과 선처를 바랐다는 사실은 지금까지도 풀리지 않는 수수께끼라 하겠다. 어쨌든 그는 본국으로 송환되어 마땅히 사형집행을 받고도 남을 처지였으나 세계적인 시인이라는 명성 덕분에 그래도 살아남았다.

대신에 그에게는 정신병원에 연금시킨다는 조치가 내려졌다. 그의 담당 변호사는 감형을 위해 파운드의 정신상태가 정상이 아님을 입증시키고자 애썼으나 당시 정신과 의사들은 그의 상태는 조현병 상태가 아니라 단지 나르시시즘적 인격의 소유자로 진단했다. 그의 정신상태는 말짱했다는 얘기다. 파운드는 병원에서도 유대인 의사와는 대화를 거부했으며, 방문자들에게 시온의정서를 읽어 주는 등 유대인에 대한 혐오감은 여전했다. 결국 의사들은 더 이상 파운드가 치료적인 목적으로 병원에 있어야 할 상태가 아님을 인정하고 그의 방면을 건의하기에 이르렀다.

12년에 걸친 기나긴 정신병원 생활에서 풀려난 파운드는 마침내 이탈리아로 다시 돌아갔다. 백발이 성성한 70세 노인이 되어 나폴리 공항에 도착한 그는 대기하고 있던 기자들 앞에서 파시스트식의 경례를 하며 미국 전체가 정신병원이라고 일갈했다. 그런 점에서 그는 완벽하게 잃어버린 세대임을 입증한 셈이다. 하지만 정신병만 광기에 속하는 게 결코 아니다. 도덕적인 광기는 뚜렷한 치료 방법조차 없기에 더욱 골치 아픈 난치병이 아닌가. 그런 시대착오적인 엄청난 과오만 아니었어도 현대시의 대가 에즈라 파운드는 T. S. 엘리엇을 제치고 충분히 노벨 문학상을 탈 수도 있었을 천재 시인이었다.

잃어버린 세대의 작가, 스콧 피츠제럴드

소설 〈위대한 개츠비〉로 세계적인 명성을 얻은 미국의 작가 스콧 피츠제럴드(Scott Fitzgerald, 1896-1940)는 비록 44세라는 젊은 나이로 요절하고 말았지만, 20대 중반 처녀작 〈낙원의 이쪽〉으로 문단에 데뷔하자마자 비평가들의 찬사를 받으며 경제적으로도 크게 성공하는 등 순조로운 출발을 보였다. 그런 여세를 몰아 계속해서 단편집 〈말괄량이와 철인(哲人)〉, 〈재즈 시대의 이야기〉, 그리고 그의 최대 걸작 장편소설 〈위대한 개츠비〉 등을 발표해 현대 미국 문학을 대표하는 작가의 반열에 오른 그였지만, 불행한 결혼 생활과 알코올 중독, 방탕한 사생활 등으로 어두운 말년을 보내기도 했다.

미네소타주 세인트폴에서 평범한 회사원의 아들로 태어난 그는 프린스턴 대학에 들어가면서 작가가 될 꿈을 키웠는데, 제1차 세계대전이 막바지에 달했을 무렵 군대에 징집되자 자신이 전사하게 될까 두려움에 빠진 나머지 서둘러 소설 〈낭만적인 에고이스트〉를 쓰기 시작했다. 다행히 곧바로 종전이 이루어지는 바람에 전장에 투입되기도 전에 제대할 수 있게 된 그는 탈고한 소설을 출판사에 의뢰했으나 보기 좋게 거절당하고 말았다. 당시 그는 판사의 딸 젤다 세이어와 열애에 빠졌는데, 미래가 불투명하다는 이유로 파혼을 당하는 아픔까지 겪어야 했다.

젤다와 결혼하기 위해 어떻게든 작가로 성공해야 한다는 집념 하나만으로 혼신의 힘을 다해 집필에 몰두한 그는 〈낭만적인 에고이스트〉

를 개작해서 〈낙원의 이쪽〉이라는 제목으로 출간한 결과 대대적인 성공을 거두며 유명작가가 됨으로써 마침내 젤다와 결혼하는 데 성공하게 되었다. 하지만 그가 〈아름답고 저주받은 사람들〉, 〈위대한 개츠비〉를 발표한 후 극도로 방탕한 삶에 빠져 있는 사이에 정서적으로 매우 불안정했던 젤다는 점차 정신이상 증세를 보이기 시작해 여러 정신병원을 전전하게 되었으며, 그는 아내의 입원비를 대기 위해 허리가 빠지도록 작품을 써야만 했으니 그에게 유일한 위안은 오로지 알코올에 의지하는 일뿐이었다.

젤다는 결국 오랜 입원 생활 끝에 피츠제럴드가 사망한 지 8년 뒤에 정신병원의 화재로 숨지고 말았는데, 그녀가 입원해 있는 동안 돈을 벌기 위해 할리우드로 가서 영화 대본을 쓰는 가운데 칼럼니스트 쉴라 그레이엄과 동거 생활을 유지하던 그는 과도한 음주로 더욱 건강을 해치면서 별다른 문제작을 내지 못하다가 최후의 걸작을 남긴다는 각오로 〈마지막 거물〉 완성에 몰두했으나 끝내 작품을 완성하지 못한 채 쓰러지고 말았다. 피츠제럴드의 말년을 다룬 헨리 킹 감독의 영화 〈비수(悲愁)〉는 쉴라 그레이엄의 회상에 기초한 작품으로 명우 그레고리 펙이 피츠제럴드 역을 맡아 열연을 펼친 바 있다.

20세기 초 미국 사회에 환멸을 느끼고 유럽으로 도피한 헤밍웨이, 거트루드 스타인, 에즈라 파운드 등으로 대표되는 소위 '잃어버린 세대'에 속하면서도 그들처럼 해외로 도피하지 않고 미국에 머물며 작품을 썼던 피츠제럴드는 매우 서정적인 소설을 남긴 토마스 울프와는 달리 단조로운 삶의 공허함과 환멸로부터 도피하고자 사치스러운 파티와 방탕한 생활에 탐닉하는 미국 상류사회의 모습을 사실적으로 잘 묘사했는데, 그의 대표작으로 꼽히는 〈위대한 개츠비〉가 전형적인 작품으로 평가된다.

비록 이 작품은 미국 현대문학의 걸작으로 높이 평가되고 있는 게 사실이지만, 솔직히 말해 지나치게 과대평가되고 있다는 느낌 또한 지우기 어렵다. 물론 물질만능주의와 아메리칸드림에 바탕을 둔 성공지상주의, 계급적 불평등 속에서 술과 도박, 환락과 재즈의 열풍에 빠져 정신적 빈곤과 환멸을 떨쳐 버리고자 했던 상류사회의 무질서한 광란적 사치와 향락을 통해 그 밑에 도사린 절망적 허무주의를 예리하게 포착한 점은 높이 평가될 수 있겠지만, 진정으로 소외당한 사람들의 아픔과 좌절에 대해서는 별다른 관심을 보이지 않고 있어서 아쉬움을 남기는데, 바로 그런 점 때문에 그가 더 오래 살았다 하더라도 노벨 문학상을 타기에는 다소 무리가 있었을 것으로 보인다.

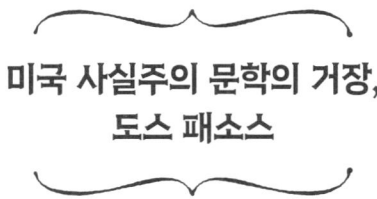

미국 사실주의 문학의 거장, 도스 패소스

미국의 소설가 존 도스 패소스(John Dos Passos, 1896-1970)는 소위 〈USA〉 3부작으로 꼽히는 소설 〈북위 42도선〉, 〈1919년〉, 〈거금〉으로 잘 알려진 작가다. 1900년부터 1930년에 이르기까지 다큐멘터리 기법을 사용해 물질만능주의에 사로잡힌 미국 사회의 도덕적 타락상을 냉정한 태도로 진단하고 폭로한 이들 대작은 사회주의적 리얼리즘에 입각한 매우 사실주의적인 작품들로 당시의 시대상을 전달하는 데 유용한 신문기사와 유행가, 광고문, 실존 인물들의 전기, 의식의 흐름 기법 등 새롭고도 실험적인 시도를 통해 상당히 극적인 효과를 발휘한 것으로 평가된다.

미국 시카고에서 포르투갈계 이민의 후손인 변호사의 아들로 태어났으나 사생아였던 그는 아버지의 인정을 받고 그의 성을 이어받기까지 16세가 되도록 참고 기다려야만 했는데, 왜냐하면 사생아의 존재가 아버지의 사업에 악영향을 줄까 우려했기 때문이다. 어쨌든 소년 시절까지 존 로데리고 매디슨이라는 이름으로 학교를 다녀야 했던 그는 교육만큼은 제대로 받을 수 있어서 하버드 대학을 졸업하고 제1차 세계대전 시에는 스스로 자원해 프랑스 전선에서 앰뷸런스 운전병으로 복무했으며, 그때 체험을 바탕으로 반전소설 〈3인의 병사〉를 발표해 주목을 받으면서 잃어버린 세대에 속하는 작가라는 평을 들었다.

그 후 뉴욕의 암흑가를 다룬 〈맨해튼의 대피선(待避線)〉으로 상업적 성공을 거둔 그는 1928년 소련으로 가서 공산주의 사상을 공부한 이래 미국 사회를 부자와 빈자들로 나뉜 두 개의 나라로 간주하고 그런 좌파적 시각에서 미국 사회의 부패를 고발한 3부작 소설〈북위 42도선〉,〈1919년〉,〈거금〉을 연이어 발표함으로써 싱클레어 루이스, 업턴 싱클레어와 더불어 사회주의적 리얼리즘 작가로 미국 문단에서 자신의 색깔을 분명히 했다.

하지만 그는 후기로 갈수록 싱클레어 루이스처럼 점차 보수 우익 쪽으로 방향을 선회하는 모습을 보였는데, 그런 경향은 헤밍웨이와 함께 스페인 내전 현장을 둘러볼 때 이미 드러나기 시작했다. 특히 그의 이념적 동지였던 호세 로블레스가 프랑코 군대의 첩자라는 누명을 쓰고 처형되자 스탈린에 대한 반감과 불신이 더욱 커졌다. 또한 그는 당시 일종의 영웅 심리에 빠져 있던 헤밍웨이와도 사이가 틀어졌으며, 그 후 보수파인 공화당을 지지하는 한편 매카시즘의 반공 노선에 동조하기도 했다.

당시 파시즘에 대항하는 가장 강력한 힘의 결집체로 중추적인 역할을 맡았던 공산주의 이념이 서구 지식인 사회에서 보편화되던 시점에 그의 노선 변경은 결국 대중적 무관심으로 이어져 그 후 그의 책들은 거의 팔리지 않게 되었다. 사실 그는〈USA〉3부작 이후에도 수십 권에 달하는 많은 소설을 썼지만, 그가 남긴 400여 점의 그림만큼이나 사람들의 관심을 이끌지는 못했다.

생전에 무려 42권의 장편소설을 남긴 도스 패소스에게 노벨 문학상이 수여되지 않은 것은 물론 동시대에 활동한 싱클레어 루이스에게 이미 상이 돌아갔기 때문이기도 하겠지만, 다른 무엇보다 보수 반공 노선으로 기울어진 그의 사상적 변절이 동시대 지식인들에게 매우 부정적인 모습으로 비쳤기 때문일 것이다. 참고삼아 소개하자면, 그의 생전에 미국 작가로 노벨 문학상이 수여된 것은 1930년의 싱클레어 루이스, 1936년 유진 오닐, 1938년 펄 벅, 1948년 윌리엄 포크너, 1954년 헤밍웨이, 1962년 존 스타인벡 등이 있었는데, 모두 다 쟁쟁한 작가들이니 스웨덴 한림원으로서도 고충이 많았을 것으로 보인다.

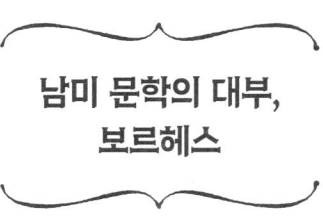

남미 문학의 대부, 보르헤스

아르헨티나의 작가 보르헤스(Jorge Luis Borges, 1899-1986)는 20세기 남미 문학을 대표하는 상징주의 환상 문학의 거장으로 '호르헤 프란시스코 이시도로 루이스 보르헤스'라는 긴 이름이 본명이다. 부에노스아이레스에서 변호사이자 심리학 교수의 아들로 태어나 가정교사 밑에서 다양한 문학적 소양을 키우며 자랐다. 15세 때 아버지의 눈을 치료하기 위해 스위스로 이주한 가족과 함께 제네바에 머물기도 했던 그는 한동안 스페인에 거주하며 전위적 문예운동에 참여하다가 아르헨티나로 귀국한 후 향토색 짙은 시집을 발간해 본격적인 작가 생활로 접어들었다.

1935년에 발표한 단편소설집 〈불한당들의 세계사〉로 문단의 주목을 받은 후 1938년, 자신의 아버지처럼 시력이 몹시 나빴던 그는 집에서 유리창에 머리를 부딪쳐 큰 부상을 입고 치료받던 도중에 심한 패혈증 증세를 보이며 거의 죽었다 살아난 뒤부터 전혀 새로운 스타일의 소설을 발표해 명성을 날리기 시작했는데, 소설 〈피에르 메나르, 돈키호테의 저자〉, 〈끝없이 갈라진 길들이 있는 정원〉이 포함된 소설집 〈픽션들〉과 17편의 단편을 모은 〈알렙〉이 대표적인 예들이다.

특히 〈알렙〉에 실린 단편 〈독일 진혼곡〉에서는 나치에 가담한 혐의로 총살형을 선고받은 오토가 죽음을 앞둔 시점에서 왜 자신이 그토록 잔혹한 살인마로 변해야만 했는지에 대한 그의 왜곡된 논리를 전개하고 있는데, 구차스러운 변명으로 일관한 아이히만과는 달리 오토는 그 나름대로의 정교한 논리를 지니고 있어서 독자들의 머리를 꽤나 복잡하게 만들고 있다. 하지만 보르헤스가 주장하는 메시지의 핵심은 결국 그 어떤 논리적 왜곡에도 불구하고 폭력의 악순환만큼은 막아야 한다는 경고의 목소리를 발한 것이라 할 수 있다.

그 외에도 단편집 〈브로디의 보고서〉, 〈모래의 책〉, 〈셰익스피어의 기억〉 등과 많은 시집, 에세이집, 평론집을 남긴 그는 시력을 완전히 상실한 말년에 쓴 단편소설 〈1983년 8월 25일〉에서는 제목과 같은 날에 마치 그 자신이 자살할 것처럼 암시하기도 했는데, 실제로 그렇게 하지 않은 이유에 대한 질문을 받을 때마다 그는 자신이 겁쟁이라서 그랬다고 웃음으로 넘기곤 했다. 참고삼아 말하자면 바로 그날은 그의 생일이기도 하다.

현실과 상상의 세계가 마구 뒤섞인 그의 독특한 기법들은 신과 죽음, 시간 등 형이상학적인 주제들을 작품으로 형상화하면서 특히 프랑스의 후기 구조주의와 해체주의 등에 큰 영향을 끼쳤는데, 그의 환상적 사실주의 문학은 현대 포스트모더니즘 문학의 발전에 결정적인 견인차 노릇을 한 것으로 평가된다. 단적인 예로 움베르토 에코는 보르헤스가 아니었으면 자신이 〈장미의 이름〉을 쓸 수 없었을 것이라고까지 말하기도 했는데, 실제로 그의 소설에는 보르헤스와 이름이 비슷한 시각장애인 사서가 등장한다.

한동안 시립도서관의 사서로 일하면서 창작에 몰두하던 그는 페론이 쿠데타로 정권을 잡게 되자 페론에 반대하는 지식인들의 시국선언문에 동참한 결과 도서관 사서직에서 가축시장의 검사관으로 전보 발령을 받게 되었으며, 그런 모욕적인 조치에 반발한 그는 스스로 사직서를 내고 자리에서 물러나고 말았다. 졸지에 실업자가 된 그는 강연과 집필 활동에 전념하다가 페론이 실각하면서 국립도서관장에 임명되는 명예를 얻었지만, 당시 그는 이미 시력을 거의 상실한 상태인지라 그 많은 책 가운데 단 한 권도 읽을 수 없는 처지가 되었다. 그런 상황을 그는 '책과 어둠의 아이러니'라고 부르기도 했다.

그런데 현대문학사에 끼친 엄청난 영향력으로 볼 때, 보르헤스를 능가할 만한 작가가 그리 많지 않으리라는 평가에도 불구하고 그에게는 좀처럼 노벨 문학상의 영예가 주어지지 않았으니 참으로 기묘한 일이 아닐 수 없다. 물론 그는 단 한 편의 장편소설도 쓰지 않았으며, 작품 수도 그리 많지 않은 게 사실이지만, 굳이 그 이유를 따져 보자면, 보르헤스의 정치적 입장을 고려해 볼 수 있겠다. 전통적인 보수주의자요 반공주의자로 미국과 이스라엘에 친밀감을 지녔던 그는 대중적 인기를 독차지했던 페론을 증오하는 대신 오히려 우익 군사정권을 비호하거나 중남미의 구세주로 추앙받는 체 게바라와 카스트로 등 공산주의자들을 멸시하는 태도를 보이기도 했으니 남미의 지식인사회에서조차 그에게 등을 돌리는 사람들이 적지 않았다.

특히 그의 생전에 노벨 문학상을 수상한 라틴아메리카 작가로는 아스투리아스, 네루다, 마르케스 등이 있지만, 이들 모두 좌파 성향을 띤 데 반해 유독 보르헤스는 철저한 반공주의자로 1976년 칠레의 독재자 피노체트가 수여하는 훈장까지 받았으니 그러지 않아도 독재자의 탄압에 치를 떤 남미 대중으로서는 그런 보르헤스에 대해 좋은 감정을 지니기 어려웠을 것이다.

물론 작가는 정치적 신념과는 상관없이 오로지 작품으로만 평가되는 것이 당연한 일이지만, 중남미의 정치적 상황을 고려하지 않을 수 없었던 스웨덴 한림원 입장에서는 좌파적 인사들이 대중적 인기를 얻고 있는 중남미 사회를 굳이 자극할 필요가 없었을 것이다. 더욱이 말년에 이르러 수시로 자신의 노벨 문학상 수상 여부에 대한 기자들의 질문에 그가 스웨덴 한림원을 비하하는 발언을 거침없이 내뱉은 점도 그에게는 불리하게 적용했기 쉽다. 우연의 일치인지 모르지만, 지금까지 아르헨티나는 단 한 사람의 노벨 문학상 수상자도 배출하지 못한 상태에 있다.

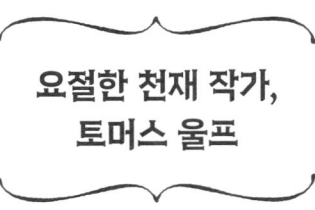

요절한 천재 작가, 토머스 울프

　38세로 일찍 요절한 토머스 울프(Thomas Wolfe, 1900-1938)는 미국 노스캐롤라이나주의 산골 마을 애쉬빌에서 석수의 막내아들로 태어났다. 신장이 거의 2미터에 가까운 거구였던 그는 노스캐롤라이나 주립대학을 졸업한 후 하버드 대학 대학원에서 연극을 전공했으나 극작가보다는 소설가의 길로 접어들었다. 그는 뉴욕대학에서 강의하는 일 외에는 남은 시간을 쪼개어 지하 골방에서 미친 듯이 소설을 썼는데, 하루에도 수십 잔의 커피와 육십 개비의 담배, 그리고 땅콩으로 시간을 때우며 수년 동안 산더미처럼 쌓인 원고를 쉬지 않고 써 내려갔다.

　그의 첫 데뷔작 〈천사여, 고향을 보라〉는 반자전적인 소설로 매우 서정적인 문체와 대서사시적인 구도를 통해 갠트 일가의 몰락 과정 및 주인공 유진 갠트의 성장 과정을 담은 작품이다. 생전에 그는 비록 4편에 불과한 과작에 머물렀지만, 29세 때 발표한 그의 첫 출세작 〈천사여 고향을 보라〉를 비롯해서 〈시간과 강에 대하여〉, 그리고 사후에 발표된 〈거미줄과 바위〉, 〈그대 다시는 고향에 가지 못하리〉 등으로 이어지는 4부작을 통해 주인공의 삶과 고뇌를 파노라마 형식으로 묘사함으로써 미국 문단에 우뚝 선 거목이 되었다.

　〈천사여 고향을 보라〉는 존 밀턴의 시 〈리시더스〉에서 따온 제목이다. 토머스 울프는 이 작품의 서문에서 모든 진지한 소설은 자서전이라고 말한다. 그리고 우리들은 각자에게 주어진 삶의 모든 순간의 총화로서 우리들의 모든 것이 그 속에 있는 것이며, 우리는 그것을 피할 수도 감출 수도 없다고 했다.

그러나 시간은 단순히 흘러가는 것만이 아니다. 순간의 소중함은 그 안에 우리 자신들의 모든 삶이 녹아 있기 때문이며, 따라서 그 비밀을 캐내는 작업이야말로 예술가에게 주어진 사명이라는 뜻이다. 그것은 얼핏 보면 서로 단절된 것처럼 보이지만 자세히 보면 과거와 현재 그리고 미래를 연결하는 비밀통로를 발견할 수 있는 작업이라는 점에서 정신분석가의 작업과도 비슷한 점이 있는 것이다.

소설의 주인공 유진 갠트와 마찬가지로 토머스 울프 역시 그렇게 해서 젊은 나이에 고향을 떠났다. 그리고 두 번 다시 고향에 돌아갈 수 없었다. 그것은 마음의 고향, 정신적 고향의 상실을 의미하는 것이다. 비록 몸은 고향 땅을 밟을 수는 있겠지만 마음을 둘 곳은 없다는 뜻이다. 낯설기만 한 고향은 이미 고향이 아니기 때문이다. 그런 점에서 토머스 울프는 외로운 방랑자며 소외된 인간이다. 그러나 삶의 비밀을 캐기 위해 자신의 모든 것을 다 바칠 각오가 되어 있었던 것이다. 그리고 그것이야말로 예술가가 걸어야 할 고독한 방랑의 길이었던 셈이다.

유작이 된 소설 〈그대 다시는 고향에 가지 못하리〉는 작가의 길로 접어든 조지 웨버가 동시대의 사회적 모순과 환멸을 경험하는 가운데 개인적으로는 폭풍과도 같은 열애에 빠지기도 하지만, 결국 그 모든 사실에서 자기 파괴적인 힘의 존재를 감지하고 자기만의 독자적인 세계로 도피하는 과정을 담았다. 그 전작인 〈거미줄과 바위〉 역시 비슷한 주제로 여기서 거미줄은 주인공을 꼼짝달싹하지 못하게 옥죄는 가족의 속박, 속물적인 환경, 격정적인 사랑 등을 암시하는 것이며, 바위는 석수장이 아버지가 지녔던 꿈과 환상, 그리고 근육질의 힘을 상징한다.

결국 조지 웨버는 굳센 바위의 힘을 발견하고 그의 숨통을 조이는 거미줄을 탈출하고자 애를 쓴다. 그리고 〈그대 다시는 고향에 가지 못하리〉를 통해 그 어떤 결론에 도달한다.

물론 여기에 등장하는 주인공 조지 웨버는 이름만 바뀌었을 뿐 유진 갠트와 동일 인물이나 마찬가지인 셈인데, 토머스 울프가 그대 다시는 고향에 돌아갈 수 없다고 말한 것은 우리 모두가 두 번 다시 과거로 그리고 어린 시절로 되돌아갈 수 없음을 가리킨 것이다. 물론 울프가 진정으로 그리워한 고향은 영원한 마음의 안식처, 따스한 온기로 가득 찬 정겨운 동산이었다. 그러나 그런 낙원은 어디서도 찾기 어려웠다. 살아보겠다고 서로 아귀다툼을 벌이는 시끌벅적한 거리에서 그는 뼈저린 고독과 삶의 공허함만을 느꼈을 뿐이다.

미국의 노벨 문학상 수상 작가 윌리엄 포크너는 토머스 울프를 당대 최고의 작가로 손꼽으며 입이 마르게 칭찬했지만, 그것은 단순히 같은 남부 출신 작가라는 이유에서만은 아니었다. 토머스 울프 이후 많은 작가 초년생들이 앞을 다투어 그의 서정적인 문체를 모방해 작품을 쓴 사실만 보더라도 그는 분명 미국 문학사에 있어서 매우 중요한 위치를 점하는 작가임에 틀림없을 것이다.

실제로 토머스 울프만큼 시적이고도 장대한 문장으로 한 인간의 삶을 집요하게 파고들면서도 미국 사회 전체의 문제를 집약적으로 드러낸 작가는 미국 문단에서 그리 흔치 않은 일이다. 더욱이 그는 동시대의 헤밍웨이처럼 미국 사회에 환멸을 느끼고 새로운 작품 소재를 찾아 해외로 떠돌지도 않았으며, 그렇다고 싱클레어 루이스처럼 미국에 눌러앉아 불평불만을 늘어놓기만 한 것도 아니었다.

오히려 그는 나치 독일의 야만성을 목격하고 이를 비난하는 글을 발표하여 독일 정부에 의해 그의 책들이 불태워지는 수모를 당하기도 했는데, 미국 사회가 비록 숭고한 정신이나 교양의 전통도 없고 게다가 천박하고 야비하며 속물적이기까지 하지만, 그럼에도 불구하고 그는 젊은 미국의 야생적인 힘에 끝까지 희망을 잃지 않았다. 그리고 그의 기대는 얼마 가지 않아 사실로 입증되었다. 울프가 세상을 떠난 직후 터진 제2차 세계대전에서 미국은 파시즘의 악몽을 물리치고 위기에 몰린 수많은 유럽인의 목숨을 구했기 때문이다. 무식하고 씩씩한 머슴이 곤경에 처한 양반댁 주인을 살려 낸 셈이다.

그는 말했다. "인간이 되돌아갈 수 있는 곳은 어디에도 없다. 앞으로 전진하는 것만이 유일한 길이다."라고. 이처럼 토머스 울프는 불행한 과거와 현실에 단순히 실망하거나 좌절하지 않고 오로지 자기 자신을 포함해 그의 주변 인물들의 삶의 모습을 통해 그가 마주친 시대적 혼란과 위기 상태뿐 아니라 그런 위기 속에서도 힘차게 전진하는 젊은 지식인의 자기 발견 과정을 용기 있게 기록해 나간 것이다.

그러나 과로에 지친 그는 결국 폐렴 및 결핵성 뇌막염으로 쓰러져 38세라는 젊은 나이로 아깝게도 일찍 요절하고 말았다. 그는 비록 잃어버린 세대에 속하지만 그럼에도 불구하고 젊은 미 대륙의 생기에 가득 찬 활력과 끈질긴 인간 생명력에 대한 기대를 끝까지 포기하지 않았던 작가로 평가된다. 거대한 강물이 흐르듯 전개되는 그의 서사시적 작품들은 미국 문학에서 매우 보기 드문 대하 성장소설로 평가될 수 있는데, 그래서 그가 좀 더 오래 살았더라면 퓰리처상이나 노벨 문학상의 영예를 누렸을지도 모른다는 아쉬움이 더욱 크다.

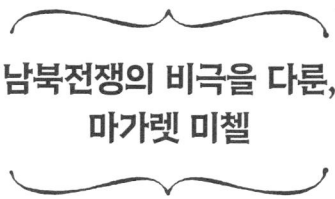

남북전쟁의 비극을 다룬, 마가렛 미첼

1936년에 발표한 대작 〈바람과 함께 사라지다〉 단 한 작품으로 미국 문학사의 한 페이지를 화려하게 장식한 마가렛 미첼(Margaret Mitchell, 1900-1949)은 미국 남부 조지아주 애틀랜타에서 부유한 변호사의 딸로 태어나 어려서부터 남부의 역사와 남북전쟁에 얽힌 비화를 들으며 성장했는데, 그녀의 친조부와 외조부 모두 남북전쟁 당시 남군에 소속되어 북군을 상대로 싸운 사람들이었으며, 이런 배경이 어린 시절 그녀로 하여금 남부 역사에 대한 관심을 갖도록 만든 요인이 되었다.

애틀랜타의 워싱턴 신학교를 졸업한 그녀는 여성 참정권자로 딸의 교육에 열성적이었던 어머니의 뜻에 따라 명문 여대인 스미스 대학에서 의학을 공부했으나 어머니가 갑자기 독감으로 세상을 뜨게 되자 학업을 중단하고 고향으로 돌아와 아버지를 보살피다가 베리엔 업쇼와 결혼해 친정에서 함께 살았는데, 알코올 중독에 폭력까지 휘두르던 남편은 불과 수개월 만에 그녀의 곁을 떠나 버렸다. 결국 그녀는 남편과 이혼한 후 그의 친구였던 존 마쉬와 재혼해 따로 살림을 차렸다.

그 후 그녀는 발목 부상으로 신문사를 그만두고 집 안에 들어앉으면서 소설 집필에 전념하게 되었는데, 기자로 일하던 남편의 도움으로 광범위한 자료 수집을 거쳐 3년에 걸친 각고의 노력 끝에 대작 〈바람과 함께 사라지다〉를 완성했으나 적절한 출판사를 찾지 못해 6년간이나 원고를 옷장 속에 묵혀 두다가 1935년에 이르러서야 비로소 맥밀란 출판사의 편집장 해럴드 레이텀의 눈에 띄어 출간이 결정되었으며, 그 후 6개월간 역사적 고증과 원고 수정을 거쳐 마침내 세상에 빛을 보기에 이르렀다. 집필을 시작한 지 10년 만의 일이었다.

천 페이지가 넘는 방대한 분량의 이 작품으로 그녀는 퓰리처상을 수상하며 일약 유명작가로 떠올랐으며, 당시로서는 획기적이라 할 만큼 수백만 부가 팔려나가는 베스트셀러가 되었는데, 3년 뒤에는 영화로도 제작되어 미국 전역에 〈바람과 함께 사라지다〉 돌풍을 불러일으켰다. 하지만 그녀는 그 후로 소설의 판권 관리에만 전념하면서 더이상 작품을 쓰지 않다가 남편과 함께 영화를 보러 가던 길에 불의의 교통사고를 당해 48세라는 아까운 나이로 세상을 뜨고 말았다.

이처럼 그녀는 단 한 편의 소설만을 남기고 생을 마감했지만, 〈바람과 함께 사라지다〉는 미국 남부 문학을 대표하는 걸작으로 고전의 반열에 오르게 되었으며, 전쟁의 폐허 속에서도 자신의 뜻을 굽히지 않고 꿋꿋하게 살아 나가는 주인공 스칼렛 오하라의 당찬 모습은 전형적인 남부 귀족사회의 전통에 반발하면서도 자기만의 세계를 집요하게 추구하는 새로운 여인상을 제시함으로써 많은 독자로부터 열렬한 환영을 받았다.

물론 철저하게 남부인의 시각에서 남북전쟁을 묘사했다는 비판이 없는 것도 아니지만, 실로 방대하고도 세밀한 시대적 묘사는 미국 사회에서 그 어떤 남성 작가들도 시도하지 못했던 전혀 새로운 대작의 탄생을 알리는 계기가 된 것만큼은 분명한 사실이었다. 하지만 예기치 못한 교통사고로 일찍 세상을 뜨는 바람에 후속 작품을 내지 못한 점은 큰 아쉬움으로 남는다. 만약 그녀가 계속 살아서 더욱 많은 걸작을 썼더라면 노벨 문학상 수상의 영예를 바라볼 수 있었을지도 모르기 때문이다. 더욱이 펄벅 여사가 미국 여성으로서는 최초로 노벨 문학상을 받은 해가 1938년이었으니 더욱 큰 아쉬움을 남긴다.

우울증에 시달린, 테네시 윌리엄스

현대 미국을 대표하는 극작가 테네시 윌리엄스(Tennessee Williams, 1911-1983)는 유진 오닐, 아서 밀러와 함께 미국의 3대 극작가로 손꼽힌다. 그의 대표작 〈유리동물원〉, 〈뜨거운 양철지붕 위의 고양이〉, 〈욕망이라는 이름의 전차〉, 〈장미의 문신〉, 〈지난 여름 갑자기〉 등은 영화로도 제작되어 대중적인 인기를 크게 얻었다. 하지만 3대 극작가 중에 유진 오닐만이 1936년에 노벨 문학상을 받았을 뿐이며, 그 이후로는 아직까지 80년 가까이 미국 극작가로 노벨상 수상자가 나오지 못하고 있는 상태다.

그는 미국 남부 미시시피주 출신으로 젊은 시절에는 때마침 불어닥친 경제 대공황으로 매우 힘겨운 시기를 보내기도 했다. 따라서 그는 여러 대학을 전전했으며, 가까스로 대학을 마친 후에도 호텔 보이, 잡부 등 생활을 하면서 틈틈이 글을 썼다. 생계를 위해 할리우드에서 시나리오 작가로 활동하는 가운데 1944년에 발표한 〈유리동물원〉으로 일약 유명해졌다. 그는 자전적 색채가 강한 이 작품을 통해 한 일가의 몰락 과정을 보여 줌으로써 심리극의 한 전형을 제시했으며, 그 후 아서 밀러와 함께 전후 미국을 대표하는 최고의 극작가 반열에 올랐다. 그러나 한편으로는 동일한 주제의 반복이라는 한계 때문에 그리고 작가 자신의 심각한 우울증 때문에 전성기의 창의적 열정을 이어 가지 못하다가 결국 약물 및 알코올 중독으로 뉴욕의 한 호텔 방에서 세상을 떠나고 말았다.

　미시시피주 콜럼버스에서 가난한 구두 외판원의 아들로 태어난 그는 가족을 제대로 돌보지 않은 아버지의 얼굴을 거의 볼 수 없었으며, 대신 남부 귀족 생활에 대한 환상에 사로잡힌 몽상가로 자존심이 강하고 매우 엄격한 어머니의 잔소리를 들으며 자라야 했다. 그의 누나 로즈는 회복 불능의 조현병 상태로 생의 대부분을 정신병원에서 보내야 했는데, 그는 자신의 누이를 제대로 돌보지 않았다는 사실로 항상 죄의식을 느끼며 살았다.

　어려서부터 매우 수줍음을 타는 내성적인 성격으로 말수도 적었던 그는 주로 어머니와 누이 로즈를 상대하며 컸기 때문에 숨 막힐 정도로 지겨운 집안 분위기에서 벗어날 궁리만 하며 지냈는데, 몇몇 대학을 전전하며 공부했지만 경제 대공황으로 학비를 마련하기도 여의치 않았다. 힘겹게 대학을 졸업한 후 뉴올리언스로 이사한 그는 자신의 이름 토머스를 테네시로 바꾸었는데, 테네시는 그의 아버지가 태어난 고향이기도 했다.

　어쨌든 그는 미국 남부 중에서도 가장 남쪽에 위치한 뉴올리언스에 정착한 후 그곳에서 시실리계 후손인 프랭크 메를로를 만나 곧바로 동성애적 연인 관계에 빠져들었는데, 이들 관계는 무려 14년간이나 지속되었지만, 프랭크가 암으로 사망하자 그로 인한 충격으로 심한 우울증과 알코올 및 약물 중독에 빠졌으며, 그 결과 1969년에는 정신병원에 입원까지 하게 되었다.

　가까스로 우울증과 알코올 중독에서 벗어난 그는 1970년대부터 다시 재기에 성공해서 몇몇 작품들을 남기기도 했지만, 과거의 전성기 시절 모습은 보여 주지 못하고 말았다. 1980년 어머니가 세상을 떠난 후에도 정신적 방황을 거듭하던 그는 1983년 뉴욕의 한 호텔 방에서 의문의 변사체로 발견되는 비극적 최후를 맞이하고 말았는데, 경찰 조사에 따르면, 그는 약봉지를 뒤집어쓴 채 질식사한 것으로 보이며, 당시 그는 심한 약물 중독 상태에 빠져 있었다고 한다.

테네시 윌리엄스는 30대 초반에 〈유리동물원〉으로 일약 유명작가로 떠올랐지만, 그는 세상의 이목을 끌기 시작하면서 더욱 불안정해지는 모습을 보였다. 어쩌면 그는 세속적인 성공 자체에 대해서도 일말의 죄의식 내지는 불안감을 보인 것인지도 모른다. 그 뒤를 이어 나온 작품이 뉴올리언스를 무대로 한 〈욕망이라는 이름의 전차〉로 여기서는 여주인공 블랑슈 뒤보아를 통해 정신적으로 완전히 무너진 여성의 모습을 보여 주는데, 〈유리동물원〉의 로라와 마찬가지로 비현실적인 환상과 망상 속에 빠져 살았던 그의 누이 로즈를 모델로 한 것임이 분명하다. 그런 환상은 〈장미의 문신〉에 나오는 여주인공 세라피나를 통해서도 엿볼 수 있다.

이처럼 테네시 윌리엄스는 자신의 어머니와 누이라는 멍에에서 결코 자유롭지 못했음을 〈유리동물원〉과 〈욕망이라는 이름의 전차〉 등의 대표작을 통해서도 보여 주고 있는데, 특히 누이동생 로즈에 대한 애정과 죄의식 문제가 가장 큰 동기를 이룬 것으로 보인다. 실제로 그는 세속적인 욕망에 가득 찬 어머니, 그리고 그녀와는 정반대로 세속과 담을 쌓고 살았던 누이 사이에서 갈등하는 가운데 그런 곤경에서 벗어나기 위해 오로지 글쓰기에 몰두했던 것이다.

그는 극심한 우울증과 알코올 중독으로 정신병원에 입원했다가 다소 호전된 상태로 퇴원하기는 했으나 이미 노년에 이른 그는 전성기 때 보인 활력에 비해 상상력이나 창의력이 몹시 고갈된 모습을 보임으로써 그 후로는 이렇다 할 작품을 내놓지 못했다. 더군다나 몹시 소심하고 내성적이었던 그에게는 갑자기 세상의 이목을 끄는 일도 힘겨웠겠지만, 세상의 관심에서 멀어지는 일은 더욱 고통스러웠을 것이다.

 결국 그는 완전히 고립된 세계에 갇히고 말았으며, 대인관계에 능숙지 못했던 그로서는 적절한 의존 상대를 찾지 못해 심리적으로 매우 위축된 상태에서 불현듯 다가온 노년의 외로움을 더욱 이겨 내기 힘들어했을 것으로 보인다. 그는 그런 자신의 초라한 모습을 늙은 악어에 비유하기도 했다. 물론 그는 일평생 영원한 국외자요 방랑자로 살았던 고독한 영혼의 소유자였다. 그런 점에서 평생을 유리동물원 안에 갇혀 지낸 것은 누이 로즈뿐 아니라 테네시 윌리엄스 자신도 마찬가지 신세였다. 적어도 유리동물원이 상징적 차원에서 일종의 창살 없는 마음의 감옥이라고 한다면 말이다.

 수많은 걸작 희곡을 남긴 테네시 윌리엄스는 말년에 이르러 회상록을 통해 자신의 동성애적 관계를 공개적으로 고백한 후 자살로 생을 마감하고 말았지만, 그런 사실이 노벨 문학상 수상에 지장을 준 것이라면 일생 동안 동성애 사실을 숨기고 살았던 앙드레 지드는 수상 메달을 반납해야 마땅할 것이다. 하지만 그런 요구가 없었던 점을 보면 다른 이유가 있었기 때문일 텐데 정치적 이념이나 종교적 문제로 사회적 파장을 일으킨 사실이 전혀 없었다는 점에서 테네시 윌리엄스가 수상 후보에조차 오르지 못한 것은 참으로 이해하기 어려운 대목이 아닐 수 없다.

블랙리스트에 오른, 어윈 쇼

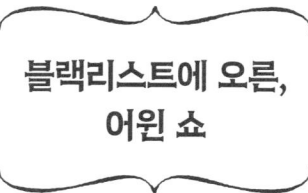

　뉴욕 태생의 미국 작가 어윈 쇼(Irwin Shaw, 1913-1984)는 러시아에서 이주한 유대계 후손이다. 그의 본명은 어윈 길버트 샴포로프지만 대학에 들어가면서 성을 영미식으로 바꿨다. 그의 남동생 데이비드 쇼는 나중에 유명한 할리우드 영화 제작자가 되었다. 브루클린대학을 졸업한 어윈 쇼는 여러 직업을 전전하던 끝에 한동안 방송에 종사하다가 극작에 손을 대기 시작했으며, 1936년 반전 희곡 〈죽은 자를 묻어라〉로 극단에 데뷔했다.

　그 후 제2차 세계대전이 발발하자 육군 통신병으로 종군했으며, 그때 당시 참전 경험을 토대로 쓴 소설 〈젊은 사자들〉을 발표하여 베스트셀러 작가가 되었다. 그는 강한 사회비판의식과 반전의식을 나타내는 작품들을 주로 썼으며 후기작으로 〈부자와 빈자〉 등을 남겼다. 그러나 때마침 불어 닥친 매카시즘의 돌풍에 휘말려 블랙리스트에 그의 이름이 오르자 1951년 미국을 떠나 유럽에 정착해 무려 25년을 그곳에 머물렀다. 말년에는 전립선암으로 고생하다가 스위스에서 세상을 떠났다.

　그의 대표작 〈젊은 사자들〉은 소심하고 순응적인 성격의 유대인 청년 노아 애커만, 전형적인 미국인으로 빈정대기 잘하지만 인생을 즐기며 살아가는 통속적인 인간 마이클, 스키 강사 출신으로 낭만적 취향을 지닌 독일인 나치 장교 크리스티안 등 세 인물을 중심으로 전쟁의 참혹한 현실과 인간의 추악한 일면을 다룬 문제작이다. 물론 이들 세 사람은 전쟁 전에는 모두 평범하기 이를 데 없는 사람들이었지만, 제2차 세계대전에 참전하면서 끔찍스러운 현실을 접하고 제각기 큰 충격에 빠진다.

미국에서 공산주의자 혐의를 받고 유럽으로 건너간 어윈 쇼는 소설 〈불안한 대기〉로 당시 미국 사회를 휩쓸던 매카시즘의 광풍을 묘사한 후 1969년에 발표한 소설 〈부자와 빈자〉로 자신의 건재함을 과시했는데, 제2차 세계대전 말부터 60년대에 이르기까지 조다쉬 일가가 겪는 삶의 황량한 모습들을 연대기적으로 묘사한 대작이다. 이 소설을 토대로 만든 TV 미니시리즈 〈야망의 계절〉은 70년대를 장식한 가장 인기 있는 드라마이기도 했다.

빈부의 문제는 자본주의 사회가 안고 있는 가장 큰 취약점이자 골칫거리 문제지만, 어윈 쇼는 단지 불공정한 사회체제를 성토하는 비판적 차원에서만 이 작품을 쓴 것이 아니라 오히려 그런 불가피한 체제에 영합하고 적응하기 위해 벌어지는 인간의 온갖 탐욕과 좌절, 그리고 위선적이고도 이중적인 태도 등에 초점을 맞췄다.

물론 도덕적인 시각으로만 본다면 살아남기 위해 온갖 수단 방법을 가리지 않는 조다쉬 일가의 삶은 바람직한 것이 못 된다. 그러나 흙탕물로 뒤범벅이 된 세상에서 힘없는 약자들에게 고귀한 이상적 인간상만을 요구한다는 일 자체가 더욱 잔인한 폭력이 될지도 모른다. 어차피 대다수의 인간은 욕망과 환상을 추구하며 갈등 속에 휘말려 살아가기 마련 아니겠는가. 그런 점에서 어윈 쇼는 인간의 실상을 있는 그대로 솔직하게 묘사하고 있을 뿐이다.

이처럼 강한 비판의식으로 미국 사회의 어두운 단면을 그린 어윈 쇼는 일찌감치 삶의 터전을 잃어버리고 미국에서 쫓겨나 생의 절반을 유럽에서 보내야 했는데, 그런 불리한 여건 속에서도 창작 활동을 계속했지만, 생계 유지를 위해 쓴 상업적 소설로 인해 문학적 명성에 오점을 남겼다는 비판을 받기도 했다. 그럼에도 불구하고 그는 노벨 문학상 후보에 오르고도 남을 걸작을 발표한 작가로 단순한 통속작가와는 그 차원을 달리한다고 볼 수 있다.

자본주의 병폐를 고발한, 아서 밀러

뉴욕에서 부유한 폴란드계 유대인 피복제조업자의 아들로 태어난 아서 밀러(Arthur Miller, 1915-2005)는 어려서 부친의 사업이 경제 대공황으로 파산하자 하루아침에 밑바닥 인생으로 전락하고 말았다. 고교 시절에도 등교하기 전에 가족들의 생계를 돕기 위해 아침마다 빵 배달을 하기도 했다. 스스로 힘겹게 학비를 마련하여 미시간 대학을 졸업했으나 마땅한 일자리를 구하지 못해 여러 직업을 전전하면서 라디오 드라마나 영화 시나리오를 쓰기도 했다.

행운의 여신이 자신을 항상 지켜 준다는 믿음을 지닌 청년의 광기를 묘사한 희곡 〈억세게 운 좋은 사나이〉와 반유대주의를 격렬히 비난한 소설 〈초점〉을 발표했으나 주목받지 못하다가 1947년 자본주의 사회의 병폐를 날카롭게 파헤친 희곡 〈모두 내 아들〉로 비로소 호평을 받은 후 〈세일즈맨의 죽음〉이 퓰리처상을 수상하면서 국제적 명성을 얻기에 이르렀다. 가족들의 생계를 위한 보험금을 타려고 자살하는 어느 힘없는 가장의 비극을 그린 이 작품을 통해 밀러는 자본주의 사회의 비정한 현실을 고발하고 있다.

아서 밀러의 대표작으로 오늘날에 이르기까지 계속 공연되는 〈세일즈맨의 죽음〉은 보험금을 탈 수 있다는 마지막 희망을 안고 스스로 죽음을 선택하는 늙은 가장 윌리 로만의 모습을 통해 현대사회의 비정한 메커니즘에 희생되는 소시민의 비극을 드러내고 있는데, 그것은 눈에 보이지 않는 거대한 장벽일 뿐 아니라 평범한 인간들의 목을 죄는 올가미와도 같은 조직적 폭력인 셈이다. 더욱이 외판원 직업은 생산자와 고객 사이를 이어 주는 가교 역할로 자본주의 산업사회에서는 없어서는 안 될 매우 중요한 존재라는 점에서 매우 의미심장하다.

하지만 업적 위주의 보수체제와 다달이 부어 가는 보험제도, 그리고 노인을 경멸하는 무례한 사회적 분위기, 부모 자식 간에 빚어진 의식의 단절, 성실하고 꾸준한 노력보다 기회주의적인 한탕주의에 박수를 보내는 비속한 센세이셔널리즘 등이 판을 치는 세상에서 묵묵히 자기 할 일에만 전념하는 소시민적 미덕은 자리 잡을 곳이 없다. 따라서 적절한 사회적 지지망이 마련되지 못한 상태에서 무한 경쟁만을 부추기는 비정한 논리가 현대 산업사회를 살아가는 평범한 시민들에게는 죽음보다 더 두려운 존재가 아닐 수 없는 것이다.

이처럼 정곡을 찌르는 비판적 메시지로 현대 자본주의 사회의 병폐를 극명하게 드러내 보여 준 아서 밀러는 그런 이유 때문에 한동안 공산주의자라는 혐의를 받기도 했지만, 살아 있는 미국의 양심을 대표한 그는 이 작품으로 퓰리처상을 받았을 뿐만 아니라 테네시 윌리엄스와 더불어 전후 미국의 극작계를 대표하는 최대의 인물로 평가되기에 이른 것이다.

물론 〈세일즈맨의 죽음〉은 비극이다. 그러나 단순히 개인적 운명이 빚은 비극이 아니라 조직적인 사회 구조악의 희생자로서 물질적 풍요의 그늘에 가려진 현대인의 소외 및 소통의 단절, 정체성의 혼란, 물질만능주의 등 현대 자본주의 산업사회가 초래한 숱한 비극적 요인들을 총망라하고 있다. 그리고 여기서 비극의 주인공으로 등장하는 윌리 로만은 약점투성이의 평범한 월급쟁이에 불과하다.

이처럼 우리 주위에서 흔히 마주칠 수 있는 이웃집 아저씨와도 같은 인물의 비극적 상황을 통해서 아서 밀러는 단순히 사회적 부조리 현상을 고발하고 폭로하는 차원에 머무는 것이 아니라 사회 구성원 모두가 한배를 탄 공동운명체라는 점을 강조하고 있는 것이다. 다시 말해서 형제애에 입각한 이웃 사랑은 물론 이웃에 대한 도덕적 책무에 대해 말하고 있는 것이다.

따라서 그는 한 개인에 대한 세밀한 심리 묘사보다는 개인과 사회와의 갈등과 불협화음에 더욱 큰 비중을 두고 극을 전개해 나간다. 왜냐하면 그에게 사회란 인간의 요람인 동시에 묘지이며, 약속이고 위협이기 때문이다. 비록 그는 사회주의적 관점을 빌려 자본주의 사회를 비판하고 있지만, 그렇다고 해서 마르크스주의자는 결코 아니다. 그가 가장 혐오하는 것 중의 하나는 집단적 가치나 이념이라는 명목하에 한 개인의 삶을 무참히 파괴하는 일이기 때문이다.

그런 점은 〈모두 내 아들〉에서 수단과 방법을 가리지 않는 무모한 아메리칸드림의 실체를 비판하고 사회와 개인에 대한 도덕적 인식의 확대를 강조한 사실을 통해 알 수 있는데, 특히 〈도가니〉에서 보듯이 비록 청교도적 이상에 의한 것이라 하더라도 그것이 절대 권력으로 둔갑하면서 무고한 희생자들을 무자비하게 처형시키는 일종의 마녀재판 과정을 통해서도 확인할 수 있는 부분이다.

그는 단지 사회적 부조리의 희생양으로 전락한 인물의 비극을 단순한 개인적 갈등의 산물로 환원시키는 것에 반대하고 사랑에 기초한 개인과 사회 간의 조화와 도덕적 책임감의 필요성을 강조한 것뿐이다. 따라서 한 이름 없는 세일즈맨의 죽음은 단지 한 개인의 비극으로 끝나는 일이 아니라 우리 전체의 문제로 인식해야 할 필요가 있음을 강조하고자 한 것으로 볼 수 있다.

〈도가니〉는 17세기의 마녀사냥을 소재로 하고 있는데, 이 작품 역시 당시 미국 사회를 집단히스테리 상황으로 몰고 갔던 매카시즘 열풍을 빗대어 풍자한 내용으로 이 때문에 아서 밀러는 비미 활동 조사위원회에 소환되었지만, 양심선언으로 이에 불복하자 의회모독죄로 기소되기도 했다. 그 후 발표한 〈전락의 뒤에〉는 당시 그의 아내였던 마릴린 먼로를 모델로 한 것으로 좋은 평가를 얻지 못했으며, 단막극 〈비시에서 생긴 일〉 역시 나치 점령하의 프랑스에서 일어난 인종 범죄를 고발한 작품이지만 별다른 호응을 받지는 못했다.

그는 총 세 번 결혼했는데, 첫 번째 부인과의 사이에서 얻은 아들 로버트 밀러는 영화감독이 되어 아버지의 작품 〈도가니〉를 영화로 제작하기도 했다. 두 번째 부인은 섹스 심벌로 유명한 배우 마릴린 먼로였지만 이 어울리지 않는 부부는 얼마 가지 않아 곧 이혼하고 말았다. 세 번째 아내와는 그녀가 세상을 떠날 때까지 40년간 해로하면서 남매를 두었는데, 딸 레베카는 그 후 영화감독이 되어 영국 배우 다니엘 데이-루이스와 결혼했다.

암과 투병하다 89세 나이로 눈을 감은 아서 밀러는 〈세일즈맨의 죽음〉과 〈다리에서 바라본 풍경〉으로 두 번 퓰리처상을 받으며 유진 오닐, 테네시 윌리엄스와 함께 미국을 대표하는 3대 극작가로 높이 평가되었지만, 테네시 윌리엄스와 마찬가지로 노벨 문학상과는 인연이 없었다. 1950년대 영국의 철학자 버트런드 러셀과 제2차 세계대전을 승리로 이끈 윈스턴 처칠이 노벨 문학상을 수상한 사실을 놓고 보자면, 아서 밀러와 같은 대가가 후보 명단에조차 오르지 못한 사실을 어떻게 이해해야 될지 모르겠다.

미국 남부 문학의 대모, 카슨 매컬러스

　미국의 작가 카슨 매컬러스(Carson McCullers, 1917-1967)는 소설 〈마음은 외로운 사냥꾼〉과 〈슬픈 카페의 노래〉를 통해 미국 문단에 돌풍을 일으킨 여성으로 남부 특유의 고딕 문학을 대표하는 작가로 꼽힌다. 미국 남부 조지아주에서 프랑스계 보석상의 딸로 태어난 그녀는 어려서부터 피아노를 배워 음악가의 꿈을 키웠다.

　하지만 15세 때 류머티즘 열병에 걸려 투병 생활을 해야 했던 그녀는 일생 동안 병약한 상태에 시달릴 수밖에 없었는데, 그럼에도 불구하고 고등학교를 졸업한 후 줄리아드 음악학교에 진학하기 위해 증기선을 타고 뉴욕으로 향했으나 병이 재발하는 바람에 고향으로 돌아와 한동안 휴양을 할 수밖에 없었다.

　집에서 요양하는 동안에 마음이 바뀐 그녀는 피아니스트의 꿈을 접고 작가가 되기로 결심했으며, 그 후 건강을 회복하자 다시 뉴욕으로 가서 낮에는 아르바이트로 돈을 벌고 밤에는 야간대학에서 문예 창작을 공부했다. 19세 때 자전적인 소설 〈신동〉을 발표한 후 동료 작가 지망생인 리브스 매컬러스와 결혼한 그녀는 무명 시절의 아픔을 딛고 일어서 23세 때 발표한 첫 장편소설 〈마음은 외로운 사냥꾼〉으로 비평가들의 격찬을 받으며 문단에 화려하게 등장했다.

　그러나 아내의 성공에 질투심을 느낀 남편과의 결혼 생활은 결코 순조롭지 못해서 4년 만에 헤어졌다가 다시 재결합하는 우여곡절을 겪었는데, 그 후 남편은 스스로 목숨을 끊고 말았다. 설상가상으로 20대 중반에 이미 뇌졸중을 겪은 그녀는 30세에 이르러 더욱 증세가 악화되어 반신불수 상태로 휠체어 신세를 져야 했는데, 당시 그녀는 신병을 비관하고 한때 자살을 시도하기도 했으나 그럼에도 불구하고 강인한 투혼을 발휘해 〈황금빛 눈에 비친 모습〉, 〈결혼식의 멤버〉, 〈슬픈 카페의 노래〉, 그리고 마지막 유작 〈바늘 없는 시계〉 등의 걸작을 남기고 결국 뇌출혈로 쓰러져 50세라는 아까운 나이로 생을 마감하고 말았다.

프랑스의 작가 앙드레 지드가 미국의 기적이라고까지 극찬하고, 비평가들로부터 도스토옙스키에 비견될 만한 천재 소녀 작가의 출현이라는 찬사를 받은 그녀의 데뷔작 〈마음은 외로운 사냥꾼〉은 남부 소도시의 허름한 하숙집을 배경으로 세상에서 소외된 채 살아가는 벙어리와 정신이상자, 알코올 중독자, 이상주의적 흑인 의사 등의 모습을 통해 현대인들의 고독과 소외를 다룬 걸작으로 다소 기이한 인물들의 등장과 그들이 펼치는 어두운 분위기는 그녀의 또 다른 걸작 〈슬픔 카페의 노래〉에 등장하는 사팔뜨기 여인과 꼽추의 기묘한 사랑만큼이나 소외된 인간들의 아픔과 외로움을 극적으로 대변하고 있다.

항상 죽음과 마주하며 숱한 질병과 신체적 장애로 인해 고통받았던 작가 자신의 처절한 심경이 잘 드러난 이들 작품은 남부 문학을 대표하는 윌리엄 포크너, 테네시 윌리엄즈를 능가하고도 남을 걸작이 아닐 수 없지만, 그녀와 비슷한 분위기의 작품세계를 연출한 윌리엄 포크너가 이미 1949년에 노벨 문학상을 탄 사실과 비교해 볼 때 그녀의 이른 죽음이 너무도 안타깝기만 하다.

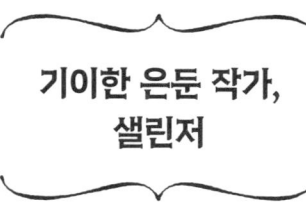

기이한 은둔 작가, 샐린저

　뉴욕 태생의 괴짜 소설가 샐린저(Jerome David Salinger, 1919-2010)는 리투아니아계 유대인 아버지와 유대교로 개종한 아일랜드계 어머니 사이에서 태어났다. 하지만 그는 어려서부터 자신이 유대인이라는 사실로 열등감에 사로잡혀 지냈으며, 따라서 아버지와의 관계도 매우 냉랭했던 것으로 보인다. 그런 이유로 그는 나중에 아버지의 장례식에도 참석하지 않을 정도로 자신의 유대적 뿌리에 대해 강한 반감을 지니고 살았으며, 작가로 성공한 이후에도 일체 외부 접촉을 피한 채 90세의 나이로 죽을 때까지 은둔 생활로 일관했다.

　샐린저는 학교생활에도 적응하기 힘들어서 수차례 전학을 반복했으며, 그나마 가장 만족스럽게 지낸 시기는 펜실베이니아의 군사학교에 다닐 때였다. 이 학교는 그의 대표작 〈호밀밭의 파수꾼〉에서 끔찍스러운 펜시 고등학교의 모델이 된 곳이기도 했지만, 실제로는 학교보다 오히려 자신의 집을 더욱 끔찍스러운 장소로 여겼다. 그는 나중에 뉴욕대학에 입학하지만, 그곳마저 결국 중도 탈락하고 말았다.

　아버지는 장래 배우를 꿈꾸는 아들의 뜻에 반대하고 자신의 사업을 이어받을 것을 강요하고 사업에 관한 견문을 넓혀 주기 위해 아들을 유럽에 보내기도 했는데, 샐린저는 현지 도살장에서 가축을 도살하는 장면을 목격한 이후로는 고기에 대한 혐오감이 극도로 심해져 육식을 제대로 할 수 없게 되었으며, 그 후 평생 채식주의자로 일관했다.

당시 빈에 잠시 머물렀던 그는 나치 독일이 오스트리아를 합병하기 직전에 뉴욕으로 돌아왔지만, 이때의 경험은 그 후 제2차 세계대전에 징집되어 참전했을 때 인간 도살장이라 할 수 있는 유대인 수용소를 방문한 직후 극도의 혐오감과 공포심으로 이어져 결국 군 병원에서 정신과 치료를 받기에 이르렀다. 증세가 회복되어 퇴원하자 그에게는 전쟁포로들을 심문하는 임무가 주어졌는데, 유창한 독일어 실력 때문이었다.

그런데 뜻밖의 일이 벌어져 그의 부모를 아연실색하게 만들었으니 그것은 바로 그가 심문했던 나치 독일 관료 출신의 여성 실비아와 결혼하여 미국으로 귀환했기 때문이다. 유대교 신자인 부모의 반대를 충분히 예상하면서도 유대인을 학살한 장본인인 독일 나치 출신 여성을 아내로 맞아들였으니 그의 부모가 놀라 자빠진 것은 당연한 결과였다. 하지만 그 결혼은 이미 파국을 예고하고 있던 것으로 실비아는 수개월도 안 되어 미국 생활을 견디지 못하고 독일로 돌아가고 말았다.

그 후 샐린저는 〈호밀밭의 파수꾼〉을 발표해 일약 문단의 총아로 등장하면서 많은 사람의 기대를 모았으나 명성을 얻자마자 곧바로 뉴햄프셔의 한적한 마을로 이주하여 은둔 생활을 시작했으며, 클레어 더글러스와 결혼해 두 자녀를 낳은 후로는 세상과의 접촉을 일체 중단하고 죽을 때까지 외부 출입을 하지 않았다. 그리고 오로지 〈호밀밭의 파수꾼〉의 인세만으로 여생을 보내며 더 이상의 작품도 쓰지 않았다. 실제로 그는 1951년에 발표한 〈호밀밭의 파수꾼〉 이후 이렇다 할 작품을 내놓지 못했으며, 60년대 초에 〈프래니와 주이〉, 〈목수들아, 대들보를 높이 올려라〉 등의 소설과 몇 편의 단편소설을 발표하고, 1965년 이후로는 전혀 작품을 발표한 적이 없다.

그의 유일한 베스트셀러 〈호밀밭의 파수꾼〉은 자전적 요소가 강한 소설로 이미 고전이 된 지 오래지만, 당시만 해도 사회적 논란을 크게 불러일으킨 문제작이었다. 특히 가치관의 혼란과 정신적 방황을 거듭해야만 하는 청소년기의 위기 문제를 정공법으로 다루었다는 점에서 일종의 사회적 경각심을 일깨운 작품으로 평가된다. 샐린저는 그런 청소년기에 겪을 수밖에 없는 통과의례적인 마음의 상처와 혼란을 묘사하면서 부도덕한 이 세상에 대한 환멸과 실망을 거침없이 드러내 보였지만, 다른 한편으로는 마지막 순간까지 구원과 희망을 잃지 않는 모습을 보이기도 했다.

〈호밀밭의 파수꾼〉은 반세기가 넘는 오랜 기간 꾸준히 팔리는 소설이기도 하다. 오늘날 미국의 고등학교에서는 학생들에게 추천 도서로 지정될 정도로 인기를 끌기도 한다. 그러나 한때는 미국의 학부모들이 거센 반발을 보이며 전국적으로 불매운동을 벌이기도 할 만큼 사회적으로 큰 물의를 빚기도 했으며, 실제로 지역에 따라서는 판매 금지를 당하기도 했는데, 페이지마다 나오는 매우 공격적이며 불경스러운 욕설 때문이었다.

그러나 그런 소동은 오히려 이 소설을 더욱 유명하게 만들어 주었을 뿐이며, 더욱이 보수와 진보의 싸움이 아니라 부모와 자식 간의 대결 구도를 더욱 증폭시킨 결과를 낳았다. 그리고 이러한 대결 구도는 시대적 상황과 맞물려 매우 강력한 기폭제 역할을 톡톡히 해냈는데, 청소년의 저항문화가 미국을 중심으로 전 세계에 파급되던 시기였기 때문이다. 어쨌든 〈호밀밭의 파수꾼〉이 남긴 여파는 실로 지대한 것이었다. 그 후 이 소설은 부모를 포함한 기성 사회에 불만을 품은 청소년층에서 마치 자신들의 도전과 반항심을 정당화시키는 교리문답 책이나 지침서처럼 우상시되었다.

　1980년 존 레논을 암살한 마크 데이비드 채프먼이 밝힌 암살 동기는 호밀밭의 파수꾼을 자처한 홀든 콜필드처럼 자신도 이 세상의 거짓과 가식에 도전한 것이라고 했는데, 실제로 암살 현장에서 체포된 그의 손에는 샐린저의 소설 〈호밀밭의 파수꾼〉이 들려 있었다. 그런 점에서 샐린저의 소설은 월남전을 기폭제로 하여 수많은 미국의 젊은이들로 하여금 히피 문화와 반전운동에 나서게 만든 선도적 역할을 한 작품이라 해도 과언이 아닐 것이다.

　〈호밀밭의 파수꾼〉은 반세기가 지난 지금까지 샐린저의 유일한 장편 소설로 남아 있다. 물론 그의 작품에 대한 대중적인 사랑은 지금도 여전하지만, 그 자신의 개인적 삶은 결코 행복하지 못했던 것으로 보인다. 결국 그는 소설 속에서 주인공 홀든의 입을 빌려 위기에 놓인 이 세상 모든 아이를 지켜 줄 호밀밭의 파수꾼이 될 것을 외쳤지만, 정작 그 자신은 세상에서 도망쳐 거의 60년 가까이 몸을 숨긴 채 은둔 생활로 일관했다는 점에서 호밀밭에서 도망친 파수꾼이 되고 말았다.

　물론 샐린저의 오랜 침묵은 그 자신의 선택이고 또한 누구나 자신만의 고유한 삶의 방식을 선택할 권리가 있다. 하지만 그가 선택한 방식을 바람직한 것으로 볼 수는 없을 것이다. 침묵은 경우에 따라 매우 가치 있는 일임에 틀림없지만, 영구적인 침묵은 일종의 책임 회피일 수 있기 때문이다. 샐린저의 은둔 생활은 그런 의미에서 그에 대한 많은 사람의 기대를 저버린 것이라 하겠다. 물론 그 자신은 개인적으로 구도자의 길을 걷는 것이 그 나름대로의 굳은 신념에 의한 것이라고 여겼을 것이다.

　그는 91세를 일기로 뉴햄프셔의 자택에서 조용히 숨을 거두었는데,

샐린저처럼 60년의 오랜 세월 동안 계속해서 많은 독자에게 읽히고 있는 작가도 드물 것이라는 점에서 노벨 문학상 후보에 오를 가치는 충분하다고 볼 수 있겠지만, 단 한 편의 장편소설로 수상자가 되기에는 아무래도 무리일 듯싶다. 물론 그 자신도 그런 기대는 애당초 하지도 않았겠지만 말이다.

새로운 우주 신화를 창조한, 아시모프

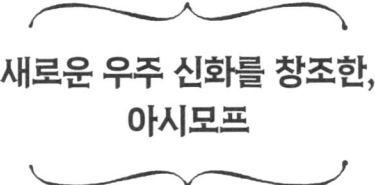

러시아 페트로비치 태생의 유대계 작가 아이작 아시모프(Isaac Asimov, 1920-1992)는 그의 나이 3세 때 가족이 미국으로 이주하는 바람에 러시아어를 배울 기회는 전혀 없었다. 유대계인 그의 부모는 어려서부터 그에게 이디시어와 영어로만 말했기 때문이다. 어려서부터 부모가 운영하는 사탕 가게 일을 도우면서 그는 틈틈이 SF 잡지들을 탐독했는데, 이를 본 아버지가 도서관 대출증을 만들어 줌으로써 그의 독서열은 더욱 높아만 갔다.

그 후 컬럼비아대학에서 생화학을 전공한 그는 자신의 전공 외에도 천문학, 물리학, 생물학, 화학 등 다방면에 걸친 지식을 익혀 생애 통산 거의 500여 권에 달하는 저서를 출간하는 초인적인 업적을 남겼다. 그것은 숨을 쉬는 이유와 마찬가지로 자신은 글을 쓰는 것이며, 따라서 글을 쓰지 않았으면 자신은 이미 죽었을 것이라던 그의 말을 실감케 하는 대목이기도 하다.

이처럼 글에 거의 미치다시피 했던 아시모프는 생화학 박사학위를 받은 후 보스턴 의대에서 전임강사로 근무하다 부교수로 승진했으나 집필에 전념하기 위해 교수직을 그만두었다. 그는 50년대 초에 이미 〈파운데이션〉 시리즈 및 우주 시리즈 〈하늘의 조약돌〉과 〈우주의 기류〉 등의 공상과학소설을 발표하기 시작해 그 방면의 제1인자가 되었으며, 그 후에도 계속해서 로봇 시리즈 〈강철 동굴〉과 〈별거벗은 태양〉, 그리고

〈나는 로봇〉, 〈행복의 별 및 소행성의 약탈자〉 등 문제작들을 정력적으로 발표했다.

그가 묘사한 미래사회는 로봇과 인간이 혼재한 상태로 광대한 우주에 흩어져 살면서 펼치는 인간과 기계문명의 대결이 주가 되는 사회이다. 이처럼 그가 바라보는 인간의 미래는 그리 밝아 보이지 않는다. 그는 현실에 대한 실망과 좌절에서 벗어나 머나먼 미래와 광대한 우주의 세계로 환상적인 도피를 시도하지만, 그곳에서는 또 다른 고난과 도전이 기다리고 있는 셈이다. 마치 스필버그가 환상과 모험의 세계로 도피한 이후 자신의 정체성에 눈뜨고 다시 쉰들러의 비극적인 세계로 복귀했듯이 아시모프에게도 영원한 도피는 허용되지 않은 것 같다.

광대한 은하계에 흩어져 사는 인간들의 방황하는 모습과 로봇 암살자의 등장, 그리고 컴퓨터의 반란으로 시작되는 인류의 참혹한 미래상은 오로지 문명의 도구에 의존해 생존을 유지해 나가는 현대인들에 대한 경고의 목소리를 담고 있기도 하다. 컴퓨터에 지배당하는 인간의 비참한 모습은 로봇의 반란에 속수무책으로 당하는 인류의 모습을 통해 더욱 실감 나게 묘사된다.

따라서 아시모프는 그에 대한 대비책으로 로봇을 제어하기 위한 시스템의 3가지 원칙을 밝히기도 했는데, 로봇은 인간에게 위해를 가할 수 없으며, 인간이 내린 명령에 복종해야 하고, 또한 로봇은 자신을 보호해야 한다는 원칙이었다. 그러나 로봇 공학의 세 원칙을 동시에 만족시키려면 현실적으로 매우 어려운 고도의 기술이 요구되는 것이다.

로봇에 대한 두려움을 완화시켜 준 아시모프의 제안 덕에 그 후 로봇의 개발은 인간의 삶에 유익한 도구로 인식되기에 이르렀으며, 한 걸음 더 나아가 인간의 친구이자 동반자로 인식되기 시작한 것이다. 그럼에도 불구하고 그의 로봇 공학은 인간을 완벽하게 보호해 줄 수 없음을 계속 암시한다. 그리고 그가 남긴 방대한 규모의 우주 연대기를 통해서 우리가 접하는 세계는 실로 웅대한 은하계의 대서사시라 할 수 있다.

특히 로마제국 흥망사에 영향을 입은 〈파운데이션〉 시리즈는 지상이 아니라 우주에서 펼쳐지는 새로운 문명사로서 여기에 등장하는 파운데이션 조직은 과학적 종교 및 인류의 미래를 정확하게 수학적으로 예측하는 심리역사학을 토대로 점차 그 세력을 넓혀 나가는데, 그것은 단지 우주전쟁 차원의 모험담에 그치는 것이 아니라 새로운 문명 건설의 차원에서 인류의 미래를 전망하고 있다는 점에서 일종의 사회학적 탐구이기도 하다.

다만 그의 우주 연대기가 지닌 특징 가운데 하나는 성에 대한 무관심뿐만 아니라 외계인의 존재를 직접적으로 다루고 있지 않다는 점이다. 그는 마치 이 광대한 우주에 오직 인간만이 존재한다는 듯이 이야기를 전개하고 있는데, 물론 로봇 시리즈에 우주인의 존재가 등장하기도 하지만 그들은 우주에 정착한 지구인들이 유전자를 개조해 만든 존재라는 점에서 외계인과는 분명 다르다.

그러나 말년에 발표된 작품들에서는 수많은 우주 행성에 살고 있는 은하계 고유의 생명체로서 지능을 겸비한 소수의 종족을 묘사하고 있지만, 인간에 위협적인 존재로 다루지는 않았다. 또한 아시모프는 방대한 분량의 성서 해설서 〈아시모프의 바이블〉을 출간하기도 했지만, 역설적이게도 그는 무신론자로서 성서를 올바로 읽는다면 그것은 무신론의 가장 강력한 근거가 된다고까지 주장할 정도였다.

그뿐 아니라 창조론 등 종교적 광신에 대해서도 단호하게 반대하는 입장에 서 있던 그는 무지에 굴복하고 신을 갈망하는 것은 우리를 오늘날까지 미성숙하고 유아적인 상태로 남게 하는 것이라면서 창조론은 제멋대로 상상해 낸 것이라고 말한다.

이처럼 신의 존재를 거부하고 우주를 상대로 마음껏 공상의 나래를 펼쳤던 그는 역설적으로 고소공포증이 있어서 비행기를 이용한 장거리 여행을 거의 할 수 없었으며, 오히려 협소 친화성을 보여 폐쇄된 좁은 공간에서 편안함을 느꼈다. 동시에 흔들리는 배를 즐기기도 했는데, 특이한 점은 수영이나 자전거 타기 등은 전혀 하지 못하면서도 자동차 운전은 가능했다는 사실이다.

이러한 특징들은 결국 그의 매우 유아적인 분리불안에서 비롯된 현상으로 보이기도 하지만 그 때문에 정신과적 치료를 받지는 않았다. 다만 그는 불행히도 심장 수술 시 수혈을 통한 에이즈 감염으로 고생하다가 억울하게 세상을 뜨고 말았는데, 아시모프는 그 사실을 공개하기를 원했지만, 당시 에이즈에 대한 부정적인 편견으로 인해서 가족들이 입을 피해를 우려한 주치의들이 그에게 함구하도록 설득함으로써 그 가족들도 더이상 문제 삼지는 않았다. 그것은 지식이 문제를 일으킨다고 해서 무지가 그 문제를 해결해 주는 것은 아니라는 평소 그의 지론을 따른 결과이기도 했으리라.

어쨌든 아시모프의 놀라운 필력을 따라잡을 작가는 당분간 나타나지 못할 듯싶다. 하지만 그토록 방대한 분량의 작품들을 남겼으면서도 그는 베스트셀러 작가의 대열에 끼지 못했다. 고소공포증 때문에 하늘을 날 수 없었던 그는 대신에 천재적인 상상력으로 온 우주를 휘젓고 다니며 인류의 미래 세계를 예견한 작가로 오래도록 기억될 것임에 틀림없다. 비록 그에게는 노벨 문학상의 영예가 주어지지 못했지만, 공상과학 분야의 소설을 쓴 작가치고 노벨상을 수상한 전례가 없으니 너무 실망할 필요는 없을 듯하다.

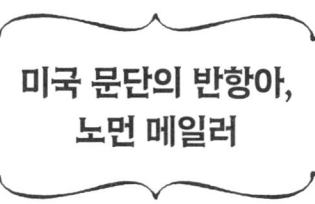

미국 문단의 반항아, 노먼 메일러

반전소설 〈나자와 사자〉로 인간의 추악함을 고발하면서 일약 유명해진 노먼 메일러(Norman Mailer, 1923-2007)는 뉴저지주 롱브랜치에서 유대인 회계사의 아들로 태어나 하버드 대학에서 항공학을 공부했지만, 전공에는 관심이 없고 문학 활동에만 전념했다. 태평양전쟁에 참전하여 필리핀에서 복무했지만, 전투에 직접 참여한 것은 아니고 취사병으로 근무했다. 그러나 이때의 경험을 토대로 군대라는 거대한 권력기구의 실상을 폭로하는 동시에 전쟁이라는 극한상황 속에 드러나는 인간들의 원초적인 심리 상태 등을 그린 〈나자와 사자〉로 미국 문단에 혜성처럼 나타났다.

그 후 〈바바리의 기슭〉, 〈사슴 동산〉, 〈아메리카의 꿈〉 등을 발표하며 미국 문단의 반항아이자 이단아로 주목을 끌었으나, 가정적으로 순탄치 못했던 그는 무려 여섯 번이나 결혼하며 8명의 자녀를 낳았다. 특히 두 번째 아내와는 언쟁을 벌이다가 아내를 칼로 찌르는 바람에 병원에 강제 격리되었다가 3년간의 집행유예를 선고받기도 했는데, 그는 사람들의 이목을 끌기 위해 〈나 자신을 위한 광고〉와 같은 저서를 내기도 했으며, 가는 곳마다 호전적인 논쟁과 물의를 일으켜 시민 불복종 죄로 구류를 산 적도 있다.

이처럼 좌충우돌하는 매우 불안정한 모습을 보인 그는 1967년 월남전 반대 시위에 참가하여 주도적인 역할을 함으로써 경찰에 구속되기도 했는데, 이때의 경험은 논픽션 〈밤의 군대들〉에 잘 나타나 있다. 또한 정치적 야심도 있어서 뉴욕 시장에 후보로 출마했다가 낙선하기도 하고, 마릴린 먼로에 대한 자서전을 통해 정보기관에 의한 살해설을 주장하는 등, 그의 행적은 예측을 불허할 정도로 혼란스럽고 불안정한 모습을 보이기도 했다.

하지만 그는 술과 마약, 난교 파티에 빠지는 등 정서적으로 매우 혼란스러운 모습을 보이면서도 말년에 이르기까지 작품 활동만큼은 꾸준히 계속했는데, 실존 인물인 개리 길모어의 삶을 묘사한 〈사형집행인의 노래〉, 그리고 히틀러의 어린 시절을 그린 〈숲속의 성〉 등은 마치 실제로 있었던 내용처럼 실화의 형식을 빌린 논픽션 소설이다. 이를 두고 문단에서는 그를 뉴저널리즘의 개척자로 평가하기도 했다.

〈밤의 군대들〉과 〈사형집행인의 노래〉로 두 차례 퓰리처상을 탄 그는 84세를 일기로 뉴욕에서 세상을 떴는데, 한평생 마초 스타일로 좌충우돌하면서 지낸 그의 굴곡진 삶 자체가 한 편의 전쟁드라마처럼 보이기도 한다. 어쨌든 매우 급진주의적 성향을 보인 그의 작품 경향으로 인해 노벨 문학상 수상자로 선정되기에는 부적합했을 것으로 보인다. 더욱이 〈나 자신을 위한 광고〉에서 보듯이 살인에 대한 욕망을 억압만 하고 있는 것은 오히려 건강을 해치는 결과를 초래할 뿐이라는 내용의 폭력 예찬론은 그에게 가장 큰 도덕적 치명타를 가져왔다.

그런 폭력에 대한 예찬은 〈아메리카의 꿈〉에서 정점에 이르고 있으며, 자본주의 사회의 추악한 일면을 폭로한 이 소설은 출간 직후부터 숱한 논쟁의 씨를 뿌렸는데, 그것은 다름 아닌 주인공 스티븐 로자크의 부도덕한 행위 때문이었다. 사랑하는 연인을 죽이고 희열을 느끼는가 하면 그 시체를 방치한 채 가정부와 놀아나고서도 한 치의 양심도 가책을 받지 않는 로자크의 행동은 비난의 소지가 다분할 수밖에 없다. 이런 작품을 쓴 메일러였으니 노벨 문학상 후보에 오른다는 일조차 상상하기 힘들지 않겠는가.

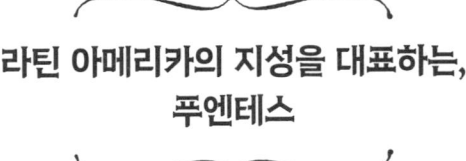

라틴 아메리카의 지성을 대표하는, 푸엔테스

멕시코의 소설가 카를로스 푸엔테스(Carlos Fuentes, 1928-2012)는 우리에게 다소 생소한 작가지만, 20세기 라틴아메리카 문학에서 빼놓을 수 없는 대표적인 지성파 작가로 손꼽힌다. 처녀작 〈가장 청명한 지역〉을 비롯해 〈아우라〉, 〈아르테미오 크루즈의 죽음〉, 〈테라 노스트라〉, 〈올드 그링고〉, 〈태어나지 않은 크리스토발〉, 〈라우라 디아스의 세월〉, 〈모든 행복한 가족들〉, 〈의지와 운명〉 등의 문제작을 남긴 그는 세르반테스 문학상을 포함해 많은 상을 수상했으나, 매년 노벨 문학상 후보에 오르고도 끝내 수상하지 못하고 83세를 일기로 타계하고 말았다.

파나마의 수도 파나마시티에서 직업 외교관의 아들로 태어난 그는 어려서부터 아버지를 따라 미국과 남미 등 세계 각지를 돌아다니며 자랐기 때문에 다양한 문화를 접하면서 폭넓은 교양을 쌓았는데, 18세 때 멕시코로 귀국해 국립대학에서 법학을 전공했지만, 자신이 알고 있던 지식과는 전혀 상반된 멕시코의 암울한 현실에 낙담한 나머지 학업을 등한시하고 마르크스주의에 기울어 공산당에 가입하기도 했으며, 한때는 카스트로를 지지했으나 나중에는 그의 독재를 비판하며 등을 돌렸다.

푸엔테스의 소설 〈가장 청명한 지역〉에서는 멕시코 사회의 불평등과 도덕적 타락을, 그리고 〈양심〉에서는 평등사회의 이상에 불타는 청년이 물질적 탐욕에 가득 찬 가족으로 인해 좌절을 맛보는 내용을 다루고 있다. 반면에 대표작 〈아르테미오 크루즈의 죽음〉에서는 한때 혁명적 이상에 불타던 인간이 권력과 부를 차지하게 되면서 점차 도덕적으로 타락해 가는 과정을 묘사함으로써 순수한 혁명의 이상이 왜곡되고 변질된 암울한 현실을 비판하고 있다.

1975년에 발표한 〈테라 노스트라〉에서도 역시 과거와 현재를 오가며 스페인 정복자와 토착민 사이에 벌어진 치열한 투쟁 과정을 묘사함으로써 오늘날 라틴아메리카의 암울한 현실의 근원을 탐색하고 있는데, 이처럼 푸엔테스는 멕시코의 정체성과 정치적 혼란의 기원을 해박한 역사적 지식을 토대로 매우 실험적인 방식을 동원해 심도 있는 문학적 성찰을 시도함으로써 가장 지적인 라틴아메리카 작가로 자리매김하게 되었다.

그는 소설 창작뿐 아니라 미국 펜실베이니아 대학, 컬럼비아 대학, 하버드 대학, 케임브리지 대학, 프린스턴 대학 등에서 강의도 했으며, 한동안 프랑스 주재 멕시코 대사로 임명되는 등 정치인으로도 활약했는데, 그가 쓴 방대한 규모의 〈라틴아메리카의 역사〉는 학술적으로도 매우 가치 있는 역저로 평가된다.

어쨌든 매우 지성적인 작가로 알려진 그에게 노벨 문학상이 수여되지 않았다는 점은 좀처럼 납득하기 어려운 사실이지만, 한때 카스트로를 지지했기 때문이라면 그것은 더더욱 말도 되지 않는 일이라 하겠다. 물론 그는 미국의 레이건, 부시 대통령을 신랄하게 비판하기도 했지만, 카스트로의 독재를 비판했을 뿐만 아니라 베네수엘라의 차베스 대통령도 무솔리니에 비유하며 질타했던 양심의 대변자였기 때문이다.

소시민의 소외와 고독을 다룬, 존 업다이크

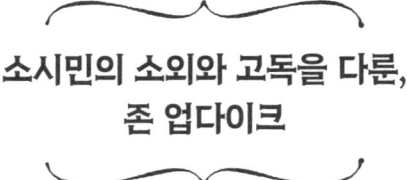

미국의 소설가 존 업다이크(John Updike, 1932-2009)는 고독과 권태에 시달리는 미국 중산층의 삶을 세밀하게 묘사한 작품들로 유명한데, 그의 대표작으로 꼽히는 〈달려라, 토끼〉를 비롯해 후속작인 〈돌아온 토끼〉, 〈토끼는 부자다〉, 〈토끼 잠들다〉 등 네 편의 토끼 시리즈를 썼으며, 그 외에도 〈켄타우로스〉, 〈농장에서〉, 〈커플스〉, 〈나와 결혼해 주오〉, 〈이스트윅의 마녀들〉, 〈브라질〉, 〈내 얼굴을 찾으라〉, 〈테러리스트〉 등의 소설을 발표했는데, 장편소설뿐 아니라 단편집과 시집, 희곡, 수필, 평론집 등 60여 권이 넘는 많은 작품을 남긴 현대 미국 문학의 대가다.

펜실베이니아주 레딩에서 태어난 그는 하버드 대학을 수석으로 졸업한 수재로 영국으로 건너가 옥스퍼드 대학에서 미술을 공부하고 귀국한 후 잡지사에 근무하면서 본격적으로 글을 쓰기 시작했다. 처녀작 〈구빈원의 축제〉로 문단에 데뷔하자마자 미국 예술원상을 받으며 두각을 드러낸 그는 이듬해 〈달려라, 토끼〉를 발표해 평단과 독자들로부터 큰 호평을 받았다. 평범한 일상에 무료함을 느낀 한 남성의 일탈 행적과 정신적 혼란을 다룬 이 소설은 그 후에도 계속해서 연작 시리즈로 이어져 그중에서 특히 〈토끼는 부자다〉, 〈토끼 잠들다〉는 그에게 두 번씩이나 퓰리처상의 영예를 안겨 주었다.

30년에 걸쳐 완성된 토끼 시리즈는 1950년대부터 1980년대에 이르기까지 미국 사회의 현대사를 배경으로 미국 중산층 가정의 우울과 권태, 성적인 불안 등을 다루고 있는데, 1950년대를 반영한 〈달려라, 토끼〉에서는 삶의 목적과 애정을 잃은 고교 운동선수 출신의 젊은 가장 해리의 정신적 방황을, 그리고 〈돌아온 토끼〉에서는 반전운동과 반문화운동이 극심했던 1960년대를 배경으로 지루한 일상에서 벗어날 출구를 찾지 못해 괴로워하는 해리의 모습을 묘사하고 있다. 그 후 1970년대를 배경으로 한 〈토끼는 부자다〉에서는 자기중심적으로 바뀐 세태를 반영해 유산 상속으로 부자가 된 해리의 모습과 1980년대를 반영한 〈토끼 잠들다〉에서는 자신의 인생과 화해를 시도하는 모습을 보여 준다.

비록 그는 풍속작가의 이미지를 벗어나지 못했으나 삶의 목적과 의미를 잃고 방황하는 현대사회의 소시민적 애환을 매우 섬세한 필체로 다루었다는 점에서 결코 과소평가될 수 없는 장인 정신에 투철한 작가라 할 수 있다. 그는 퓰리처상을 비롯해 오헨리상, 전미도서상 등 수많은 상을 받았지만, 이상하게도 노벨 문학상과는 인연이 없었는데, 그것은 어쩌면 인류 보편적인 관심보다 미국 개신교 중산층이라는 지극히 일부 계층에 국한된 그의 관심 때문이 아닐까 한다.

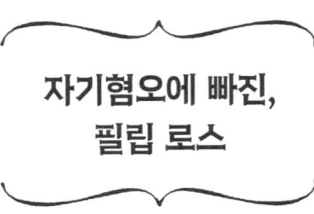

자기혐오에 빠진, 필립 로스

미국의 소설가 필립 로스(Philip Roth, 1933-2018)는 최근까지 현존하는 미국 작가 중에서 가장 유력한 노벨 문학상 수상 후보로 자주 거론되어 왔으나 결국 85세 나이로 세상을 뜨는 바람에 아깝게도 수상을 놓치고 말았다. 미국 뉴저지주 위퀘익에서 폴란드계 유대인의 아들로 태어난 그는 버크넬 대학과 시카고 대학에서 영문학을 공부한 후 여러 대학에서 문예창작을 가르치다가 1959년 유대인의 특이한 생활상을 다룬 〈굿바이 콜럼버스〉를 발표해 전미도서상을 수상하며 문단에 화려하게 등장했다.

그 후 젊은 유대인 변호사의 성적인 불안과 정체성 혼란의 문제를 다룬 소설 〈포트노이의 불평〉을 발표해 큰 센세이션을 일으켰는데, 자신의 치료자인 정신분석가 슈필포겔 박사에게 털어놓는 주인공 알렉산더 포트노이의 노골적인 자위 행위 묘사는 당시 보수단체로부터 지나치게 외설적이라는 비난을 샀으며, 유대인에 대한 비하적인 묘사 역시 유대인 단체로부터 강한 반발을 사게 되었다.

그러나 이에 아랑곳하지 않고 계속해서 그는 자신의 분신처럼 보이는 주커만의 입을 빌려 일련의 소설들을 이어 갔는데, 〈유령 작가〉, 〈풀려난 주커만〉, 〈미국의 목가〉, 〈나는 공산주의자와 결혼했다〉, 〈휴먼 스테인〉 등이 대표적인 작품들이다. 특히 〈나는 공산주의자와 결혼했다〉는 여배우 출신의 두 번째 부인 클레어 블룸과 헤어진 후 그녀가 출간한 회상록에서 자신의 사생활을 폭로한 것에 대한 반박으로 쓴 것인데, 주인공 이브 프레임은 클레어 블룸을 모델로 한 것이 분명하다.

이들 작품 외에도 〈자유를 찾아서〉, 〈유방〉, 〈욕망의 교수〉, 〈남자로서의 내 삶〉, 〈미국을 노린 음모〉, 〈에브리맨〉, 〈울분〉, 〈네메시스〉 등 많은 작품을 쓴 그는 미국 작가 중에서 가장 많은 문학상을 수상한 인물로 꼽힐 정도로 추앙받고 있지만, 정작 노벨 문학상과는 그동안 인연이 없었는데, 지나치게 자기중심적인 경향이 보편적인 인류애를 강조하는 노벨 문학상의 취지에 맞지 않는다고 평가되었기 때문일지도 모른다.

더욱이 무신론자임을 공언한 그는 〈포트노이의 불평〉에서 주인공 알렉산더의 입을 빌려 다음과 같이 불만을 털어놓고 있는데, "유대인, 유대인, 유대인, 유대인! 벌써 내 귀에 들어오기 시작하네요. 고난당하는 유대인의 이야기가! 내 민족이여, 제발 부탁인데, 당신네 고난의 유산은 당신네 고난당하는 똥구멍에나 꽂으세요. 나는 공교롭게도 한 인간이기도 하단 말이야!"라는 내용의 일갈이야말로 자신의 정체성을 부정하는 매우 자기혐오적인 태도가 아닐 수 없다. 당연히 그의 그런 태도가 스웨덴 한림원에 결코 좋은 인상을 심어 줄 리가 없을 것으로 보이기도 한다.

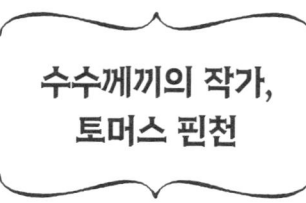

수수께끼의 작가, 토머스 핀천

미국의 소설가 토머스 핀천(Thomas Pynchon, 1937-)은 뉴욕 태생으로 코넬 대학에서 처음에는 공학물리를 전공하다 나중에 영문학으로 전공을 바꿨으며, 대학을 졸업한 후 시애틀의 보잉사에 근무하면서 창작에 몰두해 1963년 처녀작 〈브이.〉를 발표하고 이어서 1966년에는 〈제49호 품목의 경매〉를 출간해 주목을 받았다.

〈브이.〉는 미지의 신비스러운 존재 V를 찾아 나선 상반된 성격의 두 남자에 관한 이야기이며, 〈제49호 품목의 경매〉는 비밀 우편 조직의 실체를 추적하는 여성 에디파(Oedipa)에 관한 이야기로 혼돈스러운 운명에 처한 오이디푸스처럼 그녀 또한 자신에게 벌어진 기묘한 사건들이 실제인지 환상인지 또는 타인의 음모에 의한 결과인지 확신하지 못한 채 무작정 누군가를 기다린다.

이처럼 핀천의 소설은 항상 숨겨진 음모를 밝히려는 주인공을 통해 혼돈에서 질서로 나아가려 하지만 명확한 해결책을 제시하지 않은 채 오히려 독자들로 하여금 스스로 해독해 나가도록 하고 있는데, 이런 방식은 포스트모더니즘 문학의 한 전형을 이루는 동시에 절대성과 결정론에 얽매인 닫힌 세계를 거부하고 상대성과 상반된 모순의 구조를 띤 열린사회를 추구하는 핀천의 입장을 대변하는 것이기도 하며, 특히 반공주의와 냉전 이데올로기에 갇혀 사는 미국 사회의 맹점을 우회적으로 비판한 것일 수도 있다.

그런 비판은 현대 기술 자본에도 여지없이 가해지는데, 1973년에 발표한 대작 〈중력의 무지개〉가 대표적인 예라 하겠다. 이 소설은 퓰리처상 수상작으로 선정되었으나 최종 집행위원회에서 지나치게 난해하고 외설적이라는 이유로 수상이 거부되는 바람에 결국 그해는 수상자 없이 그대로 넘어가고 말았다.

비평가들로부터 '포스트모더니즘 시대의 율리시스'라는 평을 들은 이 작품은 제2차 세계대전 말기 독일의 V2 로켓 공격으로 공포에 사로잡힌 런던을 무대로 미군 장교 타이론 슬로스롭과 로켓 사이에 이루어진 기묘한 관련의 비밀을 알아내고자 애쓰는 정보기관의 추적 과정을 다루고 있는데, 그의 처녀작 〈브이.〉에서처럼 V 로켓은 언제 어디서 나타날지 모르는 미지의 존재를 상징한다.

로켓이 떨어지는 장소와 슬로스롭이 성관계를 나누는 장소가 일치한다는 점에서 편집증적 음모론과 오컬트적 신비주의, 심리학이 혼합된 매우 복잡하고도 난해한 구도로 전개되는 이 소설은 마치 제임스 조이스의 〈피네간의 경야〉를 상기시킬 정도로 독자들의 머리를 꽤나 복잡하게 어지럽히지만, 결국 시도 때도 없이 날아오는 V 로켓의 존재는 과학기술의 진보를 통해 앞으로 인간이 마주칠 수밖에 없는 미래 세계의 공포를 상징한다고 볼 수 있다.

이처럼 수수께끼 같은 내용의 소설을 쓴 토머스 핀천은 실제로 그 자신도 신비의 베일에 가려져 있는 존재로 공개적인 장소에 그 모습을 드러내지 않고 있어서 그의 사진이나 거주지조차 전혀 알려져 있지 않다. 그에 대한 궁금증이 워낙 크다 보니 심지어는 샐린저의 〈호밀밭의 파수꾼〉도 핀천의 작품이라는 헛소문까지 나돌 정도였다.

〈중력의 무지개〉 이후 거의 20년에 가까운 오랜 침묵을 거쳐 1990년대에 〈바인랜드〉, 〈메이슨과 딕슨〉, 그리고 2000년대에 들어서 〈그날에 대비하여〉, 〈고유의 결함〉, 〈블리딩 엣지〉 등을 계속 발표한 그는 줄곧 노벨 문학상 후보로 거론되기도 했지만, 과연 그가 수상자로 선정이 되더라도 공개 석상에 그 모습을 드러낼지 귀추가 주목된다.

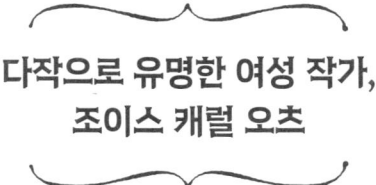

다작으로 유명한 여성 작가, 조이스 캐럴 오츠

현존하는 미국 작가 중에서 가장 뛰어난 소설가 중 한 사람이며 가장 많은 작품을 남긴 인물로 명성을 떨치고 있는 조이스 캐럴 오츠(Joyce Carol Oates, 1938-)는 1963년 첫 단편집을 발표한 이래 지금까지 50편 이상의 장편소설과 1,000여 편의 단편소설을 포함해 무려 100여 권에 달하는 책을 출간할 만큼 상상을 초월하는 놀라운 창작력을 발휘한 천재적인 여성 작가다. 발표하는 작품마다 독자들의 사랑을 받아 미국에서 가장 인기 있는 베스트셀러 작가이기도 하다.

뉴욕주 락포트에서 가난한 공구 디자이너의 딸로 태어난 그녀는 어려서부터 심한 자폐증에 걸린 여동생과 함께 자랐으며, 함께 살던 친할머니가 유대계임을 감추고 살았다는 사실과 증조부가 자살한 사실을 할머니가 돌아가신 후에야 비로소 알고 충격을 받기도 했는데, 그 내용은 후기작 〈사토장이의 딸〉에 자세히 묘사했다. 그런 할머니가 선물한 루이스 캐럴의 동화책 〈이상한 나라의 앨리스〉를 통해 어린 나이부터 독서에 취미를 붙인 그녀는 소녀 시절 브론테 자매, 도스토옙스키, 포크너와 헤밍웨이 등의 소설을 탐독하며 14세 때부터 할머니가 선물한 타자기로 소설을 쓰기 시작했다.

가족 중에서 유일하게 고등학교를 졸업한 그녀는 장학생으로 시러큐스 대학을 다니면서 꾸준히 소설을 썼으며, 위스콘신 대학과 라이스 대학에서 석사와 박사 학위를 받은 후 본격적인 작가로 데뷔해 1964년 장편소설 〈아찔한 추락과 함께〉를 신호탄으로 〈그들〉, 〈나와 더불어 그대 뜻대로〉, 〈블랙 워터〉, 〈나는 무엇을 위해 살았나〉, 〈좀비〉, 〈멀베이니 가족〉, 〈블론드〉, 〈폭포〉, 〈사토장이의 딸〉, 〈대디 러브〉, 중편집 〈이블 아이〉, 단편집 〈여자라는 종족〉, 〈소녀 수집하는 노인〉 등 수많은 작품을 쉬지 않고 내놓아 현재 가장 강력한 노벨 문학상 후보로 거론되고 있는 미국 문학의 자존심이기도 하다.

  1978년 이래 오랜 기간 프린스턴 대학에서 강의한 그녀는 70대 나이에 이르기까지 하루에 8시간씩 왕성한 모습으로 계속 글을 쓴 것으로 유명한데, 어린 시절 가난을 극복하고 세계적인 작가로 성공한 그녀는 경제적인 여유와 작가로서의 명성을 얻었음에도 오로지 글쓰기를 천직으로 삼고 집필 활동을 멈추지 않고 있으며, 그렇게 굳세고도 철저한 장인 정신이야말로 많은 작가에게 귀감이 되고도 남음이 있다는 점에서 진정한 의미의 노벨 문학상감이 아니겠는가. 다만 현재 미국에서 그녀와 쌍벽을 이루는 흑인 여성 작가 토니 모리슨이 이미 1993년에 노벨 문학상을 탄 사실과 비교해 본다면, 스웨덴 한림원의 결정은 다분히 정치적 의도가 깃들어 있는 것처럼 보이기도 한다.

  비록 일부 평자들은 그녀가 너무 많은 작품을 남발하는 데다가 소설 속의 캐릭터나 주제들이 서로 비슷비슷해 독창성이 떨어진다는 비판을 가하기도 하지만, 역대 작가들 중 가장 많은 작품을 남긴 그녀의 놀라운 상상력만큼은 타의 추종을 불허하는 것으로 그것도 단순한 통속 작가로서가 아니라 가난한 소외계층의 절망과 아메리칸드림의 허구성, 계급 간의 갈등, 성과 폭력의 문제 등 그녀가 다룬 다양한 주제들은 결코 가볍게 지나칠 수 없는 우리 모두가 안고 있는 핵심적인 화두라 할 수 있다는 점에서 노벨 문학상 수상의 자격이 충분하다고 본다. 현재 그녀 나이 어느덧 86세 고령에 접어들었으니 더욱 안타까운 마음이 든다.

6장
아시아의 작가들

일본 문학의 아버지, 나쓰메 소세키

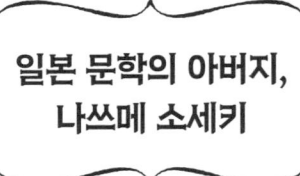

49세로 생을 마감한 나쓰메 소세키(夏目漱石, 1867-1916)는 일본의 소설가이자 영문학자로, 불과 10여 년의 짧은 기간에 초기 대표작 〈나는 고양이로소이다〉, 〈도련님〉, 〈풀베개〉를 비롯해서 중기의 3부작 〈산시로〉, 〈그 후〉, 〈문〉, 그리고 후기의 대표작 〈마음〉, 〈명암〉 등에 이르기까지 실로 많은 작품을 발표해 메이지 시대를 대표하는 일본 최고의 대문호로 꼽힌다.

세상을 관조하는 그의 독특한 사상과 윤리관은 그 후 일본의 많은 작가에게 지대한 영향을 끼친 것으로 평가되는데, 초기작에 속하는 〈풀베개〉에 이미 그런 경향이 드러난다. "산길을 오르면서 이렇게 생각했다."라는 문장으로 시작하는 이 소설은 온천을 찾은 주인공의 입을 통해 "이치를 따지면 모가 나고, 감정에 치우치면 뒤처지고, 고집을 피우면 외로워진다. 대체로 사람의 세상은 살기 어렵다."라고 말하는 첫머리 부분부터 어지러운 세파에 초연한 작가의 모습을 보여 준다.

에도 지방의 몰락한 집안에서 늦둥이 막내로 태어난 그는 생활고를 이유로 갓난아기 시절에 자식이 없는 다른 집에 양자로 보내져 자랐는데, 양부모가 이혼하는 바람에 9세 때 다시 부모 곁으로 돌아오는 등 어린 시절부터 실로 많은 우여곡절을 겪으면서 매우 불안정한 성격의 소유자가 되었다. 이처럼 어수선한 집안 분위기 속에서 학교를 다닌 그는 14세 때 어머니를 여의고 그 후 두 형마저 잃고 의기소침한 상태였는데, 때마침 동기생인 마사오카 시키를 만나 그에게서 한시와 하이쿠를 배우며 문학에 대한 꿈을 키웠다.

원래 소세키라는 이름은 마사오카 시키의 필명 가운데 하나로 중국의 고사 '수석침류(漱石枕流)'에서 따온 것인데, 돌로 양치질하고 흐르는 물을 베개로 삼겠다는 의미다. 이처럼 친구에게서 필명을 물려받은 그는 그 후 동경제대 영문과를 졸업하고 영어 교사로 근무하기 시작했다. 구마모토 고교에 재직하던 당시 그는 나카네 교코와 결혼까지 했으나 그다지 원만한 관계는 아니었다.

그는 1900년 일본 문부성의 지원으로 영국 유학을 떠나 런던대학에서 공부하게 되었는데, 당시 그는 영문학을 배우기 위해 런던에 온 가장 최초의 일본인 유학생이었다. 하지만 동양인에 대한 위화감과 차별적인 대우로 극심한 신경쇠약에 빠진 그는 낯선 곳에서의 이질감과 불안감으로 사람들과의 접촉을 끊고 두문불출한 채 오로지 책만 들여다보며 시간을 보냈다.

이처럼 힘겨운 유학 생활을 마치고 1903년 초 귀국한 그는 대학 강사로 전전하는 가운데 처녀작 〈나는 고양이로소이다〉를 발표해 호평을 받았는데, 고양이의 눈을 통해 바라본 인간 군상들의 다양한 모습을 풍자적으로 묘사한 이 작품은 일본 문단에 신선한 자극을 주었으며, 이에 자신감을 얻은 그는 연이어 〈런던탑〉, 〈도련님〉 등을 발표해 인기를 얻었다. 〈도련님〉은 시골 학교에 부임한 젊은 교사가 짓궂은 말썽꾸러기 학생들과 다소 양심 불량인 선생들 사이에서 겪는 일화들을 그린 그의 대표작이다.

나쓰메 소세키는 비록 나이 오십을 넘기지 못하고 장 출혈로 쓰러져 생을 마감하고 말았지만, 일본의 현대문학을 대표하는 작가로서 그의 존재가 좀 더 서구사회에 일찍 알려졌더라면 노벨 문학상 수상자로 선정되기에 전혀 손색이 없는 작가라 할 수 있겠다. 하지만 그는 너무 일찍 타계함으로써 일본 최초의 노벨 문학상 수상의 영예를 가와바타 야스나리에게 넘겨야 했는데, 그것은 나쓰메 소세키가 죽은 지 반세기 후에나 이루어진 일이었다.

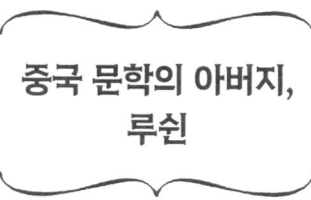

중국 문학의 아버지, 루쉰

 중국을 대표하는 소설가 루쉰(魯迅, 1881-1936)은 〈아Q정전〉으로 유명하다. 주수인(周樹人)이 본명인 그는 중국 저장성 소흥(紹興)에서 지주 집안의 아들로 태어나 유복한 유년기를 보냈다. 하지만 부정 사건에 연루된 조부가 투옥되고 아버지마저 갑자기 결핵으로 사망하는 바람에 집안이 몰락해 어려움을 겪어야 했다.
 소년 시절에 서양식 교육을 시행하던 광로 학당에 들어간 그는 그곳에서 서양의 근대사상을 접할 수 있었으며, 졸업 후에는 관비 혜택을 받아 일본에 유학해서 센다이 의학전문학교에 입학했는데, 그가 서양 의학을 익혀 의사가 되기로 작심한 이유는 아버지의 죽음이 낙후된 한의술에서 비롯된 결과로 여겼기 때문이다.
 처음 어학연수 과정에 있던 그는 1903년 도중에 잠시 귀향해서 관습에 따라 지방 부호의 딸인 주안(朱安)과 마지못해 형식적인 혼례를 치렀는데, 어린 신부는 착하기는 했으나 문맹에 전족까지 한 상태였다. 마음에도 없는 결혼이었지만 그래도 그는 신부를 구박하지는 않았으며, 1904년 의학 수업을 위해 다시 일본으로 돌아가 학업을 계속했다.
 그러나 당시 반청(反淸) 혁명단체인 광복회(光復會)에 가입해 활동하던 그는 2학년 때 세균학 강의 시간에 환등기를 통해 보여 준 장면 가운데 노일전쟁에서 스파이 혐의로 일본군에게 붙들려 처형당하는 중국인 포로를 무덤덤하게 구경만 하고 있는 군중들의 무기력한 모습에 큰 충격을 받은 나머지 의학 공부를 포기하고 작가가 되기로 결심했다.

그런 결단을 내리게 된 이유는 무기력한 중국인의 정신을 개조하기 위해서는 의술보다 문학이 더욱 효과적일 것이라는 생각이 들었기 때문이다. 의학교를 도중에 그만두고 글을 쓰기 시작한 그는 1909년 중국으로 귀국한 후에는 베이징으로 가서 신해혁명에 동참했으나 혁명 후 집권한 원세개 정부에 실망해 정치에서 손을 떼고 오로지 문학을 통한 혁신에 기대를 걸고 봉건적 체제의 구질서를 부정하고 중국인의 각성을 촉구한 소설 〈광인일기〉를 발표함으로써 중국 근대문학에 새로운 혁신을 이루었다.

그 후 북경대학에서 강의를 하는 한편, 1921년 대표작 〈아Q정전〉을 발표해 무지몽매한 중국 민중의 현실을 고발하고 비판했으나 1926년 군벌 정부가 문화 탄압을 개시하자 신변의 위협을 느낀 그는 베이징을 탈출해 중국 최남단 광동으로 도피했으며, 그곳에서 제자였던 허광평과 만나 동거에 들어갔으나 본부인에 대한 재정적 지원은 계속했다. 국공 분열이 일어나고 장개석의 국민당이 공산당 토벌에 나서게 되자 허광평과 함께 상하이로 옮겨 지내던 루쉰은 중일전쟁이 발발하기 직전에 지병인 결핵으로 사망했다.

중국 현대문학의 아버지로 불리는 루쉰은 오늘날 손문과 더불어 중국에서 가장 존경받는 혁명적 사상가로 유명하다. 특히 그의 대표작 〈아Q정전〉과 〈광인일기〉는 세계문학사에 한 자리를 차지할 정도로 그 위상이 높아진 작품으로 비록 루쉰은 이들 작품을 통하여 당시 중국인들의 비겁함과 무지몽매함을 예리한 필치로 풍자했지만, 그것은 그만큼 자신의 민족을 사랑했기에 중국인의 전근대성과 기만적인 태도를 비판함으로써 민족적 각성을 일깨우고자 했던 것이다. 어쨌든 루쉰의 존재는 현대 중국을 대표하는 최고의 작가로 노벨 문학상을 타기에 충분한 조건을 갖추었음에도 불구하고 그가 생존했을 당시에는 아쉽게도 그의 작품이 서구사회에 제대로 알려지지 않았기 때문에 그런 영예를 기대할 처지는 물론 아니었다.

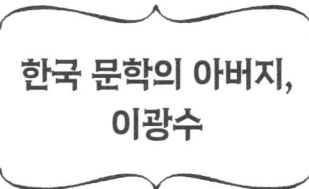

한국 문학의 아버지, 이광수

한국 근대소설의 아버지로 불리는 춘원 이광수(李光洙, 1892-1950)는 그야말로 한국 문학사에 길이 남을 대문호라 할 수 있다. 한국 문학에서 그가 차지하는 위치는 러시아 문학에서 톨스토이나 도스토옙스키가 차지하는 비중을 능가할 정도로 그는 우리 문단에 우뚝 선 거대한 산봉우리에 비유할 수 있으며, 지금까지도 그를 능가할 수 있는 소설의 대가는 찾아 보기 힘들 정도로 대단한 필력의 소유자였다.

그는 소설 〈무정〉을 비롯해서 〈재생〉, 〈개척자〉, 〈무명〉, 〈꿈〉, 〈흙〉, 〈유정〉, 〈사랑〉, 〈혁명가의 아내〉, 〈애욕의 피안〉 등의 소설 외에도 〈마의태자〉, 〈원효대사〉, 〈단종애사〉, 〈세조대왕〉, 〈이차돈의 사〉, 〈이순신〉, 〈사랑의 동명왕〉 등 많은 역사소설을 남겼으며, 도산 안창호의 전기도 썼다. 이처럼 방대한 분량의 소설을 남긴 작가는 한국 문학에서 그 유례를 찾아 보기 힘들 정도다.

구한말 평안북도 정주에서 가난한 농민의 아들로 태어난 그는 몰락한 왕족의 후예지만 극도로 빈한했던 집안 형편으로 인해 어린 나이에 담배 장사로 기울어진 가세를 도와야 했다. 비록 그는 어릴 때부터 신동으로 소문이 자자했지만 11세 때 부모가 콜레라로 갑자기 세상을 뜨게 되자 졸지에 천애 고아가 되었으며, 주변 사람들의 무시와 학대 속에 막일로 생계를 유지하다 우연히 그를 딱하게 여긴 한 천도교인의 권유로 천도교의 서기로 들어가 처음으로 글 쓰는 일에 종사하게 되었다.

당시 그는 천도교와 관련된 일진회의 후원으로 일본 유학을 떠났는데, 일진회는 송병준, 이용구 등이 주도해 조직한 친일 단체로 의지할 곳 없는 이광수에게 도움의 손길을 뻗친 유일한 단체이기도 했다. 어쨌든 일본 유학을 통해 새로운 문물을 접한 그는 우리 민족의 후진성을 통감하고 계몽적인 소설을 쓰기 시작했으며, 조부의 사망으로 유학 도중에 귀국한 후 오산학교 교사로 근무하는 가운데 중매로 만난 백혜순과 혼인했으나 애정이 없는 결혼 생활에 낙담하고 우울한 나날을 보내기 시작했다.

하지만 결혼 직후 한일합병이 이루어지자 조국의 현실에 더욱 절망한 그는 교사직을 그만두고 중국과 시베리아 등지를 전전했는데, 제1차 세계대전이 발발하자 잠시 귀국했다가 다시 일본 유학의 길을 떠나 와세다 대학에 편입했다. 당시 그는 유부남의 신분으로 조선 유학생인 허영숙, 나혜석 등과 열애에 빠지기도 했는데, 매일신보에 연재한 한국 최초의 근대 장편소설 〈무정〉이 폭발적인 인기를 끌게 되면서 고루한 인습 타파와 자유연애의 필요성을 드높이 외치기 시작했다.

그러나 지병인 결핵이 악화되는 바람에 도중에 휴학하고 귀국한 그는 허영숙의 지극한 간호로 건강을 회복하자 마침내 아내와 이혼에 합의하고 여의사 허영숙과 함께 중국으로 애정의 도피 행각을 벌였으나 교사라는 사람이 조강지처를 헌신짝처럼 내버린 부도덕한 인간이라는 세간의 비난과 질타에 시달림을 당해야만 했다. 당시만 해도 상해임시정부에 참여하며 독립운동에 앞장서던 그는 점차 독립 가능성에 회의를 품기 시작하면서 도산 안창호의 만류를 무릅쓰고 1921년 드디어 귀국을 결심하게 되었다.

귀국 즉시 일경에 체포된 그는 불기소 처분으로 가볍게 풀려난 후 곧바로 허영숙과 재혼했는데, 이때부터 그가 변절했다는 소문이 나돌기 시작했으며, 본인도 그런 사실이 괴로웠는지 그 후 불교에 귀의해 승려가 될 생각까지 품게 되었다. 그러나 1922년 그가 발표한 〈민족개조론〉은 친일적 입장에서 동족에 대한 부정적인 시각과 자기 폄하로 가득 찬 내용의 글이었다.

　1930년대 중일전쟁을 전후해 이미 노골적으로 친일적인 행보를 보이기 시작한 그는 창씨개명을 적극 지지하고 나서면서 동족의 울분을 자아냈으며, 마침내 1940년 스스로 창씨개명을 단행하고 가야마 미쓰로(香山光郞)가 되었는데, 그 후 황국신민이 되는 길이야말로 민족의 앞날을 보장하는 것임을 설파해 숱한 비난의 대상이 되기도 했다.

　이광수의 이러한 변절은 지금까지도 풀리지 않는 수수께끼임에 틀림없지만, 광복 후 반민특위에 의해 마포 형무소에 수감된 그는 〈나의 고백〉이란 글에서 자신은 애국을 위해서 친일했다는 변명을 통해 스스로를 변호하기도 했다. 그 후 한국전쟁 시 인민군에 의해 납북된 그는 강제로 호송 중에 지병의 악화로 숨을 거두고 말았는데, 어쨌든 이광수는 한국 문학의 거장으로 노벨 문학상을 타고도 남음이 있는 대문호임에 틀림없지만, 설사 그의 존재가 서구사회에 알려져 수상자로 선정되었다 하더라도 그의 반민족적인 배신행위로 인해 오히려 동족의 강한 반발에 부딪쳐야 했을 것이다.

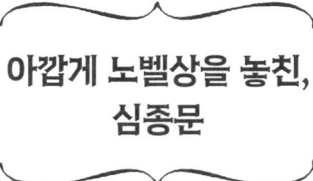
아깝게 노벨상을 놓친, 심종문

중국의 소설가 심종문(沈從文, 1902-1988)은 현대 중국을 대표하는 작가이자 고대문화 연구가로 대표작 〈변성(邊城)〉을 비롯해 〈장하(長河)〉, 〈잣(柏子)〉, 〈회명(會明)〉, 〈용주(龍朱)〉, 〈월하소경(月下小景)〉, 〈대하(大河)〉 등 10편의 장편과 200편 이상의 단편소설 외에도 〈충원 자전(從文自傳)〉과 학술서인 〈당송동경(唐宋銅鏡)〉, 〈중국고대복식연구(中國古代服飾研究)〉를 남겼으며, 특히 중국의 변경지대와 소수민족의 애환을 다룬 그의 향토색 짙은 소설로 인해 '중국의 윌리엄 포크너'로 불리기도 한다.

중국의 변방 호남성 봉황현에서 군벌 세도가의 아들로 태어난 그는 소년 시절 집안이 몰락한 이후로는 심악환(沈岳煥)이라는 본명을 버리고 심종문으로 개명했는데, 그의 친가 쪽은 묘족 출신, 외가 쪽은 토가족 출신으로 오랜 세월 그는 자신이 한족이 아니라 소수민족 출신임을 숨기고 살았다. 그의 아버지는 청조가 무너진 후 정계 진출을 노렸으나 원세개 암살 음모에 연루되어 내몽고로 도주해 버렸으며, 아버지가 갑자기 사라진 후부터 집안이 완전히 몰락하게 되자 어린 나이에 집을 떠난 심종문은 일찌감치 군대에 들어가 스스로 생계를 해결해야 했다.

해외유학파가 주름잡던 동시대의 다른 작가들과는 달리 별다른 고등교육을 받지 못한 그는 20대 초반부터 소설을 쓰기 시작해 그만의 독특한 서정적인 필치로 매우 토속적인 작품을 발표했는데, 특히 1934

년에 발표한 〈변성〉은 외진 나루터를 배경으로 늙은 사공의 손녀 취취와 그녀를 사이에 두고 벌어지는 형제간의 엇갈린 운명을 통해 자연에 순응하며 살아가는 삶의 아름다움을 매우 몽환적인 분위기로 묘사함으로써 평단의 극찬을 받은 대표작이다.

그러나 중국 공산당 정권이 수립되자 문학은 단지 계급투쟁을 위한 도구로 전락했으며, 이에 반발한 그는 곧바로 숙청 대상이 되어 대학 강단에서도 쫓겨났으며, 자기 뜻대로 작품을 쓸 수 없게 된 그는 당시 극심한 정신적 위기에 빠진 나머지 자살을 시도하기까지 했다. 그 후 소설에서 완전히 손을 떼고 베이징 역사박물관에 근무하며 중국의 전통문화 연구에만 몰두했으나, 그마저 문화대혁명 기간에 숙청의 바람이 불면서 오랜 세월 박물관 청소부로 전락해 화장실 변기 청소하는 일에 종사했다. 다행히 1978년 복권되었으나 이미 노년에 이른 그는 별다른 활동을 펼치지 못했다.

그는 1980년에 처음 노벨 문학상 후보에 오른 후 1988년 마침내 최종 수상자 명단에 올랐으나 갑자기 그가 세상을 뜨는 바람에 아쉽게도 수상의 영예는 이집트의 작가 나기브 마푸즈에게 돌아가고 말았다. 따라서 그는 중국 최초의 노벨 문학상 수상자가 될 수도 있었지만, 실제로 상을 받은 인물은 반체제인사로 지목되어 프랑스로 망명했던 2000년도 수상자 가오싱젠(高行健)과 영화 〈붉은 수수밭〉의 원작자로 유명한 2012년도 수상자 모옌(莫言)이었다.

그가 85세를 일기로 생을 마감했을 때, 당시 중국 언론에서는 그의 이름조차 제대로 밝히지 않은 채 단지 한 유명 작가가 사망했다는 기사를 단 한 줄로 간단히 보도할 정도로 그에 대한 사회적 냉대가 심했는데, 오히려 해외 언론에서 그의 죽음을 애도하며 그가 남긴 업적을 소상히 다루었으니 한동안 중국에서 그의 작품이 불태워지고 대만에서 조차 출판 금지를 당해야 했던 심종문은 이래저래 자신의 조국 땅에서 푸대접을 받은 지독히도 운이 없던 작가였다고 할 수 있다.

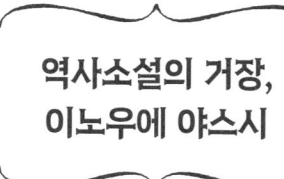

역사소설의 거장, 이노우에 야스시

일본의 작가 이노우에 야스시(井上 靖, 1907-1991)는 집안 대대로 의사를 배출한 이노우에 일가의 후손으로 군의관이었던 아버지가 근무하던 홋카이도 아사히카와에서 태어났으나 1908년 아버지가 조선으로 발령받아 떠나게 되자 시즈오카현 유가지마에 사는 할머니에게 맡겨져 그곳에서 성장했다. 규슈대학을 중퇴하고 교토대학에서 철학을 공부한 그는 졸업 후 마이니치 신문사에 들어가 근무하던 중 1937년 군대에 소집되어 중일전쟁에 참전했으나 병에 걸려 의병제대를 한 후 다시 신문사로 복직해 10년간 기자로 일했다.

태평양전쟁이 끝나면서 작가 생활을 시작한 그는 소설 〈엽총〉, 〈투우〉, 〈빙벽〉 등을 발표해 문단의 인정을 받았는데, 특히 아쿠타가와상을 수상한 〈투우〉는 그에게 작가로서의 명성을 안겨 준 초기작이며, 그 후 발표한 〈빙벽〉으로 일본 예술원상도 받았다. 그는 자전적 색채가 강한 〈시로밤바〉, 〈여름 풀과 겨울 바다(夏草冬濤)〉, 〈북쪽의 바다(北の海)〉 외에 치매에 걸린 노모를 모델로 쓴 〈내 어머니의 연대기〉 등을 남기기도 했지만, 일본 문단에서 그가 차지한 가장 확고한 위치는 역시 역사소설이라 할 수 있다.

이미 1950년대부터 역사소설을 쓰기 시작한 그는 〈이역(異域)의 사람〉을 필두로 〈풍림화산(風林火山)〉, 〈사나다 군기(眞田軍記)〉, 〈요도 부인의 일기(淀どの日記)〉처럼 일본의 전국시대를 다룬 소설뿐 아니라

〈덴표(天平)의 용마루〉, 〈돈황(敦煌)〉, 〈누란(樓蘭)〉 등 중국의 서역 지방을 무대로 한 작품을 포함해 〈푸른 늑대〉, 〈양귀비 전〉, 〈공자〉, 그리고 고려의 입장에서 몽골제국의 일본 침공을 바라본 〈풍도(風濤)〉 등 동양사 전반에 걸친 방대한 내용을 두루 섭렵함으로써 일본 작가로서는 매우 이례적일 정도로 폭넓은 안목을 보이기도 했다.

　40편에 달하는 장편 외에도 많은 단편소설을 남기며 일본의 국민 작가로 대중적 인기를 독차지한 그는 중후한 멋을 자랑하는 일본 문단의 신사로 통하며 애주가로도 소문이 자자했는데, 1980년대 한때 노벨 문학상 후보에 올랐다가 탈락하자 오히려 지인들을 불러 술을 대접하며 허탈한 심정을 달랬다고 한다. 그의 작품들은 지금까지도 끊임없이 연극, 영화, 드라마로 각색되어 공연되고 있으며, 세계 각국어로 번역되어 많은 독자의 사랑을 받고 있다.

일본 가톨릭 문학의 대부, 엔도 슈사쿠

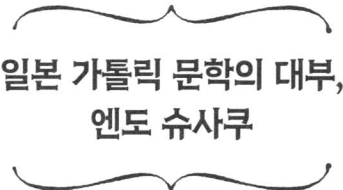

일본의 소설가 엔도 슈사쿠(遠藤周作, 1923-1996)는 일본 문단에서 기독교 문학을 대표하는 작가로 죄와 악의 문제를 정면으로 다룬 매우 특이한 존재라 할 수 있다. 도쿄에서 은행원의 아들로 태어난 그는 출생 직후 가족이 만주로 이주해 어린 시절을 주로 대련에서 보냈으나, 11세 때 부모가 이혼하자 어머니를 따라 일본으로 귀국해 가톨릭 신자인 이모와 함께 살았는데, 이모의 영향으로 이들 모자는 가톨릭에 귀의해 세례를 받았다.

게이오 대학 불문학과를 졸업한 후 국비 장학생으로 1950년 프랑스 유학을 떠난 그는 리옹 대학에서 가톨릭 문학을 공부하던 중에 폐결핵에 걸려 2년여 만에 귀국했으며, 그 후 작가 생활로 접어들어 1955년 성과 원죄 의식의 문제를 정면으로 다룬 〈백색인〉으로 아쿠타가와상을 수상하면서 화려하게 문단에 등장한 그는 연이어 〈황색인〉도 발표했다.

그 후 태평양전쟁 당시 후쿠오카 병원에서 미군 포로를 상대로 자행된 생체해부 사건을 다룬 〈바다와 독약〉으로 신초문학상을 수상하고, 1966년에는 가톨릭 탄압이 극심했던 에도시대를 배경으로 죄 없이 희생당하는 농부들과 살기 위해 신앙을 버린 포르투갈인 예수회 선교사의 인간적 고뇌를 통해 신의 침묵 문제를 심도 있게 다룬 〈침묵〉으로 다니자키상을 탔다. 그 공로로 1971년에는 교황청으로부터 훈장까지 받았다. 그의 투철한 기독교 정신은 〈예수의 생애〉를 비롯해 〈그리스도의 탄생〉, 〈사해 부근에서〉, 〈여자의 일생〉, 〈화산〉, 그리고 마지막 유작인 〈깊은 강〉 이르기까지 일관되게 유지한 주된 테마로 특히 가톨릭 작가인 영국의 그레이엄 그린으로부터 최대의 찬사를 받았다.

 그는 폐결핵이 재발해 투병 생활을 계속하면서도 꾸준히 소설을 썼는데, 엔도 슈사쿠가 여러 차례 노벨 문학상 후보로 거론된 이유는 물론 서구인들의 취향에 맞는 기독교적인 내용의 작품을 주로 썼기 때문이겠지만, 지나치게 어느 한 특정 종교의 관점에만 얽매였다는 점이 오히려 수상자로 선정되는 데 불리하게 작용했을 수도 있다. 1994년에도 후배 작가인 오에 겐자부로에게 수상의 영예를 빼앗긴 그는 2년 뒤 건강 악화로 유명을 달리하고 말았는데, 다른 무엇보다도 그의 존재는 종전 후 원폭 피해에 따른 도덕성의 상실과 죄의식이 실종된 일본 사회에 양심 회복을 촉구하는 기폭제 노릇을 했다는 점에서 더욱 큰 의의를 찾아야 할 것이다.

현대 터키 문학의 기수, 야샤르 케말

터키의 소설가 야샤르 케말(Yaşar Kemal, 1923-2015)은 현대 터키 리얼리즘 문학을 대표하는 거장으로 소설 〈의적 메메드〉, 〈강철 대지, 구리 하늘〉, 〈불멸초〉, 〈독사를 죽였어야 했는데〉, 〈바람 부족의 연대기〉 등으로 유명하다. 생전에 그는 독일 도서협회상, 프랑스 비평가협회상, 뵤른손상 등 수많은 문학상을 탔으며, 1973년에는 노벨 문학상 후보에도 올랐으나 결국 수상하지 못하고 세상을 뜨고 말았다.

터키 남부에 위치한 작은 마을 헤미테에서 쿠르드족 난민의 아들로 태어난 그는 어려서 종교의식에 제물로 바칠 양을 잡던 아버지의 실수로 한쪽 눈을 칼에 찔려 애꾸가 되었을 뿐만 아니라 5세 때에는 이슬람 사원에서 기도하던 아버지가 양자의 손에 살해당하는 현장을 목격함으로써 큰 충격을 받고 12세가 될 때까지 말을 제대로 하지 못하는 등 불행한 아동기를 겪어야만 했다.

가난과 신체적 장애로 힘겨운 소년 시절을 보낸 그는 17세 때부터 노동운동에 뛰어들어 여러 차례 감옥에 드나들기도 했는데, 그의 외삼촌들은 모두 산적이 되어 활동했다. 하지만 삼촌들과는 달리 작가의 길로 들어선 그는 군 복무 중이던 1944년 단편소설 〈추잡한 이야기〉로 문단에 데뷔해 주목을 끌었으며, 계속해서 오토만 제국의 폭압 정치로 소외되고 핍박받는 민중의 고통을 대변한 소설 〈의적 메메드〉로 국제적인 명성을 얻었다.

젊은 시절 한때는 터키 노동당에 가입해 정치 활동을 펼친 그는 특히 터키에서 가장 민감한 정치적 이슈이기도 한 쿠르드족의 분리 독립을 지지하는 발언으로 당국의 감시를 받기도 했으나 결코 자신의 뜻을 굽히지 않았는데, 어쩌면 그런 이유가 노벨 문학상 수상에 걸림돌로 작용했을 수 있다. 따라서 그가 후보에 올랐던 1973년 수상의 영예는 호주의 패트릭 화이트에게 돌아가고 말았다.

앞서 소개한 작품 외에도 〈테네케〉, 〈평야에서 불어오는 바람〉, 〈아라랏산의 전설〉, 〈신의 병사들〉, 〈비에 젖은 새〉, 〈바다를 가로지르는 어부〉, 〈언덕 위의 석류〉, 〈보라, 유프라테스가 피로 물들고 있다〉 등 많은 작품을 남긴 그는 유대계 여성 틸다 세레로와 결혼했는데, 그녀는 남편의 소설을 영어로 번역하는 일에 주력하다가 2001년에 남편보다 먼저 세상을 떴다. 말년에 파킨슨병으로 고생한 야샤르 케말은 이스탄불 대학병원에서 91세를 일기로 타계한 후 부인의 묘지 옆에 나란히 묻혔다.

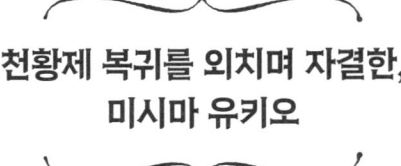

천황제 복귀를 외치며 자결한, 미시마 유키오

태평양전쟁 이후 일본에서 가장 촉망받는 작가로 떠오르며 노벨 문학상 후보로 거론되기도 했던 미시마 유키오(三島 由紀夫, 1925-1970)는 〈가면의 고백〉, 〈금색(禁色)〉, 〈금각사(金閣寺)〉, 〈교코의 집(鏡子の家)〉, 〈우국(憂国)〉, 〈태양과 강철〉, 4부작 소설 〈풍요의 바다〉 등의 대표작을 통해 허무주의적이고도 탐미주의적인 작품으로 한 시대를 풍미했으나 극우적인 성향을 띤 그는 천황제의 복귀를 외치며 자위대 본부에서 인질극을 벌이다 할복자살함으로써 전 세계에 충격을 안겨 준 인물이기도 했다.

본명이 히라오카 기미다케(平岡公威)인 그는 천황 숭배자였던 농수산성 사무관의 장남으로 태어나 동경대 법학부를 졸업, 곧바로 대장성에 들어간 엘리트였다. 그의 부친 히라오카 아주사는 전형적인 대일본제국의 관료로 어릴 때부터 아들에게 천황 숭배와 남성다움에 대해 줄곧 강조했는데, 그런 아버지의 영향으로 결국 나중에 사설 군사 조직을 만들어 친위 쿠데타를 일으킬 계획까지 세우게 되었다.

귀족들이 다니던 학습원 시절부터 소설을 쓰기 시작해 일찍부터 문학적 재능을 인정받았던 그는 대장성에 들어가 잠시 일하다 그만두고 창작 활동에만 전념했는데, 〈금각사〉 등 수작을 연이어 발표함으로써 일본적 미의식에 바탕을 둔 전후 최대의 작가라는 평을 들었다. 그 외에도 〈사랑의 갈증〉, 〈육체의 학교〉, 〈영령(英靈)의 소리)〉 등의 소설과

9권의 단편집, 희곡 〈로쿠메이칸(鹿鳴館)〉, 〈나의 친구 히틀러〉, 평론집 〈부도덕 교육강좌〉, 〈문화방위론〉 등 수많은 작품을 남긴 그는 45세라는 한창나이로 요절한 작가치고는 실로 왕성한 창작력을 보인 천재였다고 할 수 있다.

그러나 동성애뿐 아니라 페티시즘과 같은 도착적인 기벽을 보이기도 했던 미시마는 유달리 남성적인 매력에 집착한 나르시시스트로 그런 개인적 특성은 그의 첫 장편 〈가면의 고백〉에 이미 잘 드러나 있다. 자신의 동성애적 열정을 숨기고 살아가는 주인공의 모습이야말로 미시마 자신의 분신이기 때문이다. 평소 보디빌딩으로 육체미를 과시하고 영화에도 출연하는 등 자기 과시욕에 사로잡힌 그의 모습은 전형적인 나르시시즘의 특성을 그대로 보여 주기도 하지만, 다른 무엇보다도 사무라이 정신을 찬양하고 시대착오적인 천황 숭배를 추구한 그의 행적은 아무리 천재적인 재능을 지닌 작가라 하더라도 온전한 지식인의 모습으로 비치기 어려운 대목이 아닐 수 없다.

따라서 일찌감치 그의 작품들이 번역되어 서구사회에 그 이름이 알려졌다 해도 세 번씩이나 그가 노벨 문학상 후보에 올랐다는 사실은 선뜻 이해하기 어려운 노릇이라 하겠다. 물론 그 자신도 1968년 스승인 가와바타가 일본인 최초의 수상자가 되면서 자신에게 그런 영광의 기회가 올 가능성이 희박하다는 사실을 너무도 잘 알고 있었겠지만, 그것은 수상 기회의 문제가 아니라 도덕적 차원의 문제라는 점을 인식하진 못했던 것으로 보인다.

미시마의 비극적인 최후는 결국 자신의 욕구와 환상대로 돌아가 주지 않는 현실에 대한 분노와 좌절의 극적인 표출로 볼 수 있다. 그는 할복자살이라는 극단적인 수단을 통해 일본 사무라이 정신의 미학과 그 진수를 보여 주고자 했을지 모르나 그것은 미학이 아니라 단지 일본인의 추악한 가면을 벗어 던진 것에 지나지 않은 결과가 되고 말았다. 그런 점에서 역시 일본적 미학을 추구하며 탐미주의 길을 걸었던 노벨상 수상 작가 가와바타 야스나리는 그의 스승 격이었는데, 줄곧 편지를 주고받았던 두 사람 모두 비슷한 시기에 자살로 생을 마감한 것은 단순한 우연치고는 너무도 기묘한 인연이 아닐 수 없다.

미시마가 연출했던 극적인 죽음은 결국 자신에게 주어진 현실 앞에 적절한 분출구를 찾지 못한 자신의 나르시시즘적 좌절감과 내면에 자리 잡은 사도마조히즘적 욕망을 처리하기 위한 광란적인 파티에 지나지 않는 것으로, 따라서 그가 벌인 무모한 행동은 그야말로 일본적 객기와 만용의 실체가 무엇인지 단적으로 보여 준 사건이었을 뿐이다. 그런 미시마에게 실제로 노벨 문학상이 주어졌다면 그것은 스웨덴 한림원의 역사적 무지함을 여지없이 드러낸 돌이킬 수 없는 실수로 기록되었을 것이 분명하다. 생각만 해도 아찔한 일이다.

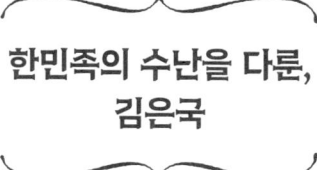

한민족의 수난을 다룬, 김은국

소설 〈순교자〉로 유명한 김은국(金恩國, 1932-2009)은 한국계 미국인 소설가로 미국명은 리처드 김이다. 일제 강점기에 함경남도 함흥에서 독립운동가의 아들로 태어난 그는 광복 이후 월남해서 서울대 상대에 입학했지만, 한국전쟁이 발발하면서 학업을 중단하고 군에 입대해 통역장교로 복무한 후 1955년 미국으로 이주해 존스 홉킨스 대학과 하버드 대학 등에서 석사학위를 받았으며, 그 후 여러 대학에서 문학을 강의하는 가운데 소설을 쓰기 시작했다.

1964년 한국전쟁 당시 한 목사의 이야기를 다룬 〈순교자〉를 발표해 베스트셀러 작가로 혜성처럼 등장한 그는 그 여세를 몰아 1967년 노벨문학상 후보에까지 오르는 기염을 토했으나 최종적으로 발표된 수상자는 과테말라의 작가 아스투리아스였다. 〈순교자〉는 국내에서 영화로도 제작되었는데, 유현목 감독이 메가폰을 잡았다.

그 후 5·16 군사쿠데타를 소재로 다룬 소설 〈죄 없는 사람〉, 일제 강점기의 창씨개명을 소재로 한 〈잃어버린 이름〉을 발표해 한국 현대사의 비극을 세계적으로 알리는 데 큰 공헌을 남긴 그는 1980년대 잠시 귀국해 서울대에서 강의를 하기도 했으나, 그 이후로는 창작 활동을 중단하고 은둔 생활로 접어들어 암과 투병하다가 미국 매사추세츠에서 77세를 일기로 생을 마감했다. 한국을 대표하는 테너 가수 이인범은 그의 외사촌 형이기도 하다.

아시아의 작가들 299

그에게 처음으로 국제적인 명성을 안겨 준 〈순교자〉는 한국전쟁에서 인민군에게 희생된 성직자들의 이야기로 신과 인간의 관계를 진지하게 다룬 종교소설이다. 국군이 북진하면서 평양에 주둔한 이 대위는 공산 치하에서 순교한 목사들 가운데 유일하게 살아남은 신 목사에 대해 의심을 품고 그가 생존할 수 있게 된 배경을 조사하는 과정에서 다른 목사들이 모두 신을 저주하며 죽었다는 사실을 밝혀낸다.

하지만 신 목사는 오히려 그들이 순교한 것처럼 거짓 증언을 하며 그들의 입장을 이해하는 태도를 보인다. 이처럼 처절한 신앙적 고뇌를 통해 구원의 문제를 다룬 이 소설은 당시 비평가들로부터 도스토옙스키와 카뮈에 결코 뒤지지 않는 걸작이라는 찬사를 받은 작품으로 결국 작가는 이 소설을 통해 희생된 목사들뿐만 아니라 고통받는 한국인 전체가 순교자임을 암시하고 싶었던 게 아닐까 한다.

그는 비록 노벨 문학상 후보에까지 오를 정도로 국제적인 명성을 얻었으나 1964년의 〈순교자〉, 1968년의 〈죄 없는 사람〉, 1970년의 〈잃어버린 이름〉 등 단 세 편의 장편소설만을 남김으로써 더욱 큰 아쉬움을 주었는데, 그가 좀 더 많은 역작을 남겼더라면 노벨 문학상도 바라볼 수 있는 조건을 충분히 갖춘 작가였다고 할 수 있다. 그런 점에서 한국인 최초의 노벨 문학상 수상자가 될 뻔했던 그는 결국 뒷심 부족으로 절호의 찬스를 놓치고 만 셈이다. 어쨌든 그는 1930년대 〈초당〉의 작가로 이름을 날린 강용흘에 이어 오늘날 소설 〈파친코〉로 엄청난 파장을 불러일으킨 작가 이민진과 더불어 미국 문단에서 매우 드물게 두각을 나타낸 한국계 작가였다고 할 수 있다.

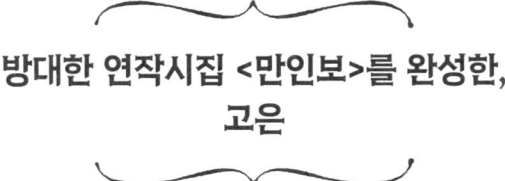

방대한 연작시집 <만인보>를 완성한, 고은

오늘날 국제적인 명성을 얻고 있는 한국의 대표적인 참여시인 고은(高銀, 1933-)은 일제 강점기에 전북 옥구에서 태어나 군산 고등보통학교를 중퇴한 후 한국전쟁이 한창이던 1952년에 출가해 승려가 되었으며, 참선과 방랑을 거듭하는 가운데 시를 쓰기 시작했다. 1958년 시인 조지훈의 추천으로 시단에 데뷔한 그는 불교신문사 주필을 지내며 1960년 첫 시집 〈피안감성(彼岸感性)〉을 출간한 후 10년 만에 환속해 시작 활동에 전념하기 시작했다.

그는 삶과 죽음에 대한 허무주의와 심미적 탐색에 기울어진 1960년대를 거쳐 1970년대 유신독재를 맞이한 후로는 자유실천문인협회 대표를 맡는 등 불합리한 시대적 상황에 대한 비판과 투쟁을 통해 현실에 뛰어드는 행동파 시인으로 변모했다. 특히 1980년 광주민주화운동 당시에는 내란음모 혐의로 육군교도소에 수감되어 고문 등으로 갖은 고초를 겪기도 했는데, 그때부터 그의 대표적인 역작 〈만인보(萬人譜)〉를 구상하기 시작했다.

비록 군법회의에서는 그에게 종신형을 선고했으나 특별 사면 조치로 석방된 직후 집필에 들어간 그는 1986년 첫 세 권을 출간한 것을 필두로 무려 25년에 걸친 각고의 노력 끝에 마침내 2010년 마지막 30권을 완간하기에 이르렀다. 반만년의 한국사를 아우르며 4,000편 이상의 시와 수많은 역사적 인물들로 이루어진 〈만인보〉는 그야말로 시로 쓴 인물백과사전이라 할 수 있는데, 여기에는 신라 고승들을 비롯해 퇴계 이황과 고봉 기대승, 김정호, 김옥균, 이승만, 이기붕, 이현상, 조봉암, 김주열, 박정희, 이후락, 김형욱, 함석헌, 장준하, 문익환 목사, 이소선 여사, 시인 노천명과 김준태, 노무현의 죽음에 이르기까지 실로 방대한 규모의 인물들을 다루고 있다.

  30년에 걸친 대장정 끝에 완성한 〈만인보〉 외에도 수십 권의 시집과 〈화엄경〉 등의 소설, 그리고 〈한용운 평전〉에 이르기까지 왕성한 필력을 과시한 그는 2005년 이후 해마다 노벨 문학상 후보에 오르는 유일한 한국 작가라 할 수 있는데, 물론 그런 배경에는 일찍부터 그의 시가 각국어로 번역되어 해외에 알려졌다는 점과 작가 자신의 활발한 국제적 홍보 활동이 큰 몫을 한 것으로 볼 수 있다.

  특히 그의 존재는 노벨상의 본산지인 북유럽 사회에 너무도 잘 알려져 있어서 노르웨이의 비에른손 훈장과 스웨덴의 시카다상을 수상하는 등 오히려 한국보다 북유럽에서 더욱 큰 인정을 받고 있다고 해도 과언이 아니다. 이처럼 한국 작가로서는 매우 이례적으로 해외에 높은 지명도를 얻게 된 그가 과연 노벨 문학상 수상의 영예를 안게 될 것인지 귀추가 주목되기도 하지만, 그의 나이 이미 90대에 도달한 데다 2024년에는 50대의 여류 작가 한강이 모든 이의 예상을 뒤엎고 노벨 문학상을 수상했으니 그에게 노벨상 수상은 이미 물 건너간 것으로 봐야 할 듯싶다.

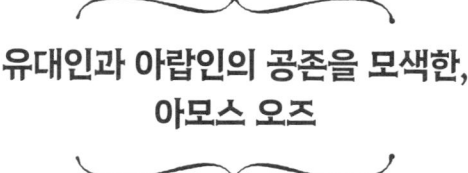

유대인과 아랍인의 공존을 모색한, 아모스 오즈

현대 히브리 문학을 대표하는 이스라엘의 소설가 아모스 오즈(Amos Oz, 1939-2018)는 이스라엘이 독립하기도 전인 영국령 팔레스타인 땅 예루살렘에서 열렬한 시온주의자인 도서관 사서의 아들로 태어났다. 그가 12세 때 매우 지적이었던 어머니가 자살하자 어린 나이에 이미 사회주의적 시온주의자가 된 그는 14세 때 무단가출해 집단농장 키부츠에 들어가 공동체의 일원이 되었으며, 그때 자신의 원래 성인 클라우스너를 오즈로 바꿨다.

히브리 대학에서 철학과 문학을 공부한 그는 25년간 키부츠의 고등학교에서 교사로 일하는 가운데 농사일과 집필 활동을 병행했는데, 1965년 첫 단편집 〈자칼의 울음소리〉로 문단에 데뷔한 그는 계속해서 〈아마도 다른 곳에〉, 〈나의 미카엘〉, 〈물결을 스치며 바람을 스치며〉, 〈악한 음모의 언덕〉, 〈블랙박스〉, 〈여자를 안다는 것〉, 〈지하실의 검은 표범〉, 〈사랑과 어둠의 이야기〉, 〈삶과 죽음의 시〉 등 발표하는 작품마다 대중의 찬사를 받으며 현대 히브리 문학의 거장으로 떠올랐는데, 창작 활동뿐 아니라 반전 단체를 설립해 이스라엘과 팔레스타인의 평화로운 공존을 위한 운동에도 힘쓰고 있다.

젊은 시절 애국심에 불타던 그는 1967년 제3차 중동전쟁인 6일 전쟁에서 탱크부대원으로 시나이 전투에 참가하면서 전쟁의 참혹함을 겪은 후 공존과 타협의 필요성을 뼈저리게 느끼고 배타적인 유대인 민족주의에 강한 회의를 갖게 되었으며, 그런 체험을 토대로 꿈과 현실의 통합과 조화의 중요성을 설파한 소설 〈나의 미카엘〉을 발표해 세계적인 명성을 얻게 되었다. 그 후 〈물결을 스치며 바람을 스치며〉에서도 제2차 세계대전을 배경으로 젊은 유대인 남녀의 이별과 재회를 통해 증오로 가득 찬 세계에서 화해의 중요성을 강조하고 있다.

1986년 그는 초기 키부츠의 이상이 퇴색해 가는 현실에 실망했을 뿐만 아니라 아들의 천식 치료를 위해 25년간 몸담은 키부츠 생활을 청산하고 네게브 사막지대의 아라드시로 이주했는데, 그곳에서 사랑과 증오의 문제를 다룬 〈블랙박스〉, 각자의 비밀을 간직하고 살아가는 사람들과의 관계를 통해 점차 삶의 의미를 깨닫게 되는 전직 비밀 요원의 이야기를 다룬 〈여자를 안다는 것〉을 발표했다.

그 후에도 아랍인과 공존의 필요성을 느끼게 되면서 주위로부터 배신자 취급을 받게 되는 소년의 이야기를 담은 자전적 소설 〈지하실의 검은 표범〉, 마을에서 사라진 동물들을 찾아 나선 두 주인공을 통해 왜곡된 마음들이 서로 화해하는 과정을 담은 〈숲의 가족〉 등을 발표한 그는 줄기차게 타협과 화해의 정신을 강조하고 있다. 그런 점에서 아모스 오즈는 진정으로 한 우산을 둘이 함께 쓸 줄 아는 공존의 필요성을 그 누구보다 문학적으로 승화시켜 표현한 보기 드문 작가라 할 수 있다. 하지만 그는 이스라엘과 팔레스타인의 갈등이 종교나 문화, 전통의 차이에 의한 전쟁이라기보다는 오히려 영토 분쟁에 가까운 것으로 보고 있어 미묘한 파장을 불러일으키기도 했다.

지금까지 13편의 장편소설과 네 권의 소설집을 남긴 그는 괴테상, 하이네상, 페미나상, 카프카상 등 수많은 문학상을 수상하면서 국제적인 명성을 쌓았으며, 최근 10여 년간 꾸준히 노벨 문학상 후보로 거론되어 오면서 1966년 아그논이 노벨 문학상을 수상한 이후로 반세기가 지나도록 계속 침묵을 지키고 있는 히브리 문학계에 새로운 희망으로 떠오르기도 했으나, 2018년 79세 나이로 세상을 뜨는 바람에 결국 수상에는 실패하고 말았다. 노벨상 대신 그는 2015년 제5회 박경리 문학상을 수상하기도 했다.

서구적 취향의 신세대 작가, 무라카미 하루키

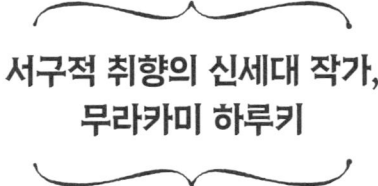

오늘날 전 세계적으로 폭넓은 독자층을 확보하고 있는 일본의 소설가 무라카미 하루키(村上春樹, 1949-)는 전통적인 일본의 미를 찬미한 가와바타 야스나리나 사무라이 정신을 부추긴 미시마 유키오, 진보적 휴머니즘에 입각한 오에 겐자부로 등과는 달리 새롭고도 참신한 감각을 선보인 서구적 스타일의 소설로 특히 청년층의 인기를 독차지하고 있는 작가다.

일본 교토 태생인 그는 전후 세대로서 어려서부터 서양의 음악과 문학에 심취했는데, 그런 성향은 그 후 그의 창작 활동에도 많은 영향을 끼쳤다. 와세다 대학에서 드라마를 전공하던 시기에 이미 요코와 결혼해서 그녀와 함께 오랜 기간 재즈 카페를 음악다방을 운영하던 그는 20대 후반에 우연히 프로야구 경기를 보다가 외국인 선수가 안타를 치는 순간, 문득 소설을 쓰기로 작심한 후 곧바로 소설 〈바람의 노래를 들어라〉를 써서 신인문학상을 수상하며 문단에 데뷔했다.

그 후 1985년 〈세계의 끝과 하드보일드 원더랜드〉로 다니자키상을 수상하기도 했지만, 그가 세계적인 베스트셀러 작가로 발돋움한 것은 1987년에 발표한 〈노르웨이의 숲〉을 통해서였다. 청춘남녀의 감각적이고도 다소 허무적인 사랑을 그린 이 작품은 발표되자마자 일본의 신세대 사이에서 선풍적인 인기를 끌게 되었는데, 그동안 일본에서 유행하던 불륜 소설에 식상해 있던 젊은이들에게 강한 호소력을 발휘하며

'하루키 신드롬'이라는 말까지 낳게 되었다. 그만큼 마약처럼 강한 중독성을 지닌 그의 소설은 젊은 독자들의 가슴에 파고들어 애틋한 감동의 파문을 일으키는 마력을 발휘한다.

수년에 걸친 유럽 여행을 통해 서구문화를 익힌 그는 7개 국어를 구사하는 어학 실력을 발휘해 해외 작품을 번역하는 일로 생활비를 벌기도 했지만, 〈1973년의 핀볼〉, 〈중국행 슬로보트〉, 〈코끼리 공장의 해피엔드〉, 〈세계의 끝과 하드보일드 원더랜드〉, 〈빵가게 재습격〉, 〈노르웨이의 숲〉, 〈댄스 댄스 댄스〉, 〈TV 피플〉, 〈국경의 남쪽, 태양의 서쪽〉, 〈태엽 감는 새 연대기〉, 〈렉싱턴의 유령〉, 〈언더그라운드〉, 〈스푸트니크의 연인〉, 〈해변의 카프카〉 등의 작품 제목에서 보듯이 매우 서구적인 취향의 소설을 계속 발표해 다른 일본 작가들에서 볼 수 없는 독특한 매력을 발산함으로써 자신만의 독자적인 세계를 구축했다.

세계 각국어로 번역된 작품을 통해 일찍부터 국제적인 명성을 얻은 그는 2006년 소설 〈해변의 카프카〉로 카프카상을 수상한 이후부터 줄곧 유력한 노벨 문학상 후보로 거론되어 왔지만, 2012년에는 중국의 모옌에게, 그리고 2013년에는 캐나다의 앨리스 먼로에게 밀려나 번번이 수상에는 실패했다. 물론 그가 탈락한 이유는 정확히 알 길이 없지만, 수상자의 결정이 대중적 인기와는 무관하다는 점, 젊은 계층 위주의 작품이라는 점, 지나치게 서구적 일변도의 분위기를 풍긴다는 점, 그리고 특히 시대적 고뇌의 흔적이 결여된 방관자적 자세 등이 불리하게 작용했을 것으로 보인다.

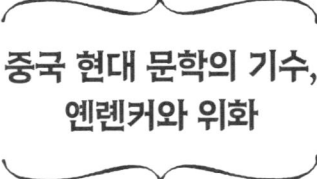

중국 현대 문학의 기수, 옌렌커와 위화

모옌, 위화와 함께 중국 현대 문학의 3대 거장으로 꼽히는 옌렌커(閻連科, 1958-)는 중국 공산주의 체제 사회의 어두운 이면을 다루는 비판적 성향의 소설을 발표하면서 〈여름 해가 지다〉, 〈딩씨 마을의 꿈〉, 〈사서〉 등의 대표작들이 중국 당국에 의해 금서로 지정되는 수모를 겪기도 했다. 특히 〈사서〉는 문화대혁명 시기의 지식인 탄압을 소재로 했으니 더욱 그랬을 것이다. 이 외에도 〈일광유년〉, 〈레닌의 키스〉, 〈인민을 위해 복무하라〉, 〈풍아송〉, 〈작렬지〉 등이 널리 알려져 있으나, 중국공산당의 주요 감시 대상인 그의 작품은 출판사 측에서도 출간을 꺼리는 기피 대상이 됨으로써 오히려 해외에서 더 잘 알려진 상태라 하겠다.

중국 허난성의 가난한 농가에서 태어난 그는 20세 때 인민해방군에 입대해 28년간 직업 군인으로 복무했으며, 군 복무 중에 틈틈이 시간을 내어 소설을 쓰면서 점차 작가로서의 명성을 누리기 시작했다. 군에서 제대한 후 발표한 소설 〈인민을 위해 복무하라〉의 제목은 과거 마오쩌둥이 내세운 구호에서 따온 것으로, 군부대 사단장 부인과 취사병의 불륜 관계를 다룬 이 작품은 출간되자마자 위대한 마오쩌둥 사상을 훼손했다는 이유로 판금 조치를 당해야 했다. 이 소설을 토대로 만든 영화 〈인민을 위해 복무하라〉는 한국의 장철수 감독의 작품으로, 무대를 중국이 아닌 북한으로 설정해 각색하기도 했으나 관객들의 외면으로 흥행에는 참패하고 말았다.

　루쉰 문학상과 라오서 문학상에 이어 카프카 문학상까지 받음으로써 중국을 넘어 세계적인 명성도 쌓기 시작한 그는 오랫동안 꾸준히 노벨 문학상 후보로 거론되기도 했으나 그에 대한 중국 정부의 감시와 곱지 않은 시선 때문인지 좀처럼 수상의 영예를 누리지 못하였다. 2019년 방한해 '침묵과 한숨-중국과 문학'이라는 주제로 강연하면서 자기를 실패한 작가로 소개하기도 했던 그는 2022년에는 우리나라 이호철 문학상을 수상했으며, 2024년에도 가장 유력한 수상 후보자로 지목되기도 했으나, 모두의 예상을 깨고 한국의 여류 작가 한강에게 수상의 영예가 돌아가는 바람에 노벨 문학상의 꿈은 더욱 멀어지고 말았다. 하지만 그에게 노벨 문학상 수상이 결정된다 하더라도 중국 정부의 태도가 어떻게 나올지에 대해서는 아무도 예측할 수 없는 상태라 하겠다.

　한편 중국의 제3세대 문학의 기수로 꼽히는 위화(余華, 1960-)는 중국 저장성 항저우시 출신으로, 고등학교 졸업 후 치과의사를 보조하는 발치인으로 일하기도 했으며, 루쉰 문학원을 이수한 후부터 작품을 쓰기 시작해 간결한 문체의 실험적이고 풍자적인 소설을 발표하면서 필명을 날리기 시작했다. 그의 대표작 〈허삼관매혈기〉는 가족의 생계를 위해 자신의 피를 파는 한 남자의 고달픈 삶을 특유의 풍자와 해학으로 묘사하면서 중국 문단에서 확고한 위치를 차지했다.

　장이머우 감독의 걸작 영화 〈인생〉의 원작 소설로 알려진 장편 〈살아간다는 것〉은 영화가 칸 영화제에서 심사위원 대상을 받으면서 국제적으로 더욱 큰 주목을 받게 된 작품이기도 하지만, 아들과 딸의 죽음으로 끝나는 영화와는 달리 소설의 주인공 푸구이는 아내와 손자, 사위를 모두 잃고 홀로 남는 비극으로 끝난다. 2022년 한국을 방문해 초청

강연을 했던 그는 현재 중국에서 가장 유력한 노벨 문학상 후보로 거론되고 있는 인물이기도 하다.

그래도 노벨상은 최고의 영예다

　세상에는 참으로 많은 상이 있다. 우등상, 개근상, 공로상, 선행상, 모범상, 용감한 시민상, 예술상, 그리고 나라에서 주는 정부 포상과 훈장 등 그 종류와 수는 이루 말할 수 없이 많다. 하지만 그토록 많은 상 가운데 작가들에게 가장 큰 영예는 역시 노벨 문학상이라 할 수 있다. 어마어마한 상금 액수도 액수지만 개인적으로나 국가적으로 실로 대단한 영예가 아닐 수 없다.

　물론 세계적으로 권위 있는 문학상도 많다. 프랑스의 공쿠르상, 미국의 퓰리처상과 전미 도서상, 독일의 괴테상은 그 역사와 전통을 자랑하는 상이며, 비록 수상 대상이 제한적이긴 하나 일본의 아쿠타가와상, 중국의 루쉰상, 그리고 한국의 이상문학상, 동인문학상, 현대문학상, 한국문학상, 오늘의 작가상 등은 작가 지망생이면 누구나 한 번쯤 타보고 싶어 하는 상이기도 하다.

　하지만 이 책에서도 다루어 보았듯이 노벨 문학상을 탔다고 해서 그 수상자가 세상에서 가장 뛰어난 작가라고 할 수는 없다. 베스트셀러 작가가 가장 위대한 작가가 아니듯이 말이다. 사실 역대 수상자보다 훨씬 탁월한 대가들도 즐비하기 때문이다. 또한 이런저런 사정으로 수상 대상에서 탈락하는 경우도 있지만, 다른 무엇보다도 스웨덴어로 번역된 작품이 아니고서는 수상의 기회를 좀처럼 얻기 힘들다는 점이 가장 큰 걸림돌로 작용하는 수가 많아 문화적으로 거리가 있는 아시아, 아프리카 지역은 어차피 불리한 위치에 속할 수밖에 없다.

그런 점에서 볼 때 가까운 이웃 일본의 가와바타 야스나리, 오에 겐자부로에 결코 못지않은 아니 오히려 그들을 능가하는 기라성 같은 작가들을 배출한 우리나라로서는 참으로 억울하기 그지없는 현실이 아닐 수 없다. 이광수를 비롯해서 김유정, 이상, 김소월, 김동인, 현진건, 채만식, 나도향, 황순원, 김동리, 김수영, 박경리, 신경숙, 조정래, 황석영, 이문열 등에 이르기까지 수많은 시인, 소설가들을 배출한 우리 문학이 아닌가.

그러나 실망할 것은 없다. 톨스토이나 입센, 에밀 졸라, 마크 트웨인, 체호프, 고리키, 카프카, 릴케, 제임스 조이스, 프루스트, 생텍쥐페리, 앙드레 말로, 버지니아 울프, 그레이엄 그린, 레마르크, 카잔차키스, 브레히트, 보르헤스, 아서 밀러, 밀란 쿤데라, 움베르토 에코 등 세계적인 거장들도 타지 못한 노벨 문학상이 아닌가. 이들 모두가 실력이 모자라서 노벨상을 수상하지 못한 것은 결코 아닐 것이다.

솔직히 말해서 세상에는 노벨상을 통해서 오히려 이름이 알려진 작가들도 적지 않다. 전에는 듣도 보도 못하던 작가가 수상자로 발표되자마자 갑자기 앞다퉈 번역 작품이 쏟아져 나오면서 비로소 알게 되는 경우가 허다하기 때문이다. 단적인 예로 제3세계 작가들은 논외로 친다 하더라도 미국의 작가 토니 모리슨과 체슬라프 미워시, 이탈리아의 다리오 포, 캐나다의 앨리스 먼로 등은 그야말로 생소하기 그지없는 인물들이 아닐 수 없다. 심지어 가장 최근인 2016년도 노벨 문학상 수상

작가로 미국의 대중가수 밥 딜런이 선정될 정도이니 적어도 문학상 분야에서는 더이상 구차하게 그쪽 동네를 기웃거릴 필요가 없을 듯이 보이기도 한다.

그런 점에서 우리가 노벨 문학상에 너무 지나치게 신경을 곤두세울 필요는 없을 것 같다. 오히려 국가 대계를 위해서는 노벨 물리학상이나 화학상, 의학상 등 과학 분야의 수상자를 많이 배출하는 일이 더욱 시급할지도 모른다. 적어도 우리가 노벨 문학상을 바란다면 다른 무엇보다 번역 사업에 사회적 지원이 따라야 할 것으로 보인다. 그것 말고는 오로지 천재적 작가의 출현을 기대할 뿐이다. 노벨상의 취지에 맞는 보편적 인류애와 이상주의를 추구하는 작품이 나올 수 있다면 더욱 좋겠지만, 그것은 작가 자신의 선택이니 주위에서 이래라저래라 간섭할 일이 못 된다.

이 책에서 소개한 작가들 외에도 조셉 콘래드, 오스카 와일드, 캐서린 맨스필드, 딜런 토머스, 아폴리네르, 레이몽 라디게, 로브-그리예, 장 주네, 장 아누이, 프랑수아즈 사강, 비베스, 하리 뮐리스, 예프투셍코, 잭 런던, 헨리 밀러, 제임스 존스, 버나드 맬러머드, 윌리엄 사로얀, 에릭 시걸, 어스킨 콜드웰, 윌리엄 인지, 트루먼 커포티, 잭 케루악, 앨런 긴즈버그, 신시아 오직, 아쿠타가와 류노스케, 다자이 오사무, 이상, 김유정, 김소월, 박경리, 황석영 등 쟁쟁한 작가들이 즐비하지만, 제한적인 지면 관계로 아쉽게도 다루지 못하고 말았는데, 이 점에 대해서는 독자들의 너른 양해를 구한다.

역대 노벨 문학상 수상자

1901 쉴리 프뤼돔(프랑스 시인)
1902 몸젠(독일 역사가)
1903 비에른손(노르웨이 소설가, 시인, 극작가)
1904 프레데리크 미스트랄(프랑스 시인), 에체가라이 이 에이사기레(스페인 극작가)
1905 시엔키에비치(폴란드 소설가)
1906 카르두치(이탈리아 시인)
1907 키플링(영국 시인, 소설가)
1908 루돌프 오이켄(독일 철학자)
1909 셀마 라겔뢰프(스웨덴 소설가)

1910 하이제(유대계 독일 시인, 소설가, 극작가)
1911 마테를링크(벨기에 극작가)
1912 하웁트만(독일 극작가)
1913 타고르(인도 시인)
1914 수상자 없음
1915 로맹 롤랑(프랑스 소설가)
1916 헤이덴스탐(스웨덴 시인)
1917 기엘레루프(덴마크 소설가), 폰토피단(덴마크 소설가)
1918 수상자 없음
1919 슈피텔러(스위스 시인, 소설가)

1920 크누트 함순(노르웨이 소설가)
1921 아나톨 프랑스(프랑스 소설가)
1922 베나벤테(스페인 극작가)
1923 예이츠(아일랜드 시인)
1924 레이몬트(폴란드 소설가)
1925 조지 버나드 쇼(아일랜드 극작가)
1926 델레다(이탈리아 소설가)
1927 앙리 베르그송(유대계 프랑스 철학자)
1928 시그리드 운세트(노르웨이 소설가)
1929 토마스 만(독일 소설가)

1930 싱클레어 루이스(미국 소설가)
1931 카를펠트(스웨덴 시인)
1932 골즈워디(영국 소설가)
1933 이반 부닌(소련 소설가)
1934 피란델로(이탈리아 극작가)
1935 수상자 없음
1936 유진 오닐(미국 극작가)
1937 마르탱 뒤 가르(프랑스 소설가)
1938 펄 벅(미국 소설가)
1939 실란페(핀란드 소설가)

1940-1943 수상자 없음
1944 옌센(덴마크 소설가)
1945 미스트랄(칠레 시인)
1946 헤르만 헤세(스위스 소설가)
1947 앙드레 지드(프랑스 소설가, 수필가)
1948 T. S. 엘리엇(영국 시인, 비평가)
1949 윌리엄 포크너(미국 소설가)

1950 버트런드 러셀(영국 철학자)
1951 라게르크비스트(스웨덴 소설가)

1952 프랑수아 모리아크(프랑스 시인, 소설가, 극작가)
1953 윈스턴 처칠(영국 정치가, 웅변가)
1954 헤밍웨이(미국 소설가)
1955 락스네스(아이슬란드 소설가)
1956 히메네스(스페인 시인)
1957 알베르 카뮈(프랑스 소설가, 극작가)
1958 파스테르나크(유대계 소련 소설가, 시인) - 수상 거부
1959 콰시모도(이탈리아 시인)

1960 페르스(프랑스 시인)
1961 이보 안드리치(유고슬라비아 소설가)
1962 존 스타인벡(미국 소설가)
1963 세페리아데스(그리스 시인)
1964 장 폴 사르트르(프랑스 철학자, 작가) - 수상 거부
1965 미하일 숄로호프(소련 소설가)
1966 요세프 아그논(이스라엘 소설가), 넬리 작스(유대계 스웨덴 시인)
1967 아스투리아스(과테말라 소설가)
1968 가와바타 야스나리(川端康成, 일본 소설가)
1969 사뮈엘 베케트(아일랜드 소설가, 극작가)

1970 솔제니친(소련 소설가)
1971 파블로 네루다(칠레 시인)
1972 하인리히 뵐(독일 소설가)
1973 패트릭 화이트(오스트레일리아 소설가)
1974 욘손(스웨덴 소설가, 시인), 하리 마르틴손(스웨덴 시인)
1975 몬탈레(이탈리아 소설가)
1976 솔 벨로(유대계 미국 소설가)
1977 알레익산드레(스페인 소설가)
1978 아이작 싱어(유대계 미국 소설가)
1979 엘리티스(그리스 시인)

1980 체스와프 미워시(미국 소설가, 시인, 평론가)
1981 엘리아스 카네티(유대계 불가리아 소설가, 언론인, 사회비평가)
1982 마르케스(콜롬비아 소설가)
1983 윌리엄 골딩(영국 소설가)
1984 사이페르트(체코슬로바키아 소설가)
1985 클로드 시몽(프랑스 각색가, 시인)
1986 월레 소잉카(나이지리아 시인, 수필가)
1987 브로드스키(유대계 미국 시인, 수필가)
1988 나기브 마푸즈(이집트 소설가)
1989 카밀로 호세 셀라(스페인 소설가)

1990 옥타비오 파스(멕시코 시인, 수필가)
1991 나딘 고디머(유대계 남아프리카공화국 소설가)
1992 데릭 월컷(세인트루시아 시인)
1993 토니 모리슨(미국 소설가)
1994 오에 겐자부로(大江健三郎, 일본 소설가)
1995 시머스 히니(아일랜드 시인)
1996 심보르스카(폴란드 시인)
1997 다리오 포(이탈리아 극작가)
1998 주제 사라마구(포르투갈 소설가)
1999 귄터 그라스(독일 소설가)

2000 가오싱젠(高行健, 중국계 프랑스 소설가, 극작가)
2001 네이폴(영국 소설가)
2002 케르테스(유대계 헝가리 소설가)
2003 존 맥스웰 쿠치(남아프리카공화국 소설가, 비평가)
2004 옐리네크(유대계 오스트리아 시인, 소설가)
2005 해럴드 핀터(유대계 영국 극작가)
2006 오르한 파묵(터키 소설가)
2007 도리스 레싱(영국 소설가)
2008 르 클레지오(프랑스 소설가)
2009 헤르타 뮐러(독일 소설가)

2010 마리오 바르가스 요사(페루 소설가)
2011 트란스트뢰메르(스웨덴 시인)
2012 모옌(莫言, 중국 소설가)
2013 앨리스 먼로(캐나다 소설가)
2014 파트릭 모디아노(유대계 프랑스 소설가)
2015 스베틀라나 알렉셰비치(벨라루스 소설가)
2016 밥 딜런(미국 대중가수)
2017 가즈오 이시구로(일본계 영국 소설가)
2018 올가 토카르추크(폴란드 소설가)
2019 페터 한트케(오스트리아 소설가)

2020 루이즈 글릭(미국 시인)
2021 압둘라자크 구르나(탄자니아 소설가)
2022 아니 에르노(프랑스 소설가)
2023 욘 포세(노르웨이 극작가, 시인)
2024 한강(한국 소설가)